Art , Evolution ,

Neuroscience

达尔文的诱惑

艺术、进化与神经科学

THE
SEDUCTIONS OF
DARWIN

Matthew Rampley

〔英〕马修·兰普利 著

孟凡君 译

人民出版社

目　　录

中文版导言

我很荣幸，能够为拙著的汉译本撰写导言。写作《达尔文的诱惑》这本书的初衷在于一些非常具体的局部的忧思，即某些英国和美国学者对以自然科学（特别是进化理论和神经科学）的思想作为理解艺术和文化的方法饶有兴趣。为了强调我所认为的这种方法存在的一些基本问题，我的书采用了争论的口吻，这可能是它的主要弱点所在。

乍一看，如果我们把科学的目光投向文化现象，或许能因此有所收获，这似乎是完全合理的。现在很少有学者坚持身心二元论的形而上学观点；人类是生物存在，既然文化是人类意识能动性的结果，那么，将其视为我们生物进化特征的产物是有意义的。此外，既然大脑是人类心智的生物学基础，因此得出结论：脑科学也许能够告诉我们一些有关文化的重要秘密，这不也符合逻辑吗？

这就是近年来导致大量学术文献——我或许称之为"文化生物学"——出现的原因，而《达尔文的诱惑》则试图对此进行批评。人们日益认识到艺术的创作和欣赏似乎是人类的普遍活动，也间接地支持了这一观点。这是一场复杂而漫长的辩论，我在这里不

1

再赘述。然而，值得注意的是美国哲学家诺埃尔·卡罗尔（Noel Carroll）的评论，即人们可以观察到世界各地最早时期的艺术创作例子，这些地方彼此之间不可能有任何联系。卡罗尔认为，如果我们不能将艺术的普遍性解释为文化传播的结果，那么唯一的另一种可能是，审美欣赏的能力根植于人性之中①。考古挖掘发现的史前艺术案例遍及世界各地：法国、西班牙、印度尼西亚、南部非洲、大洋洲和亚马孙雨林。此外，每一项新发现似乎都暗示着越来越早的起源，因此这些标记和颜色甚至可能不是现代人类的作品，而是出自众多其他人类物种之手。这些例子通常是简单的形式：粗糙的装饰图案，颜色的补丁，轮廓形状。尽管如此，它们证明了一个事实，那就是，做标记的乐趣似乎与最远古走来的人类的出现相伴而生。

我在《达尔文的诱惑》中提出的批评，并不针对艺术的愉悦是我们所谓"人性"的一个基本组成部分；我的书关注的是，生物科学在试图解释特定的艺术和文化实践时的局限性。解决典型的和一般的问题，而不是具体的问题，是现代自然科学的一部分。因果关系和科学规律的概念意味着常规的、一般的过程，如果科学实验的结果不能被重复，那么就被认为是不可靠的。这也是为什么科学能够在数量运算、统计和可计算概率之间有效运营的原因。正如米歇尔·福柯所指出的，当现代医学不再关注个人病理学，而是试图识别一般的模式——例如细菌感染的典型行为或疾病的症状时，现代医学的突破就发生了。这使得基于预报和预测医学现象能力的

---

① Noel Carroll, "Art and Human Nature," *Journal of Aesthetics and Art Criticism* 62. 2 （2004）pp. 95–107.

更好的治疗成为可能。①

　　然而，艺术研究关注的是单个图像、文本和手工艺品。当然，我们可以找到一些模式，来告诉我们一些关于它们的信息。例如，考古学家会研究某些类型的手工艺品在空间和时间上的统计分布；艺术史学家长期以来一直将风格概念作为组织不同的艺术作品，以及追踪思想和文化价值迁移的手段。然而，在某种程度上，这些解释不得不让位于不同类型的分析，而这些分析涉及对单个对象的解释，也要对质量和相对价值作出判断。

　　这些问题为试图用纯粹生物学的术语来解释艺术制造了巨大的障碍。第一个障碍是文化差异。由于对艺术的生物学解释同样适用于所有文化的艺术，因此它似乎根本无法解释它们之间的差异。然而，这种差异恰恰是艺术和文化史学家最感兴趣的。这不仅涉及不同文化之间的差异，还涉及一种文化内部的差异，换句话说，就是一种文化艺术随着时间而变化的方式。例如，艺术史学家将关注中国、伊斯兰世界、意大利或日本等国家的艺术在历史上是如何以及为什么演变的。生物学理论的弱点在于，无论艺术品的个性如何，它们总是会提供相同的一般性说明。换句话说，即使我们同意卡罗尔的观点，艺术源于人类本性，但是很快就会出现一个人类无法解释的问题，比如，阿兹特克人的艺术与文化和前哥伦布时期中美洲各民族的艺术与文化之间的关系，或者，绘画在中国明代是如何以及以何种方式繁荣起来的。

　　在 1872 年出版的《人类和动物的情感表达》一书中，查尔

---

① Michel Foucault, *The Birth of the Clinic: an Archaeology of Medical Perception*, trans. M. Sheridan (London, 1976).

斯·达尔文指出人的面部和身体表情与各种动物有相似之处。他关于人类身体姿势进化起源的论点引起了许多仰慕者的注意，并在20世纪70年代再次被采纳，当时它为社会生物学的主题提供了基础。当然，人体姿势最明显的特征之一是它具有文化特定性。同样的姿势（例如微笑）在不同的文化背景下可能有着截然不同的含义。我们可以很容易地认识到，西方神话中的"不可理解的"中国人是基于种族主义的刻板印象，但这也是欧洲人无法解释他们所遇到的中国人的肢体语言的产物。社会生物学的解释不能解决这一现象，因为它们关注的是普遍性，没有为文化差异留有空间。

因此，在我的书中，最核心的是我对基本认识论假设的关注，这些假设指导了对艺术进行进化和生物学解释的尝试。这些尝试已经假定，知识具有单一的形式，因此人们可以构造一个单一的、通用的理论体系，来解释人类存在的所有方面。我认为，这是一个神话。英语中有一句谚语："对于锤子来说，一切看起来都像钉子。"转而根据当前语境，你可能会说，对于艺术生物学的倡导者，一切似乎都需要一个生物学解决方案。然而，如果我们需要插入螺丝或钻一个孔，那把众所周知的锤子是没用的。知识和理解可以被视为一种工具，它可以满足我们以各种不同方式与世界互动所产生的需求。生物科学旨在回答我们可能遇到的某些类型的问题，但不是全部。因此，在《达尔文的诱惑》中，我的论点是，我们提出的许多关于艺术和文化的问题，不能简单地用生物学和进化论来回答，因为后者是为处理一系列不同的问题而发展起来的。知识不可避免地是多元的。我这样主张并不是为了提倡某种形式的激进相对主义，而仅仅是因为，我们表征世界的方式，以及我们所使用的各种理论和概念的种类，与我们所拥有的特定利益和我们就此提出的问题密切相关。许多自然科学家都很清楚这一点。同样地，不仅是生物学艺术理论的支持者对此视而不见；文化理论家也往往过于草率地拒绝这样一种可能性，即生物学解释可能会告诉我们一些关于人类文化的有价值内容。

我的书还关注人类学家马歇尔·萨林斯（Marshall Sahlins）所说的动物本能世界和人类象征领域之间的"巨大的进化鸿沟"①。换句话说，即使我们可以接受艺术在所有人类文化中普遍存在，这也不能使我们有权以纯粹的生物学眼光来看待它。我认为，"扩展表型"（比如凉亭鸟的凉亭，或者雄孔雀的羽毛展示）和象征性手工艺品之间是有区别的。这种区别可以用人类学家蒂姆·英格尔德（Tim Ingold）在建筑者和设计师之间所作的区分来表述。他认为，"人类设计师以目的概念，甚至是技术概念开始"，而"蚂蚁和海狸是各自环境的建筑者，而不是设计师……他们所具象化的设计……没有设计师，是进化的产物"。② 正是由于研究者们无法对两者作出区分，许多艺术进化论获得了生存空间。

我的书受到了批评，因为它没有提供肯定的答案。换句话说，它只关注负面的困难，而不是制定一些替代方案。这一评论通常是由生物艺术理论的倡导者提出的。一方面，我可以争辩说，这本书的写作是出于我对日益增多的学术文献深感不安，而我认为这些文献是建立在一套错误的前提之上的，所以我没有义务提供替代方案。然而，这种批评也许是有道理的，在别人的论点中指出弱点总

① Marshall Sahlins, *Stone-Age Economics*（London，1972）p. 80.

② Tim Ingold，"Social Relations, Human Ecology and the Evolution of Culture" in Andrew Lock and Charles R. Peters, eds, *Handbook of Human Symbolic Evolution*（Oxford，1999）pp. 187–188.

是比较容易的。

我不能声称我掌握了替代方案，但我们需要的是一种理论，这种理论能够构建细微差别的图景，来描绘将人类作为生物的存在与作为文化的存在的活动联系起来的复杂层次和中间阶段，以替代由社会生物学和艺术进化论的倡导者所辨认出的人类行为和动物之间的简单相似。针对马歇尔·萨林斯所说的动物本能世界和人类象征领域之间的"巨大的进化鸿沟"，已经有许多有前景的理论就如何对这个问题进行协商提出建议。① 例如，迈克尔·托马塞洛（Michael Tomasello）探索了一个缓慢的过程，即类人猿的认知（被认为与我们自己的原始人类祖先几乎没有区别）进化成更复杂的符号表达和交流模式，这是文化出现和最终艺术创造的基础。② 托马塞洛建议我们将艺术视为"常识"的媒介。换句话说，应该将其视为一种公共仪式，通过建立每个人都知道和可能知道的共同点来协调社会行动。用维克多·特纳（Victor Turner）的话来说，这是"定期重复特定文化中的人，在要有任何连贯的社会生活时，必须进行互动的条件"③。这与艺术作品的图像相去甚远，在某种意义上，仅仅是基本本能的表达，正如社会生物学理论所暗示的那样，但托马塞洛提供了一种解释，说明两者是如何相互转化的。同样，特伦斯·迪肯（Terrence Deacon）探索了人类大脑和文化的共同进化。在《符号物种》中，也许是认知进化中较为复杂的理论之一，迪肯研究了大脑如何以越来越复杂的方式处理信息，从而使

① Marshall Sahlins, *Stone-Age Economics* (London, 1972) p. 80.

② Michael Tomasello, *A Natural History of Human Thinking* (Cambridge, MA, 2014).

③ Victor Turner, cited in Michael Suk Yeung Chwe, ed., *Rational Ritual: Culture, Co-ordination and Common Knowledge* (Princeton, 2001) p. 26.

符号的使用以及文化交流成为可能。然而，至关重要的是，他还研究了符号的使用如何对人脑的结构扩展施加选择压力。① 迪肯也考察了符号认知的进化。后者对大脑处理信息的能力提出了巨大的要求，并且考虑到学习构建符号联想的困难，需要支持机制。他认为，其中之一就是重复和冗余。② 引用迪肯的话："难以把握的符号关系……需要对相关索引关联模式进行高度组织的和重复的呈现，以帮助发现它们所代表的隐含的高阶逻辑。"③ 不难想象这将如何影响艺术理论，因为它解释了许多早期艺术行为的仪式性。它们最初是人类不断发展的操纵符号和象征能力，以及象征认知形式能力的一部分。

最后，我们可以考虑一下史前考古学家托马斯·韦恩（Thomas Wynn）的工作。韦恩指出，最早的原始人工具可以追溯到 180 万年前，与扩展表型难以区分；没有一项技术超出猿类的能力。最早的石器似乎是对现成物品的特别改编，与许多动物利用手边现成物品作为工具的方式很相似。④ 然而，慢慢地，原始石器制造者开始在其上施加一种任意的形式，一种不受人体工学支配的形式。这暗示了一些关于目的的概念，以及对工具的特定功能的注意。换句话说，它们是设计师制作的艺术品。但是，无论原始人类分布在哪里，都可以找到相同的形式，即没有地域差异，所以它们不是文化传统的产物。相反，它们似乎在扩展表型和象征性人工制品之间占

---

① Terrence Deacon, *The Symbolic Species*: *The Co-Evolution of Language and the Brain* (New York, 1996).
② Deacon, p. 403.
③ Deacon, p. 405.
④ Thomas Wynn, "The Evolution of Tools and Symbolic Behaviour" in Lock and Peters, eds, *Handbook of Human Symbolic Evolution*.

据了某种中间状态。在 30 万年前，手斧的形式在几个维度上都表明了复杂的对称性概念，与效用问题几乎没有关系。此外，巨大的手斧的生产超出了实际使用的要求，暗示了对它们本身的目的的关注，也许还具有一些象征性的功能①。

因此，我们可以在工具设计的演变过程中看到文化发展的迹象。但在这个过程中，因为同时兼具两者特征的物品出现，之前认为的自然与文化之间，或扩展表型与象征性人工制品之间的简单对立，在某种程度上被复杂化了。有象征性的认知存在，但是到处都是一样的。正如韦恩指出的：

> 当时的文化体系一定与现代文化有很大的不同，现代文化中没有超越个人的社会界限，欧洲的个人与某个在南非的人以完全相同的方式标记自己的身份。②

因此，艺术可能是普遍的，但它仍然是一种文化的人工制品，因为它是以象征为媒介的熟思的产物。

我并不是说，这些具体的理论中有哪一个可以替代我在本书中所批判的达尔文理论。然而，它们确实指向了思考人类文化与自然之间关系的其他方式，这些方式避免了简单的二元论，或一个坍缩成另一个。

我期待着来自中国的新读者能有更多的其他的新想法。到那时，我对这本书的期望将得到实现，因为本书的主要目的，也许是就其中所提出的问题的各种答案开启一场讨论。

---

① Karenleigh Overmann and Thomas Wynn, "Materiality and Human Cognition," *Journal of Archaeological Method and Theory* 26（2019）p. 471.

② Wynn, "The Evolution of Tools and Symbolic Behaviour," p. 274.

前言与致谢

　　这本书旨在探索艺术和文化的本质。它源自我与伯明翰大学同事的一次谈话,图书馆书架上的一本奇特的书——《神经艺术史:从亚里士多德和普林尼到巴克森德尔和泽基》——触发了我们的交谈。书的作者是著名学者约翰·奥尼安斯(John Onians)①,书中提出了关于艺术史与自然科学之间关系这一具有争议性的,亦具有重要意义的话题。起初,我倾向于宽容地对待这本抱有雄心壮志的著作。在一些借助自然科学,特别是生物科学思想来思考社会文化问题的相关著作之后,它应运而生。例如,在史前考古学中,基因传布模式的绘制导致了某些令人惊讶的、充满挑战性的想法。斯蒂芬·奥本海默(Stephen Oppenheimer)② 关于英国史前史的著作是一本典型的范例,该著作认为,从新石器时代的西班牙向威尔士

---

① 　约翰·奥尼安斯(John Onians),东英吉利大学艺术史与世界艺术研究学院荣休教授。主要著作有《神经艺术史》(*Neuroarthistory*)(江苏美术出版社 2015 年版)、《世界艺术地图》(*Atlas of World Art*)(上海人民出版社 2007 年版)。——译者注

② 　斯蒂芬·奥本海默(Stephen Oppenheimer),1947 年— ,英国人,儿科医生、遗传学家和作家。主要著作有《东方伊甸园》(1999 年)、《英国人的起源》(2006 年)等。——译者注

的大量人口流动，与燧石开采（flint mining）的劳动力迁移存在联系。① 对奥本海默来说，基因传布模式质疑了凯尔特人作为一个可辨识的中欧语言群体而出现的通识观点。相反，他认为，数据验证了凯尔特语的源头在伊比利亚半岛，向东向北通过法国传播到英国、意大利北部和瑞士。同样，贾里德·戴蒙德（Jared Diamond）② 从大规模进化的、环境的角度解释了一系列全球性历史现象，这些因素在某些地方阻碍了特定类型的社会和文化的组织运行，而在另一些地方则提供了便利。③ 戴蒙德没有得到普遍赞同，但是，他对历史问题给出的别样的框架仍然说明了人文科学之外的学科如何对理解人类社会和文化发展作出重要贡献。

乍一看，《神经艺术史》符合上述模式，但其中有一些不同寻常的东西困扰着我。困扰不仅仅来自奥尼安斯为了支持他自己的计划，而试图将背景不同的作家群体强行纳入一个知识世系，以及因此表现出来的牵强附会的方式；还与他的奇怪而粗糙的基本主张有关，即大脑行为研究可以解释艺术意图和意涵等复杂问题。从根本上看，这似乎是一种误解，但我并没有像许多人那样直接摒弃这本书，而是决定试图阐明我觉得那本书引起我深切关注的真实原因。进一步的研究显示，奥尼安斯的作品不是一个孤立的个案，而是越来越多地致力于同一主题的文献的组成部分。因此，完全忽视它似乎是一个错误，因为越来越多的研究材料已经出版，而且神经艺术史和神经美学项目——在带来科学严谨性的承诺下——已经获得了

① See Oppenheimer, *Origins of the British*.
② 贾里德·戴蒙德（Jared Diamond），1937— ，美国科学家、作家。主要著作有《枪支、细菌和钢铁：人类社会的命运》等。——译者注
③ See Diamond, *Guns*, *Germs*, *and Steel and Collapse*.

合法性，从世界各地的研究委员会获得大量资金。

随着我逐渐深入地探索神经艺术史领域的某些观点，与其相关的进化论美学让我越陷越深。这是一种更大的元叙述的框架性神经艺术史，后者将大脑研究与进化性脑皮层能力、结构的观念联系起来。鉴于此，我决定把进化论和达尔文作为这本书的主题。我们关注进化论，自然也会论及系统论，因为前者是后者的一个中心议题。在某种程度上，许多人可能最初并未认识到这一点。很少有关于神经科学或进化论的讨论登上艺术史或美学的主流期刊的版面。同样，很少有艺术史家直接接触过这类研究。原因不难理解：许多以神经艺术史和进化论美学的名义提出的主张都是有争议的、不可信的、稀奇古怪的，甚至是可笑的。主要的倡导者经常来自其他学科，如考古学、生物学、心理学、人类学、医学、哲学。然而，艺术史家忽视这一领域则同样危险；显然，边缘地带的思想具有重新界定众多学科的惊人力量，目前，从进化论来探索美学、艺术史和文化研究的倡导者们的基本方法论前提几乎没有受到严肃认真的、尽心竭力的质疑。这本书即由这样一个信念驱动：我们有必要介入这样一场重要的交锋之中。

大部分讨论的语调会富有争论性的火药味，分析由种族带来的众多问题成为本书反复出现的一个主题，这将生物科学各个分支的思想和方法纳入艺术和文化的研究。然而，正如任何一位哲学家所确证的那样，"批判"一词来自古希腊动词 krīnō，意思是作出选择，这本书恰恰是关于选择的。它是关于——当把自然科学征用为一种思想和方法的有效资源，以阐释特定艺术品和一般文化实践时——我们可以作出的选择。进化论和大脑理论如何丰富我们对艺术和审美经验的理解？相应地，它们的局限性是什么？对它们能力的理解可否启示我们对备受争议的艺术与科学之间的关系问题的认识？人们仍然经常用粗略的二元论术语来讨论后者，却似乎丝毫没有超越 19 世纪后期盛行的对该问题的论争。

因而，通过介入一系列具体问题，这本书尝试阐明一个更大的哲学的、方法论的要务。借此，它与反复出现的加强艺术和科学之间对话的呼声产生了共鸣。从某种意义上说，本书对那些呼吁表示同情，除此之外，它还试图与不同的研究领域和研究范式之间的"开放性"话语保持距离，它们往往仍是空洞的老调重弹。至少，自黑格尔以来，否定和推敲对立的东西是最有成效的智力劳动之基础，而非以共同体（unity）的名义善意地寻求共同性或不加批判地吸纳差异，这已成为一种智力上的共识。正是本着这种精神，我尝试着推进研究工作。

这项研究的开端和发展得益于与许多同事的讨论。在此无法把他们全部列出，但有些人值得特致谢忱，因为我们的谈话进路影响着书中观点的探索过程。他们是弗朗西丝卡·贝里（Francesca Berry）、霍斯特·布雷德坎普（Horst Bredekamp）、莱斯利·布鲁贝克（Leslie Brubake）、理查德·克莱（Richard Clay）、马克·科拉德（Mark Collard）、雷蒙德·科尔比（Raymond Corbey）、惠特尼·戴维斯（Whitney Davis）、玛塔·菲利波娃（Marta Filipová）、詹妮弗·戈塞蒂·费伦西（Jennifer Gosetti-Ferencei）、大卫·亨索尔（David Hemsoll）、约翰·霍姆斯（John Holmes）、乔纳森·赫尔洛（Jonathan Hurlow）、拉迪斯拉夫·凯斯纳（Ladislav Kesner）、休伯特·洛希尔（Hubert Locher）、西尔维斯特·奥克乌诺杜·奥格贝奇（Sylvester Okwunodu Ogbechie）、约翰·奥尼安斯（John Onians）、英格博格·赖奇勒（Ingeborg Reichle）、拉斐尔·罗森伯格（Raphael Rosenberg）、金·夏皮罗（Kim Shapiro）、巴德罗希姆·穆罕默德·塔希尔（Badrolhisham Mohammed Tahir）和理查德·伍德菲尔德（Richard Woodfield）。我还要感谢许多匿名的读者和宾夕法尼亚州立大学出版社的编辑埃莉·古德曼（Ellie Goodman），她一如既往地支持和鼓励这个项目。最后，我要感谢在我进行这个项目研究的过程中使我保持平和心态的人：玛尔塔（Marta）、托马斯（Thomas）、本（Ben）、彼得（Peter）和鲍里斯（Boris）。

于伯恩维尔，2016 年 3 月

导　言

1　　1959 年，小说家兼化学家查尔斯·珀西·斯诺（Charles Percy Snow）① 发表了著名的演讲，题为“两种文化”。演讲中所讨论的文化是科学共同体和人文知识分子精英的文化。据斯诺分析，由于两者之间的疏远和理解鸿沟而导致了知识生活的两极分化。实际上，他认为，两者不仅是互不理解，还存在着相互敌对和猜疑：“三十年前，这些文化早已停止互相交流和对话，但它们至少在海湾两侧保持着冰冷的微笑；现在基本的客套业已消失，仅仅诡异地互做鬼脸。”②

　　如一位评论员所指出的，斯诺（Snow）的演讲也许仍然是“技术官僚自由主义”（technocratic liberalism）最著名的表述，即对精英主义和技术进步主义社会的欣然接受，对 20 世纪 50 年代艺术界和文学界的“卢德派”（Luddite）③ 倾向的坚决反对。④ 战后，英

① 查尔斯·珀西·斯诺（Charles Percy Snow），1905—1980 年，英国科学家、小说家。——译者注

② Charles Percy Snow, "The Two Cultures and the Scientific Revolution," *Encounter*, June 1959, pp. 17–24, and July 1959, pp. 22–27. Republished in Snow, Two Cultures, quotation on 19.

③ 卢德派（Luddite），是 19 世纪英国纺织工组成的秘密宗教组织。该组织以英国纺织工人 Ludd 命名，通过破坏纺织机器运动表达抗议。——译者注

④ Ortolano, *Two Cultures Controversy*, pp. 28–65.

国关于科学研究地位的论战不断升级，在此达到了高潮。1951年英国艺术节（Festival of Britain）① 之后，这场辩论引起了英国社会对未来的更广泛的反思。② 斯诺的批评侧重于过早出现的教育专业化（specialization in education），因此他的补救措施是扩大教育课程的覆盖范围。虽然他夸大了分歧，但他的观点具有巨大的影响力，而且在该领域的辩论中持续地被援引为一个参照点。事实上，呼吁艺术、人文与科学之间对话已成为一个反复出现的主题；国家级的和国际级的研究理事会与资助机构经常地、积极地鼓励跨越两者界限的项目。

斯诺的演讲是对当时战后英国历史环境的回应，同时也根源于第一次世界大战之前德国社会科学和自然科学之间的关系的漫长辩论。那场辩论引起了包括马克斯·韦伯（Max Weber）③ 在内的当时主要思想家的注意，关系到历史科学和社会科学的地位。如果经验性的历史结论不能归纳为与自然科学"发现的"定律相媲美的规范性陈述，那么人文科学如何才能维护他们的学术地位？针对这个问题，韦伯的回答著称于世，他明确维护了人文学科探索的独特性。他们不需要为了获得合法性而去模仿自然科学。"对文化没有绝对客观的科学分析"，他说，因为它包含了"坚实的、现实的经

2

---

① 英国艺术节（Festival of Britain），也译为英国节、不列颠节，是一个全国性的展览和集市，1951年夏天在英国吸引了数以百万计的游客。当时，工党政府正在失去支持，因此这个节日的目标是给民众一种从战争灾难中成功恢复的感觉，同时促进英国的科学、技术、工业设计、建筑和艺术的发展。——译者注
② See Jardine, "Snow's Two Cultures Revisited."
③ 马克斯·韦伯（Max Weber），1864—1920年，德国著名社会学家、哲学家、法学家、政治经济学家，与迪尔凯姆、卡尔·马克思并称为社会学三大奠基人。主要著作有《新教伦理与资本主义精神》等。——译者注

验科学"，其目的是"理解我们所处的现实的独一无二的特征"。①
与韦伯同时代的哲学家威廉·文德尔班（Wilhelm Windelband）②
总结了这一所谓的差异，将其概括为自然科学的"普遍规律性"
（nomothetic）关切与人文科学的"具体表征性"（idiographic）方法
之间的区别。

两位思想家都承认，这种差异并不是绝对的。文德尔班指出：
"同一个物体既可以作为'普遍规律性'研究的主题，也可以是
'具体表征性'探索的主题。"一种语言可以从语法、形态、句法
结构与规则等方面进行研究，但同时，"每一种语言都是一种独特
的、暂时的人类语言生活现象。"③ 同样，马克斯·韦伯强调了
"理想型"（ideal type）④ 在社会学中作为一种启发式程序的应用。
理想型是一种"大量弥散的、分离的、似乎存在的又偶尔隐藏的
有形个体现象的综合……它被安置……到一个统一的可分析的结构
之中"。理想型可以与个体事例相对照，来确证历史和社会模式的
基础。⑤ 尽管有这样的让步理解，但两个人都试图表明一个探索
域的独特性和合法性，而这个领域的目标不能从符合"客观"法
律一般的行为的角度来界定。与此相关的还有一种说法，即自然

---

① Weber, "Objectivity in Social Science," p. 72.
② 威廉·文德尔班（Wilhelm Windelband），1848—1915 年，德国巴登学派哲学
  家。主要著作有《哲学导论》等，影响了马克斯·韦伯、埃德蒙德·胡塞尔
  等思想家。——译者注
③ Wilhelm Windelband, *Geschichte und Naturwissenschaft*（Strassburg：Heitz，
  1894），p. 12，13.
④ Ideal type，也译为"理想类型""理念型"等，马克斯·韦伯的社会学概念，
  用来描述社会研究中归纳现象、概括现实而主观建构起来的理论模式，区别于
  自然科学的模式。它既可用来分析一般的共同历史现象，也可以用来分析历史
  上的独特事件。——译者注
⑤ Weber, "Objectivity in Social Science," p. 90.

科学与客观的、对观察到现象的第三人称解释有关，这与"理解"（understanding）在人文学科中的核心作用形成对照，持此观点者认为行为和事件是人类主体（human agency）和主观意图的产物。①

　　除了专家们以外，人们对 20 世纪初的德国学者在这场争端中的细节没什么兴趣，但这些细节为一场影响至今的辩论勾画出了轮廓。正如哲学家卡尔·亨佩尔（Carl Hempel）② 所说，科学的定义仍然围绕着"普遍定律"（covering laws）的概念。引用亨佩尔的话说："科学的解释、预测和事后判断都有着相同的逻辑特征：它们表明，通过特定的普遍原则，被深思的事实可以从某些其他事实中推断出来。"③ 亨佩尔认为，历史科学和自然科学恰恰在这一点上产生分野，前者处理的是奇特性，而这些奇特性无法与普遍规则框架相容。

　　亨佩尔在普遍规律性和具体表征性相互对立的层面阐述了这种分野。亨佩尔并不认为历史缺乏自然科学的客观性，而是试图论证它也以类似的方式运行。"历史阐释也是为了表明特定事件可以基于先前或当前的情势推断出来，而并非随机事件。所谓的推断（expectation）不是预言或占卜，而是根据一般规律假设的理性科学预期。"④ 亨佩尔的提法现在属于科学哲学史，其基本框架却为

①　See Wilhelm Dilthey, "Ideen über eine beschreibende und zergliedernde Psychologie" (1894), in Dilthey, *Die Geistige Welt*：*Einleitung in die Philosophie des Lebens* (Göttingen：Vandenhoeck & Ruprecht, 1990), pp. 139-240.
②　卡尔·亨佩尔（Carl Hempel），1905—1997 年，德国作家、哲学家，逻辑经验主义的主要代表。主要著作有《自然科学的哲学》（1967 年）、《科学的解释》（1977 年）等。——译者注
③　Hempel, "Theoretician's Dilemma," p. 37.
④　Hempel, "Function of General Laws in History," p. 39.

人文学者所接受。

例如，迈克尔·巴克森德尔（Michael Baxandall）① 在他对艺术史阐释法的分析中引用了亨佩尔的观点。巴克森德尔强调，相对于历史学家使用的"软"概括（"soft" generalizations），艺术史主要是一项面向"具体性"的事业。他认为，这不仅仅是因为"我们作为历史学家或批评家的兴趣……是为了寻找和理解细节的特殊性"，也是因为艺术史家们的具体焦点各不相同。历史学家研究的是可能或不可能被普遍规律所统摄的行动和事件，但艺术史家关注着作为这些行动的沉积物（deposits）的艺术品。历史学家可能会关注艺术品和其他历史文物，但"他的注意力和解释义务主要在于他们记录的人类活动，而不在文献本身。"② 相反，艺术史学家关心的是文献本身——一件艺术品——尽管它是一种意向行为的结果。

考虑到未经分析的概念在意向性、主体性和作者身份等方面的饱受争议的现状，人们可能希望比巴克森德尔更加谨慎，但他还是抓住了一些重要的东西：艺术史既有别于亨佩尔等人提出的科学解释模式，也有别于历史探究的普遍规律性维度。举一个巴克森德尔的例子，我们可以参照"先决的或同时发生的条件"来解释皮耶罗·德拉·弗朗切斯卡（Piero della Francesca）③ 的《基督的鞭

---

① 迈克尔·巴克森德尔（Michael Baxandall），1933—2008 年，英国艺术史家，加利福尼亚大学伯克利分校艺术史荣休教授。他曾在伦敦大学、瓦尔堡学院任教，并担任过维多利亚和阿尔伯特博物馆馆长。主要著作有《意大利十五世纪的绘画与经验》（1972 年）等。——译者注
② Baxandall, *Patterns of Intention*, p. 13.
③ 皮耶罗·德拉·弗朗切斯卡（Piero della Francesca），1415—1492 年，意大利文艺复兴早期的画家、数学家、几何学家。——译者注

答》（*Flagellation of Christ*）① 的特定表征，比如教会恩典、圣像传统、神学教义等。但这只能将这幅绘画确认为某一类型的实例，而无法通过与其他鞭答画作相对照，来捕捉此画像的独到之处。

在诸多试图克服艺术和科学之间的差异的尝试中，这个问题处 4
于中心位置，且将在本研究中再次讨论。但是，在开始进一步的方法论反思之前，考虑一下斯诺关于知识整合的呼吁的最新尝试是有益的。也许最引人注目的例子可以从越来越多的"融通"（consilience）的呼声中看到。其主要倡导者是生物学家爱德华·奥斯本·威尔逊（Edward O. Wilson）②，他试图将"融通"的理想概括为一种系统的、连贯的知识生产方式。威尔逊把自己视为孔多塞（Condorcet）③、伏尔泰（Voltaire）④ 和狄德罗（Diderot）⑤ 等哲学家的继承者，认为"融通"是继承了被法国人的革命与非理性浪漫主义兴起所打断的启蒙运动思想的传统。

威尔逊的许多论点都有一种难以辩驳的针对性和权威性。例

---

① 《基督的鞭答》（*Flagellation of Christ*）皮耶罗·德拉·弗朗切斯卡的画作，约画于 1468—1470 年，肯尼斯·克拉克称之为"世界上最伟大的小油画"。——译者注

② 爱德华·奥斯本·威尔逊（Edward O. Wilson），1929 年—　，美国生物学家，美国国家科学院院士，"社会生物学"的最重要的倡导者、支持者和奠基人。社会生物学主要研究所有动物（包括人类）社会行为的遗传基础。主要著作有《昆虫的社会》《社会生物学》等。——译者注

③ 孔多塞（Condorcet），1743—1794 年，法国启蒙运动的杰出代表，数学家、哲学家，主要著作有《人类精神进步史表纲要》。——译者注

④ 伏尔泰（Voltaire），1694—1778 年，原名弗朗索瓦·阿鲁埃，法国启蒙运动的三大思想家之一，历史学家、文学家，主要著作有《哲学辞典》《路易十四时代》《中国孤儿》等。——译者注

⑤ 狄德罗（Diderot），1713—1784 年，法国启蒙运动时期的百科全书派思想家的领袖、无神论者，《科学、艺术与工艺的百科全书》的主要编纂者与撰写者。——译者注

如，他声称，政府（和社会）未能对环境退化的挑战作出足够回应的原因之一，是知识的碎片化。生物学、伦理学、经济学、环境政策和社会科学在迫切需要彼此结合起来时，却占据着不同的知识领域。① 威尔逊是一位著名的昆虫学家，他特别关注如何运用生物科学来解释人类文化的方方面面。他对这一领域的第一次重大尝试——《社会生物学》——试图将人类的社会行为建立在遗传的生物学特征上。尽管存在很大的争议，尤其是由于其对政治和意识形态的影响，社会生物学以其自身优势已成为一个实质性的领域，目前正重新引起人们的兴趣。

乍一看，不同研究领域之间展开对话的想法，哪怕是不同领域之间的汇聚，都可能是一个极其积极的目标；几乎无人质疑跨学科思维的价值。然而，这带来了许多问题，这将是本书的重点。威尔逊的环保主义的例子最初是有说服力的，只是他批评的真正目的是政府缺乏将诸多领域的纳入政策制定的洞察力，而不是知识融合的认识论问题。此外，威尔逊的论点是建立在一种未公开的现实主义认识论基础上的，这种认识论假定世界是一个单一的知识对象，当有更多的建构主义（constructivism）立场时，这种认识论就会怀疑存在统一知识域的先天可能性。

除了这些理论问题外，还有其他理由对新的"融通"保持警惕，因为在许多情况下，对这种跨学科活动的呼吁并不是由为了寻找平等的对话而引起的，更多的是对知识帝国主义（intellectual imperialism）的渴望，其中自然科学的支持者声称拥有优越的解释权。威尔逊绘声绘色地说："没有仪器和累积的自然科学知识——

---

① Wilson, *Consilience*, p. 9.

物理、化学和生物学——人类被困在认知监狱里。他们就像在深暗的池塘里出生的聪明的鱼。他们好奇却不安，渴望生长，思忖着外面的世界。他们发明了关于围水（confining waters）① 的起源，太阳、天空和天上星星的起源以及他们自身存在的意义的巧妙推测和神话。但他们是错的，常常是错误的。"② 由于缺乏自然科学的工具，艺术和人文学科迷失在一个充满幻想的神话世界中。《创造融通》（*Creating Consilience*）一书也表达了类似的观点，这是最近的一本散文集，旨在研究人文学科和科学如何"融通"。这种"融通"的本质是显而易见的。也许，正如在这本书中的一篇文章的第一句中，人类学家帕斯卡尔·博耶（Pascal Boyer）③ 所说："为什么大多数文化人类学都互不相干（irrelevant）？"对博耶来说，这是因为人类学写作源自对当代社会最重要内容的关注。他乐观的解决方案是，它应该包括生物科学，他断言，这是因为"传统文化人类学所关切的内容目前正在被赋予新的生命，而且往往是进化论生物学家和经济学家对公众的影响要明显得多，这意味着可能会出现'文化科学'（science of culture）这样的领域。"④ 博耶本人与一项进化人类学计划密切相关，该计划声称：要探明一系列广泛的文化和社会实践的遗传生物根源。⑤ 当然，"不相干"是对谁而言？这是一个问题。博耶和他的同事从来没给出答案，但这是本研究中

---

① 　围水，confining waters，环绕着人类陆地的海洋——作者注
② 　Wilson, *Consilience*, p. 49.
③ 　帕斯卡尔·博耶（Pascal Boyer），法国裔美国人类学家，主要以宗教认知科学方面的工作而闻名。主要著作有《心灵缔造社会：认知如何解释人类创造的世界》（2018 年）、《解释宗教：宗教信仰的进化基础》（2001 年）、《宗教观念的自然属性》（1994 年）、《作为事实与交流的传统》（1992 年）。——译者注
④ 　Boyer, "From Studious Irrelevancy to Consilient Knowledge," p. 113.
⑤ 　See, for example, Boyer, *Naturalness of Religious Ideas*.

反复出现的一个主题，它是以知识建构是一个探寻者的利益函数为前提展开的，反之，这又决定了未来之问。

据说，"两种文化的分裂"主要原因之一是本体论中冲突的出现。科学家是本体论的一元论（monism）者，而人文科学的拥护者则固执地坚持思想和身体的二元论，以及从德国的解释学传统继承下来的 Verstehen（understanding）①和 Geist（spirit）②这两个令人费解的概念。③一旦这种二元论被克服，人们将普遍认为，人文科学和自然科学可以被恰当地整合，并理性地解释自身如何被文化实践及其表征所生产出来。有人声称，对这些假设的批评不过是对逆直觉影响（counterintuitive implications）的不加思考的反应。"因为我们与生俱来的传统二元论，人类层面的现实——美、荣誉、爱情、自由——让我们觉得这是一个与物质世界盲目的决定性运作完全不同的本体论领域，并且我们常常准备好摆脱对'还原主义'进行焦虑式的指控。"④无疑，这轻视了其中的哲学根基。虽然一些捍卫人文学科特质的学者可能会退回到思想、主观性和意图这些未经分析的概念上，但这种轻率的拒绝并没有认真地试图去理解和介入人文学科的哲学基底（philosophical underpinnings）。

在这场辩论中，最尖锐的声音来自理查德·道金斯（Richard Dawkins）。⑤在 20 世纪 70 年代，道金斯在进化生物学领域写了一

---

① Verstehen, a German concept which means "understanding". ——作者注
② Geist, a German concept which means "mind". ——作者注
③ See Slingerland, "Mind-Body Dualism."
④ See Slingerland, "Mind-Body Dualism," p. 85.
⑤ 理查德·道金斯（Richard Dawkins），是英国动物行为学家，进化生物学家和作家。主要著作有《自私的基因》(1976 年)、《扩展表型》(1982 年) 等。——译者注

些开创性的著作，此后，他成为一位日益醉心于实体化科学观念的倡导者。① 特别是针对宗教信仰，道金斯倾向于摒弃"科学方法"以外的任何东西。笔者的目的不是为了保护宗教不受其论战的影响，道金斯是一位在哲学和历史方面的知识贫乏的"科学"形象，但他想以科学之名来垄断研究域，我们对此表示忧虑是合理的。因此，呼吁科学和人文学科之间的融通或对话的声音似乎常常并不是毫无戒备的敞开式对话。他们设想的不是一次平等的会谈，而是一次遭遇，在这场遭遇中，激发人文学科的传言式的幻想被赤裸裸地拿出示众，并被严格的理性程序研究所取代。

这本书尝试将这种观点应用于艺术研究。它考察了与审美反应理论有关的难题，以及与艺术的历史理解有关的问题。有一些明显的例子例证了科学研究与艺术探究之间的相互作用。例如，技术艺术史（technical art history）是现代化学的副产品，而它与自然科学的关系不在讨论之列。② 然而，此项研究较少关注艺术史的这个明确界定的子域。在项目规划中，我们更多地关注生物科学在重新思考艺术和美学时所发挥的特别突出的作用。在此背景下，进化论极其重要，甚至有人可能会争辩说，呼吁"融通"只不过是试图建立一个关于艺术分析的新达尔文主义（neo-Darwinian）框架。事实上，进化论美学已经成为一个公认的领域，这本书的大部分内容是对新达尔文主义的艺术和美学主张的批判性评价。然而，其他相关研究方法也日益凸显。这包括神经艺术史和运用脑科学技术分析艺术创造力，分析对艺术和建筑的审美反应。本书还检视了系统论（systems theory）。在 20 世纪 60 年代，系统论常被看作管理和计算

① See Dawkins, *Selfish Gene and Extended Phenotype.*

② For an outline of technical art history, see Hermens, "Technical Art History."

7 机系统发展带来的福利，它有着更广泛的概念基础，最重要的代表
人物是社会学家尼克拉斯·卢曼（Niklas Luhmann）①，进化论是贯
穿其系统论著作始终的红线。他的研究得到了当代艺术理论家的特
别关注。②

几乎在艺术史作为一门现代学科出现的时候，艺术史家就对它
的地位表示了焦虑。这种焦虑不仅与它作为历史辅助学科的角色有
关，而且与它作为"科学"事业的重要程度有关。在 1873 年于维也
纳举行的第一届国际艺术史学家大会上，召集人鲁道夫·艾特尔伯
格（Rudolf Eitelberger）③ 宣布："艺术史是通过科学工作创造出来
的——而且它只有借助科学研究才有前途。"④ 这一说法——作为
一种对自信主张的防卫性辩护——揭示出了艺术史可能容易受到指
摘的恐惧感，即它只不过是一种消遣主义（dilettantism）的练习，倡
导者在写作时追求着个人审美偏好。正是为了反驳这种怀疑态度，
艾特尔伯格声明了它的科学地位，他的继任者维也纳的艺术史教授
莫里兹·陶辛（Moriz Thausing）⑤ 也重申了这一观点。陶辛在同年
的就职演说中宣称，趣味和审美价值在艺术史研究中毫无地位。⑥

---

① 尼克拉斯·卢曼（Niklas Luhmann），1927—1998 年，德国社会学家，杰出的
系统论思想家，被日益公认为 20 世纪最重要的社会理论家之一。论著主要集
中在"作为社会理论的系统论""传播理论""进化论"三个领域。——译者注
② See, for example, Fleck, *Kunstsystem im 21. Jahrhundert.*
③ 鲁道夫·艾特尔伯格（Rudolf Eitelberger），1817—1885 年，捷克人，维也纳大
学第一任艺术史与考古学教授。编辑出版了《奥地利帝国中世纪文物》《中世
纪和现代的艺术史与技术资料》。——译者注
④ Eitelberger, "Ansprache zur Eröffnung," p. 355.
⑤ 莫里兹·陶辛（Moriz Thausing），1835—1884 年，奥地利艺术史家，主张艺术
史脱离美学。——译者注
⑥ See Thausing, "Status of the History of Art"（originally published as "Die Stellung
der Kunstgeschichte als Wissenschaft" in 1873）.

　　艾特尔伯格和陶辛用来表示艺术史的 Kunstwissenschaft① 一词不仅指"科学"，也指"学术"。② 科学的德文含义不像英文那样有一套限制性语义，德语的 Kunstwissenchaft 包括了从实证的和考古的实际文献资料到图像学阐释，再到形式和技术分析的广泛实践。尽管如此，艺术史家们几乎从一开始就对自然科学表现出了浓厚的兴趣。达尔文的《物种起源》(*On the Origin of Species*) 最早发表于 1859 年。在 19 世纪后期，它广泛地影响了欧洲和北美的艺术史家的思想观点。对许多人来说，艺术史的整体形态可以看作是一个进化的过程；戈特弗里德·森佩尔 (Gottfried Semper)③、阿洛伊斯·李格尔 (Alois Riegl)④、弗兰兹·维克霍夫 (Franz Wick-hoff)⑤ 和马克斯·德沃夏克 (Max Dvořák)⑥ 都支持这一观点。这不仅影响了艺术史家对形式的理解，而且李格尔和海因里希·沃

① Kunstwissenschaft，德语，译为"艺术史"，一般也译为"艺术科学"（参见陈平：《西方艺术史学史》，北京大学出版社 2020 年版，第 7 页），词根是 wissen-schaft，另有 Naturwissenschaft（自然科学）、Literaturwissenschaften（文艺科学）等同源词汇。——译者注

② On the origins of art history and the notion of "Wissenschaft" in Germany and Austri-a, see Prange, *Geburt der Kunstgeschichte*.

③ 戈特弗里德·森佩尔 (Gottfried Semper)，1803—1879 年，汉堡人，主要著作有《科学、工业和艺术》《论工艺与建筑中的风格，或实用美学》，他的理论受到居维叶的生物理论和达尔文的进化论的影响。——译者注

④ 阿洛伊斯·李格尔 (Alois Riegl)，1858—1905 年，出生于奥地利的工业城市林茨，维也纳学派最重要的艺术史家。他一生著述繁丰，影响较为深远的有《风格问题》《罗马晚期的工艺美术》等。贡布里希赞誉他是"我们学科中最富于独创性的思想家"。——译者注

⑤ 弗兰兹·维克霍夫 (Franz Wickhoff)，1853—1909 年，奥地利人，师从艾特尔伯格和陶辛，代表作有《罗马艺术：它的基本原理及其在早期基督教绘画中的运用》。——译者注

⑥ 马克斯·德沃夏克 (Max Dvořák)，1874—1921 年，捷克人，维克霍夫的继任者，代表作有《凡·艾克兄弟艺术之谜》《哥特式雕塑与绘画中的理想主义与自然主义》等。——译者注

尔夫林（Heinrich Wölfflin）① 也将艺术视为视觉进化的一个标志。虽然对这一观点的意旨仍有很大争议，但它显示了达尔文主义的显著影响。② 沃尔夫林和李格尔的同代人阿比·瓦尔堡（Aby Warburg）③ 把艺术史描绘成人类情感和审美反应的演化过程，认为其可能不断地再现来自原始时代的返祖冲动。④ 例如，瓦尔堡的研究兴趣在于身体姿态再现（representation of bodily gesture），这得益于他反复阅读达尔文的研究成果《动物和人的情感表达》（*The Expression of Emotions in Animals and Man*，1872）。在英国，达尔文思想被结集整理为一种艺术形式发展进程的阐释框架；例如，人类学家阿尔弗雷德·哈登（Alfred Haddon）⑤ 和亨利·巴尔弗（Henry Balfour）⑥ 都用进化论的术语描述了装饰艺术的历史和各种文物的谱系。⑦

　　在对进化论保持兴趣的同时，沃尔夫林、李格尔和其他对现代艺术发展史有责任感的学者们都尝试用生理学、知觉心理学来

---

① 海因里希·沃尔夫林（Heinrich Wölfflin），1864—1945 年，出生于瑞士苏黎世的温特图尔，师从布克哈特，主要作品有《文艺复兴与巴洛克》《古典艺术：意大利文艺复兴导论》《艺术史的基本概念》等。——译者注
② Riegl, *Spätrömische Kunstindustrie*；Wölfflin, *Principles of Art History*.
③ 阿比·瓦尔堡（Aby Warburg），1866—1929 年，出生于富裕的犹太家庭。在1912 年的研究论文中，他首创了"图像学"（Iconology）方法，主要论著有《桑德罗·波蒂切利的〈维纳斯的诞生〉和〈春〉》《费拉拉斯基法诺亚宫中的意大利艺术与国际星相学》，《记忆女神图集》是他晚年主持编辑却未完成的大型图集，意在显现"情念形式"（pathos formula）的保存和变迁情况。——译者注
④ See Warburg, *Renewal of Pagan Antiquity*.
⑤ 阿尔弗雷德·哈登（Alfred Haddon），1855—1940 年，英国古典进化论的代表人物，主要著作有《艺术的进化：图案的生命史解析》等。——译者注
⑥ 亨利·巴尔弗（Henry Balfour），1863—1939 年，英国考古学家。——作者注
⑦ See Semper, *Style in the Technical and Tectonic Arts*；Balfour, *Evolution of Decorative Art*；Riegl, *Problems of Style*；and Haddon, *Evolution in Art*.

解释风格和审美反应。年轻一些的学者，如伊尔·赫恩（Yrjö Hirn）①、威廉·沃林格（Wilhelm Worringer）② 和后来的恩内斯特·贡布里希（Ernst Gombrich）③ 保持了这一兴趣。④ 但后来艺术史被确定为人文学科之一，导致这种整合的尝试被边缘化。⑤ 埃德加·温德（Edgar Wind）⑥ 在《实验和形而上学》(*Experiment and Metaphysics*) 一书中，可能试图在科学实验和艺术历史研究之间进行对比，但这本书的出版却胎死腹中。⑦ 贡布里希尝试探索知觉心理学，但实际上他的作品却被艺术史创构者所忽视。偶尔出现的一些古怪的著作，例如帕特里克·特雷弗·罗珀（Patrick Trevor Roper）⑧ 试图根据艺术家们的视觉缺陷来解读作品，但对艺术史的

---

① 伊尔·赫恩（Yrjö Hirn），1870—1952 年，芬兰—瑞典（Finnish-Swedish）艺术史学家、美学教授。——作者注

② 威廉·沃林格（Wilhelm Worringer），1881—1965 年，德国艺术史家，代表作有《抽象与移情》《哥特艺术的形式》。——译者注

③ 恩内斯特·贡布里希（Ernst Gombrich），1909—2001 年，传统艺术史学的集大成者，学术生涯贯穿 20 世纪，著述繁丰，主要著作有《艺术与错觉》《艺术的故事》《秩序感》《象征的图像》等。——译者注

④ See Hirn, *Origins of Art*; Worringer, *Abstraction and Empathy* (originally published as *Abstraktion und Einfühlung*：*Ein Beitrag zur Stilpsychologie* in 1908); and Gombrich, *Art and Illusion* and *Sense of Order*.

⑤ Panofsky, "History of Art."

⑥ 埃德加·温德（Edgar Wind），1900—1971 年，出生于德国的英国跨学科艺术史家，潘诺夫斯基的第一个学生，牛津大学第一位艺术史教授，专门研究文艺复兴时期的图像学。主要著作有《文艺复兴时期的异教徒之谜》《艺术与无政府状态》。——译者注

⑦ Edgar Wind, *Experiment and Metaphysics*, trans. Cyril Edwards (Oxford：Legenda, 2001).

⑧ 帕特里克·特雷弗·罗珀（Patrick Trevor Roper），1916—2004 年，英国眼科医生和同性恋权益的倡导者，主要著作有《钝眼看世界：论视觉缺陷对艺术和性格的影响》。——译者注

大格局来说，都无关痛痒。①

因此，更令人吃惊的是，近年来，人们再次努力将科学（可替换为：生物学）方法和概念运用到对艺术的理解上。这本书立论的前提是：尽管他们咄咄逼人、夸夸其谈的论调往往毫无帮助，但"融通"论的拥护者不能被简单地忽视或忽略；他们的观点需要被批判性地审查。这尤其是因为新达尔文主义的方法旨在解释与艺术有关的一些最基本的问题，如艺术创造力的本质、审美经验的特征和目的、艺术的传播过程、艺术的社会目的，终极问题自然是艺术的起源。

对艺术起源的推测与艺术史写作是同时发生的，老普林尼（Pliny the Elder）② 在《自然史》的画论中讨论了谁是最早的艺术家，以及绘画是如何首次出现的。③ 后来每一位重要艺术评论家，从瓦萨里（Vasari）④ 到温克尔曼（Winckelmann）⑤、黑格尔、李格尔和贡布里希都描述了艺术的起源，19 世纪对旧石器时代文物和岩石艺术的发现为这些猜测增添了新的动力。此外，近几年来，在新达尔文主义关于艺术和文化的理论的鼓励下，起源问题重新成

---

① Trevor-Roper, *World Through Blunted Sight*.
② 老普林尼（Pliny the Elder），古罗马人，约 23—79 年，学者、作家、博物学家，《自然史》（现常译为《博物志》）对后世自然科学、历史与人文研究影响深远。——译者注
③ Pliny the Elder, "The History of Painting," in *Natural History*, p. 324.
④ 瓦萨里（Vasari），1511—1574 年，佛罗伦萨人，《艺苑名人传》为他赢得了"西方世界的第一位艺术史家"的声誉。——译者注
⑤ 温克尔曼（Winckelmann），1717—1768 年，德国考古学家和艺术史家，以在《古代艺术史》（1764 年）中系统地研究希腊和罗马的古物而闻名。——译者注

为重要话题。尽管埃伦·迪萨纳亚克（Ellen Dissanayake）①、丹尼斯·达顿（Denis Dutton）②、史蒂文·米森（Steven Mithen）③ 和温弗里德·门宁豪斯（Winfried Menninghaus）④ 等研究者们的理论和意识形态信仰不同，但他们都发展了艺术进化理论，并特别强调 9 其适应性功能（adaptive function）。在没有其他令人满意的元叙事（metanarrative）理论的情况下，进化论也一直被用作"世界艺术研究"（world art studies）的基础。⑤

　　本书的第一章研究并批判了艺术是作为一种进化中的适应性行为而出现的论点。我们不仅仅质疑这些主张的优势所在，或者说它实际在政治上带来麻烦的假设（性行为和社会行为的异质模型经常被置入旧石器时代原始场景的描述中），还商榷了其作为一种关于艺术品和艺术行为的观点的价值。断言艺术是某种适应性突变（adaptive mutation）的产物可能是有说服力的，但是我们对此无从知晓，并且很难获得确证这种观点的证据，甚至在什么可能算作证据这一问题上都难以达成一致。换句话说，我认为这些理论是非决

---

① 埃伦·迪萨纳亚克（Ellen Dissanayake），1957 年—　，美国独立学者，致力于用人类学的方法研究艺术、美学和文化问题，主要著作有《审美的人》等。——译者注
② 丹尼斯·达顿（Denis Dutton），1944—2010 年，美国艺术哲学家、网络企业家和媒体活动家，《艺术与文学日报》的联合创始人和联合编辑，主要著作有《艺术本能》等。——译者注
③ 史蒂文·米森（Steven Mithen），雷丁大学考古学教授，率先提出和使用"认知流动性"概念，研究领域涉及宗教的进化起源、宗教的进化心理学等方面。他著述丰富，主要有《歌唱的尼安德特人》《心灵的史前史：艺术、宗教和科学的认知起源》等。——译者注
④ 温弗里德·门宁豪斯（Winfried Menninghaus），马克斯·普朗克学会会员，自 2013 年起担任马克斯·普朗克经验美学研究所所长、科研人员。——译者注
⑤ *World Art Studies*, a notable anthology of writings edited by Kitty Zijlmans and Wilfried van Damme, exemplifies this trend.

定论的——人们甚至可能会进一步说这"不科学"——而这可能意味着适应性一词的含义仍然含混不清。一些研究者业已指出了其他物种交配仪式的相似之处，并认为艺术主要是为了繁衍。相反，另一些人则认为，艺术是在人类认知发展所强化的、对人类认知发展至关重要的一系列行为中逐渐形成的。还有一些评论家认为，借助唤起虚拟和虚构现实的能力，艺术的再现功能培养和增强了评估未来世界的能力。这种能力加强了人们对不同行动过程及其可能的后果的思虑。最后，一些学者认为，艺术是适应性的，因为它增强了群体认同感，从而确保了群体的再生产。这些论点中的每一个都是同样合理的，但困难在于几乎没有证据可以证明哪一个更合理。这涉及对非决定论的概念（concept of underdetermination）进行更广泛的辩论。

科学哲学家拉里·劳丹（Larry Laudan）[1] 认为，对非决定论的批评不一定是很关键的，因为理性防御能力这一较弱的标准可能是维持一场辩论所需的全部条件。[2] 事实可能确实如此，但进化美学的困难在于先进的适应模型都是同样站得住脚的，最终决定选择一个而不是另一个，完全由外在标准决定。[3] 因此，人们可能开

---

[1] 拉里·劳丹（Larry Laudan），1941 年—　，美国著名的科学哲学家、认识论哲学家，主要著作有《进步及其问题：一门通往科学成长的理论》（1977 年）、《科学与价值：科学的使命及其在科学论证中的作用》（1984 年）、《超越实证主义与相对主义》（1996 年）、《法律的缺陷：对审判和错误的反思？》（2016 年）。他的"研究传统"（research tradition）哲学观点被视为拉卡托斯"研究范式"（research program）理论的重要替代者。——译者注

[2] Laudan, *Beyond Positivism and Relativism*.

[3] There are echoes here of the philosophical distinction between context of discovery and context of justification, first advanced by Hans Reichenbach and elaborated on by numerous thinkers since. See Reichenbach, "On Probability and Induction," pp. 36–37.

始质疑关于生物科学提供一种更好的解释方法。相反，事实证明，各艺术进化理论的核心内容缺乏任何"逻辑的"或"科学的"基础。

当然，我们也可以对一般的人文学科，特别是艺术史提出类似的批评。即使是对一件艺术品最具描述性的表述，也是对观察者目之所见的选择性解释；近年来，"细读"（close reading）这种反复出现的套话绝不是封闭性的，因为它是由阐释者的更广泛兴趣所引导的一种选择性的关注。此外，正如詹姆斯·埃尔金斯（James El-kins）① 所主张的那样，尽管艺术史家们经常使用"普遍规律性"框架，但是图像学（iconography）、符号学和文化唯物主义在具体实例的应用中，没有任何客观性或原则性可言。② 然而，不同之处在于，艺术史家们都非常清楚他们作品的情节、兴趣驱动力和意识形态性质。换句话说，他们很少从作为"融通论"倡导者的实践角度提出相关建议。

当人们进一步商榷这个问题时，困难就会越来越大。即使人们接受艺术是作为一种适应性行为而出现的，在追踪艺术的后续历史进程时，这也无所助益。例如，某些类型的风景画可能会唤起人们对适应更新世自然环境（Pleistocene natural environment）的原始祖

---

① 詹姆斯·埃尔金斯（James Elkins），毕业并从教于芝加哥大学艺术史学系，著述丰富，主要有"石头艺术理论研究所"书系（五卷本），包括《告别视觉研究》《超越审美与反审美》等，另有"艺术研讨会"书系（七卷本），包括《艺术史对抗美学》《摄影理论》等。——译者注

② As Elkins notes, "a concept like objectivity cannot be 'found in' or 'applied to' the text in the linear fashion that a philosophic account might propose. Indeed, it is difficult to be sure exactly what it means to 'find' the concept of 'objectivity' 'in' such a text at all." James Elkins, *Our Beautiful*, *Dry*, *and Distant Texts*: *Art History as Writing* (London: Routledge, 2000), p. 22.

先记忆，正如各位研究者所建议的那样，但这一点在分析作为艺术化反映的某种主题——风景画历史时，几乎没有什么帮助。① 例如，这在尝试确定克劳德（Claude）② 的古典风景画和卡斯帕·大卫·弗里德里希（Caspar David Friedrich）③ 的德国北部玄奥风景画之间的历史关系时，有何帮助？在试图确定同一主题的个别绘画之间的关系时，如弗里德里希的《雪中的橡树》(Oak Tree in the Snow，1829 年）和古斯塔夫·克里姆特（Gustav Klimt）④ 的《生命之树》(Tree of Life，1909 年）之间的关系如何？这两种表达方式都是同一种原始冲动吗？

这类批评同样适用于本书第二章的主题，即用进化论来描述艺术的传播和艺术传统的发展。阿比·瓦尔堡是第一个尝试这一项目的人，他使用生物学家理查德·西蒙（Richard Semon）⑤ 的记忆理论来描述艺术的复制和变异（reproduction and variation）⑥。瓦尔堡将艺术形象与生物有机体上留下的记忆痕迹进行比较，认为文艺复

----

① See, for example, Appleton, *Experience of Landscape*; Hildebrand, *Origins of Architectural Pleasure*; and Dutton, *Art Instinct*.

② 克劳德·洛兰（Claude Lorrain），1600—1684 年，法国风景画家，一生大部分时间在意大利度过，主要画作有《日出》《示巴女王乘船》等。——译者注

③ 卡斯帕·大卫·弗里德里希（Caspar David Friedrich），1774—1840 年，19 世纪德国浪漫主义风景画家，主要画作有《雾海上的漫游者》《海上月初生》等。——译者注

④ 古斯塔夫·克里姆特（Gustav Klimt），1862—1918 年，出生于维也纳，奥地利象征主义画家，也是"维也纳分离运动"（Vienna Secession Movement）最杰出的成员之一。他的绘画以表现女性身体为主，以直率的情欲意味为特征，另外他还有寓言画、肖像画和风景画。代表作品有《吻》《女人的三个阶段》《阿德勒·布罗赫·鲍尔像》等。——译者注

⑤ 理查德·西蒙（Richard Semon），1859—1918 年，德国动物学家、进化论生物学家和记忆研究专家。他相信后天特征的遗传性，并将之运用于社会进化中。——译者注

⑥ Warburg, *Renewal of Pagan Antiquity*; Semon, *Mneme*.

兴是一个唤醒记忆（mnemic recall）的过程，在这一过程中，对古典符号的追忆重新激活了印刻在集体心理中的潜在记忆。西蒙认为复制记忆不仅是简单重复，而且也可能是生物性突变带来变异的过程，从而导致血统新支脉的诞生。这就打开了这样一种可能性，即艺术传统不仅注定要重复亘古不变的主题，而且还可能颠覆蕴含于古代记忆中的先天视觉图像的含义。因此，艺术传统既是遗传性原始冲动的升华，也是它们的重复。

　　这个模型显然与达尔文的进化论和遗传论有相似之处，遗传谱系要么无差异地传承和复制给下一代，要么以变异的、赋予繁育优势的形式传给子孙。瓦尔堡将他的艺术传承研究集中在了那些承载着文化记忆的视觉符号动力图（dynamograms）上。最近，理查德·道金斯在他的著作《自私的基因》（*The Selfish Gene*）中提出了模因（meme）① 的概念，这是一种文化传播的单位，可以与生物进化中的基因相提并论。对道金斯来说，模因的传承、重复和传播源自可以赋予它们成功繁殖能力的重要品质。旋律或许是令人记忆深刻的，图像可能在其产生的特定语境中格外感人和震撼。换句话说，它将比其他品质更好地"适应"，因为它具有更鲜明的传播的特性。其他研究者试图构建类似的文化和社会适应理论（theories of cultural and social adaptation）。其中最雄心勃勃的是沃尔特·朗

11

---

① 　Meme，模因：（1）模仿传递行为（通过模仿等非遗传方式传递的行为），A. S. Hornby, *Oxford Advanced Learner's English-Chinese Dictionary*, The Commercial Press, Oxford University Press, seventh edition, 2009, p. 1257；（2）在某种文化中，一个观念、行为、风格或用法从一个人传递给另一个人的现象。*Merriam-Webster Collegiate Dictionary*, An Encyclopedia Britannica Company, eleventh edition, 2018, p. 774。——译者注

西曼（Walter Runciman）①，他的广角历史社会学建立在社会进化和适应的观念之上。② 这不仅适用于更广义的社会适应理论，也适用于更具体的艺术适应功能。从选择的角度看，几乎可以将任何社会（和文化）现象视为适应的或不适应的（maladaptation）。鉴于历史现象存在于特定的时间内，我们可以断言它们比之前的现象具有更好的适应性，但同样地，由于没有什么是永恒的，所以人们也有可能认为一切都不适应，因为一切终归消亡。正如生物学家约翰·梅纳德·史密斯（John Maynard Smith）③ 所承认的那样，这些说法往往是"无可辩驳的形而上学，整个过程只不过是对原创思想的潜在功能的检验。"④

当我们更详细地研究各种文化和艺术实践时，独断论（Arbitrariness）的弊端就会显现。从阿尔弗雷德·巴尔（Alfred Barr）⑤

---

① 沃尔特·盖瑞·朗西曼（Walter Garry Runciman），1934 年— ，剑桥三一学院高级研究员，主要从事比较和历史社会学研究，将新达尔文主义进化论应用于文化与社会选择。2001—2005 年担任英国科学院（British Academy）院长。主要著作有：《相对剥夺与社会正义：对二十世纪英国社会不平等的态度的研究》《对马克斯·韦伯社会科学哲学的批判》《论社会理论》《社会动物》等。——译者注

② See Runciman, *Treatise of Social Theory*.

③ 约翰·梅纳德·史密斯（John Maynard Smith），1920—2004 年，英国理论进化生物学家和遗传学家，在将博弈论应用于进化论中发挥了重要的作用。主要著作有《性进化》（1978 年）、《进化与博弈论》（1982 年）、《生命的开端：从生命诞生到语言的发生》（1999 年）等。——译者注

④ John Maynard Smith, "Optimisation Theory in Evolution," *Annual Review of Ecology and Systematics* 9（1978）: p. 38.

⑤ 阿尔弗雷德·巴尔（Alfred Barr），1902—1981 年，美国艺术史家，纽约市现代艺术博物馆的第一位馆长，1952 年，当选美国艺术与科学院（American Academy of Arts and Sciences）院士。主要著作有《美国现代艺术》（1934 年）、《毕加索：他的艺术五十年》（1946 年）、《马蒂斯：他的艺术和他的公众》（1951 年）、《立体派与剑桥抽象艺术》（1986 年）。——译者注

和乔治·库布勒（George Kubler）① 到最近的作家如马克·科拉德（Mark Collard）② 和弗朗科·莫雷蒂（Franco Moretti）③，许多研究者都试图构建进化树，或称为勾画特定艺术和文学对象的祖先谱系、延续谱系、变异谱系和消亡谱系的"克拉多图"（cladograms）。在这些谱系中的问题是，它们常常任意选择和使用作为画图基础的基本特征——莫雷蒂的线索如同侦探小说中的线索，科拉德的就像纺织品设计中的几何图形。同样，他们还可能随意使用其他特征来获得完全不同的结论。

　　这样的进化论最终也带来了实证式赘述（positivistic tauology）的危险：某些文化和艺术实践持续存在，甚至获得更大的影响——换句话说，它们被"选中"——因为它们更成功地适应环境。尼克拉斯·卢曼的研究工作使得这一弱点显而易见，最后一章聚焦于 12 此。从德国逐渐扩展到英语世界，卢曼的系统论对美学和艺术史产生了越来越大的影响。④ 进化是卢曼的社会系统论（theory of social systems）的核心，根据该理论，系统穿越时间长河通过自我复制、

① 乔治·库布勒（George Kubler），1912—1996 年，美国艺术史家，也是研究前哥伦比亚美洲艺术和伊比利亚美洲艺术的最重要的专家之一。在福西永的指导下获得了硕士和博士学位。主要著作有《古代美洲的艺术和建筑：墨西哥、玛雅和安第斯民族》（1962 年）、《时间的形状：造物史研究简论》（1962年）。——译者注

② 马克·科拉德（Mark Collard），英国考古与生物人类学学者。主要著作有《追踪我们的祖先：人类学和史前史的系统发育方法》（2006 年）、《创造融通：整合科学与人文》（2011 年，与 Edward Slingerland 合编）等。——译者注

③ 弗朗哥·莫雷蒂（Franco Moretti），1950 年—　　，意大利文学理论家，受过马克思主义批评理论的训练。在斯坦福大学创建了小说研究中心和文学实验室，将定量的方法引入人文学科研究。主要著作有《现代史诗》（1995 年）、《欧洲小说地图集（1800—1900）》（1998 年）、《图表、地图、谱系：文学史的抽象模型》（2005 年）、《远程阅读》（2013 年）、《资产阶级》（2013）等。——译者注

④ See, for instance, Halsall, *Systems of Art*.

变异和选择的过程而持续运行着。但与其他进化论一样，系统论也有着同样的弱点：也就是说，虽然它在观察这些正在运行的程序，但它缺乏一个中层的理论框架来确证某些变异被选择的原因和方式，而其他的却被淘汰。在系统论中，这是特别重大的缺陷，因为环境在此没有被视为约束性因素（某些变异比其他的变异更好时所依托的条件），而是作为被系统本身定义的东西。换句话说，变异和选择的过程完全是在系统内决定的，但是系统论却缺乏这种决定论的理论依据。它仅限于提出两种观察途径：有变化、有选择。

第三章讨论了当前最具争议的领域之一——它已成为应用于艺术研究的生物学方面的真知灼见——神经艺术史。它虽然与约翰·奥尼安斯有着特别的关系，但许多研究者实际上已经宣扬了这种学说，他们用神经科学来探索美学和艺术史中的常见问题。① 研究对象从旧石器时代艺术的意义和起源——艺术化的视觉表达是人类认知和神经结构的一次影响深远的进化飞跃——到更详细的艺术史案例研究，例如对现代主义抽象画、古希腊建筑以及文艺复兴时期透视的回应。对于这样的理论来说，艺术的力量在于它能够刺激某些进化的神经过程。相反，神经艺术史声称艺术家和建筑师的创造性天赋来自特定的神经发育模式；大脑的特定区域过度发达，那里成为创造性活动的中心。

神经艺术史一直是被尖锐批评的对象，尤其是神经科学的研究

---

① See, for instance, Onians, *Neuroarthistory*; Zeki, *Inner Vision*; Mallgrave, *Architect's Brain and Architecture and Embodiment*; Skov et al., *Neuroaesthetics*; and Starr, *Feeling Beauty*.

者，他们批评了其对神经过程的肤浅理解。① 虽然这里提及了这些批评的主旨，但我主要关注的还是神经艺术史的解释价值。可以说，即使对艺术品的反应可以与观察到的神经活动模式相关联，但这一洞见对谁有利仍有待商榷。神经艺术史激活了一些发现，澄清了艺术史家的学科性关切吗？或者，它仅仅使用艺术性的原初材料来提供"数据"，以便满足研究大脑运行机制之需？功能性核磁共振成像（fMRI）对大脑扫描的结果对于艺术史研究具有怎样的重要意义？它将如何塑造这门学科的发展方向？如果仅仅是用神经科学的词汇来重复社会和自然环境的重大影响作用中的陈词滥调，那么该如何回应这些问题呢？神经科学给审美经验的概念增添了什么新内容吗？这种方法在解释艺术史上的个别事件时，其局限性更为明显；结果是无法在对单件作品的不同反应之间提供任何有效的区分方法，更不用说考虑它们的审美、文化或其他价值和意义了。

　　对人文科学中的新达尔文主义（new Darwinism）的批评，经常被指摘为一种目光短浅、心胸狭隘的态度，一种意识形态的、一意孤行的盲目性，它干扰了和自然科学之间进行真正有意义的对话的可能性。在某些情况下，这一指责可能是有道理的，但不应让它分散我们对重大问题的关注，这些问题涉及应用新达尔文主义和神经科学思想进行艺术分析的尝试。最初，斯诺只是抱怨两种文化之间缺乏相互理解式的交流，而现今这两种文化在社会关系和思维方式方面都已经决裂了。克服这种分歧无疑是一个重要的目标，但正如前面所述，许多"融通论"支持者的目标更加雄心勃勃：人文学科全面屈从科学范式。然而，即使是提倡人文学科"自然化"

① For the most extended such critique, see Tallis, *Aping Mankind*.

的研究者业已认识到，这是不可能的！神经科学最多只能描述个别的大脑状态，但这远远不能解释人文学科感兴趣的文化和艺术对象。正如扬·法耶（Jan Faye）① 所言，"文化、规范和意义在无数的大脑及其相互作用基础上发生并带来重要影响，它们以语言和其他文化符号为介质，而这些符号本身并不是各种神经生理状态。分享共同文化或通过某种公共象征媒介进行交流的个体之间，并不共享某种共同的大脑状态。"②

　　人们争论自然科学对艺术理解的价值，其核心是知识统一的问题。本书的基本观点是，这种统一的愿望成为问题的症结所在，因为这是个思虑不周的计划。具有讽刺意味的是，多元认识论最有力的倡导者之一尼克拉斯·卢曼认为，系统化现代性的愿景着重强调其"多元语境"（polycontextural）的本质。③ 对卢曼来说，单个社会的、生物的和精神的系统都可以激活相应的洞察力，却不存在一种包含所有洞见的总体知识形式。个别系统的观点可能相互影响（卢曼谈到"结构耦合"（structural coupling）或"相互渗透"（inter-penetration），事实上，他们有时可能会依赖于这样的相互作用，但是，与融通论支持者相比，这远不能构成单一知识域。

　　具体地说，这意味着自然科学和人文科学的见解很可能会聚在共同的话题和趣味上，而这种融合的可能性有待考察。例如，世界各地的具象艺术在大致相似的时间出现，这与人类认知的重要进化发展有关，此论点令人信服，除非一个人忠实于人类意识的非自然

① 扬·法耶（Jan Faye），丹麦科学和形而上学哲学家，哥本哈根大学助理教授。——译者注
② Faye, *After Postmodernism*, p. 38.
③ Luhmann, *Observations on Modernity*.

主义论调。同样，达尔文对于审美经验的性起源的推测，尽管存在争议和问题，但也值得认真关注。通过定量分析，我们相应地可以检测出能够重建艺术和文化繁衍、变异和选择的进化"树"的发展模式。然而，在每一种情况下，最突出的问题是这些解释的局限性。

　　尽管一个重要的认知进化步骤可能是在大约 4 万年前完成的，这使得复杂的表象得以出现，但这并不能告诉我们这类图像的后续历史。同样的限制也困扰着达尔文对审美感知力（aesthetic sensi-bility）的解读。交配仪式中存在着视觉化的炫耀行为。美的感觉（sense of beauty）可能源自对这些行为的早期反应，因此植根于性选择。但这种遥远的起源早已被层层叠叠的文化含义所覆盖，这正是艺术和文化史家所密切关注的问题。换句话说，进化论可能会提供一个额外的解释层，但它并不能轻易地取代人文科学中已成定论的话语体系。我们有可能绘制出文化演变的模式，但所生成的数据需要对该过程的重大意义进行阐释，这就需要广泛地应用诸人文学科的其他方法和概念。

　　保守态度并不意味着人们可以不假思索地摒弃新方案，因为它们可能提供重要的见解，有时还会重新架构已获确认的议题。正如个体分析所表明的那样，使用进化框架带来了许多问题：如何形成艺术史变化与时间的关系模型？如何保证不同种类艺术和审美经验的跨文化有效性？如何理解艺术与性的关系？如何在艺术史中使用量化信息？如何确保论据和论证过程的规范化？同时，这些问题表明艺术和科学融通论的拥护者，没有资格显示出他们可以随意插话的自信。

　　也许有人会反对的是，在专注于价值问题时，即这些方法是否 15
提供了一种"能产生不同理论的差异性"，正如葛瑞利·贝特森

（Gregory Bateson）① 在另一种语境下所说的那样，我的看法是，这种研究方法是工具性的（instrumental）。② 对此，从某个重要的意义上说，我认为：讨论康斯特布尔（Constable）③ 的《干草车》（*Hay Wain*）这幅画的意境是否如同他童年大脑形成期的记忆一样？或者，我们是否因为它唤起了人们对更新世的原始记忆，而喜欢阿尔伯特·比尔施塔特（Albert Bierstadt）④ 的风景画？或者，我们是否因为其比例代表着遗传和生殖优势，而认为米隆（Myron）⑤ 的《掷铁饼者》很美？这些都是毫无意义的。我和任何其他艺术史家都无法判断研究镜像神经元（mirror neurons）、人类思维进化的真实价值（true-value）。我担心的是其他方面的问题，例如，融通论信仰者提出的更严格的主张是否被——用"科学"的方法来研究艺术和文化的案例——证实？它们是否提供了可判定的和令人信服的命题？进而为艺术史家、艺术评论家以及大多数艺术和文化理论家所关注的各种问题提供答案？因此，当世界被以这种方式而不是其他方式呈现和表述时，我意在探讨它们有何新意？本书的其余部分将考察这些探讨可能包含的内容，以及它是否也具有积极价值。

---

① 葛瑞利·贝特森（Gregory Bateson），1904—1980 年，英国人类学家、社会科学家、语言学家、视觉人类学家、符号学家和控制论者。在 20 世纪 40 年代，他将系统论和控制论扩展到社会和行为科学领域。他的著作包括《走向心灵生态学》（1972 年）、《心灵与自然》（1979 年）等。——译者注

② Gregory Bateson, "Form, Substance, and Difference," in Bateson, *Steps to an Ecology of Mind*, p. 460.

③ 康斯特布尔（Constable），1776—1837 年，英国风景画画家，代表作有《干草车》《埃塞克斯公园》等。——译者注

④ 阿尔伯特·比尔施塔特（Albert Bierstadt），1830—1902 年，生于德国的美国画家，哈德逊河画派的一员，也被归为落基山脉学派。他的作品描绘了美国西部恢宏而广袤的风景。代表画作有《落基山·兰德峰》等。——译者注

⑤ 米隆（Myron），公元前 480—前 440 年，公元前 5 世纪中叶的雅典雕塑家，代表作品《掷铁饼者》。——译者注

第一章
艺术、生物学和选择美学

1993 年，俄罗斯移民画家维塔利·科马尔（Vitaly Komar）①
和亚历山大·梅拉米德（Alexander Melamid）② 对美国公众进行了
一次至今闻名的民意调查，目的是估量民众的趣味。③ 该调查要求
他们的受访对象表明其偏爱的艺术题材。科马尔和梅拉米德最终创
作了一幅名为《美国最想要的》(America's Most Wanted) 的合成画，
它与 19 世纪中叶哈德逊河画派（Hudson River school）④ 艺术家的
代表性风景画非常相似。该画展现了一个由湖泊组成的宜人的田园
景色，前景有典型的北美动植物，背景是起伏的山丘。哈德逊画派

---

① 维塔利·科马尔（Vitaly Komar），1943 年—　，美籍俄裔艺术家。——作者注
② 亚历山大·梅拉米德（Alexander Melamid），1945 年—　，美籍俄裔艺术
家。——作者注
③ See Wypijewski, *Painting by Numbers*.
④ 哈德逊河画派（Hudson River school），19 世纪中期美国的一次艺术运动，由一
群受到浪漫主义影响的山水画家组成，他们主要描绘哈德逊河流域和周围地
区。该画派反映了 19 世纪美国的三大主题：发现、探索和定居。主要代表画
家有阿尔伯特·比尔施塔特、弗雷德里克·埃德温·丘奇、约翰·弗雷德里
克·肯塞特和桑福德·罗宾逊·吉福德等。——译者注

的主要成员有阿尔伯特·比尔施塔特和托马斯·科尔（Thomas Cole）①。为了增加些恶作剧效果，科马尔和梅拉米德在前景添加了乔治·华盛顿和一头在浅滩上徘徊的河马。这两位艺术家在肯尼亚、俄罗斯、法国、中国、冰岛和葡萄牙等多个国家进行了类似的实践。② 在理想的景观形象方面，不同文化之间有着惊人的共同性。

如果稍微认真地对待这次戏仿创作，我们可以用两种方式来阐释相互隔绝的文化之间的偏好图像的相似性。阿瑟·丹托（Arthur Danto）③ 提出的一种合理的解释方案：它显示了全球化的图像饱和状态在多大程度上制造出了共同的媚俗美学（kitsch aesthetic）④。丹托指出，这幅画使人想起流行日历上的风景画，并因此总结说，不同文化的理想化的风景画应该是极其相似的，因为全球化的图像传播与交流已经侵蚀了文化的特殊性。在这方面，科马尔和梅拉米德无意中透露了他们个人的文化偏见，因为他们的调查问卷集中在主题偏好上，这些问题包括受访者更偏爱一幅名人的画像还是一位"普通"人的画像。问卷中没有表明，以他们最终选择使用何种方式来完成最终的作品。

---

① 托马斯·科尔（Thomas Cole），1801—1848 年，出生于英国的美国艺术家，一般认为他是哈德逊河画派的创始人。主要作品有：《牛轭湖》《泰坦的高脚酒杯》等。——译者注

② The results of the poll can be found at http：//awp. diaart. org/km/（accessed 25 November 2014）.

③ 阿瑟·丹托（Arthur Danto），1924—2013 年，美国艺术评论家和哲学家。主要作品有：《普通物品的转化》（1981 年）、《艺术终结之后》（1997 年）、《美的滥用》（2003 年）、《何为艺术》（2013 年）等。——译者注

④ Arthur Danto,"Modalities of History," in Danto, *After the End of Art*, pp. 193 - 220.

哲学家丹尼斯·达顿提出了另一种解释。达顿认为，偏好上的跨文化相似性透露出一种共同的先祖心灵遗产。正如达顿所指出的那样，"人类对风景画的反应也展现了返祖本能。无意中，科马尔和梅拉米德的实验饶有趣味地证明了这一点……特定类型的风景的强大吸引力并非社会性建构，而是作为更新世（Pleistocene）的一项遗产呈现于人的本质之中，现代人就是从 160 万年前的更新世进化而来。"① 对于达顿来说，东非大草原与他的风景偏好相匹配，那里包含了许多人类进化方面的重要质素：比如各种各样的野生动物因而有丰富食物来源的和躲避潜在掠食者的场所。这些地方激发了人对安全的本能欲求，而这些欲求深深地铭刻在人类从遥远的过去进化而来的遗传特征中。② 换句话说，《美国最想要的》反映了我们史前祖先的理想栖息地。后来在艺术上表现的各种各样不同的景观理想——从对高山优美风景的迷恋，到被沙漠或极地的崇高美景所吸引——与上述论断并不矛盾，达顿认为，调查已经揭示除了这些历史积淀的叠层之外，更深层的本能偏好将在恰当的环境中重新浮现。

达顿的思想认识受到地理学家杰伊·阿普尔顿（Jay Appleton）③的著作的影响。后者在《风景画经验》中指出，展望前景和渴望庇护是一种对风景画与生俱来的、生物遗传性的反应。例如，建筑史学家格兰特·希尔德布兰德（Grant Hildebrand）④ 曾试图以类似

---

① Dutton, *Art Instinct*, p. 18.
② See, for example, Orians and Heerwagen, "Evolved Responses to Landscapes," pp. 555-558.
③ 杰伊·阿普尔顿（Jay Appleton），1919—2015 年，英国地理学家。——作者注
④ 格兰特·希尔德布兰德（Grant Hildebrand），1934 年—　，美国建筑师。——作者注

的方式考察人类对建筑环境的反应。他认为，人类在狩猎和采集阶段的先天偏好塑造了今天对建筑物的审美反应；因此，与这种偏好相协调的建筑形式被视为"美"。正如希尔德布兰德所说，一些建筑场景唤起了"一个原型形象，那么它的实物表现形式应当蕴含着一种生存性优势……这样，与生俱来的对这些场景的喜爱就会持续下去，甚至会随着时间的推移而强化。"① 这方面的例子包括对"庇护和前景"的渴望，既免受捕猎者的追踪，同时处在一个比目标猎物有利的位置；对"诱饵"的渴望，对应着天然的人类好奇心和从新体验中获得的快乐；对"秩序和复杂性"的偏爱，换句话说，就是将一种复杂的视觉环境排列为具有"生存有用性"的共同秩序时所获得的乐趣。

我不想介入达顿和丹托之间的争论，也不想探讨希尔德布兰德和阿普尔顿的景观美学构想。相反，我引用它们，当作一个不断成长的思想体系的例子，试图解释人类进化及其倾向中，对结构的审美偏好优于其他因素。正如达顿和其他人所表明的那样，进化论美学的依据是对原始遗传偏好的假设，这种偏好与人类对环境的要求和时机的适应性反应密切相关。这一假设的来源是查尔斯·达尔文的进化论，进化论美学的拥护者经常引用达尔文。虽然本章主要关注进化论美学，但是希尔德布兰德、阿普尔顿和达顿等新达尔文者的理论中流淌着达尔文主义的血液，因而回顾一下达尔文的基本信条是有益的。

达尔文的进化论

达尔文的两个最重要的思想是自然选择和性选择。在《物种

① Hildebrand，*Origins of Architectural Pleasure*，p. 26.

起源》(1859 年)中，达尔文提出了通过"适应"实现自然选择的观点。人们对这个想法已经耳熟能详，以至于可能认为没有必要对它的基本前提进行任何概述。① 这相当于认同进化论包含了变异和选择的双重过程。一方面，生物繁殖包含着随机变异（当代生物学家把它们描述为在繁衍时进行的 DNA 转录过程中可能发生的突变或"错误"），以此将后代和他们的父母区别开来。这种遗传变异可能对有机体没有任何影响，但不妨碍它们可能赋予自身在生存、成熟和繁殖能力方面的某种优势（从而将这些变异传递给下一代）；抑或相反，抑制这种本领，从而产生"适应不良"。

达尔文用单个机体的不同的行为特征或形态（morphological）特征来描述变异，尽管这一观点已经被遗传科学所取代，它仍然是相关的，虽然变异发生在基因水平，作为"表型"② 的选择则发生在有机体的层面。有机体及其行为是遗传变异的"表型"表达，而连续世代的积累变异会导致增量性变化（incremental change），随着时间的推移，这些变化会促成新物种的诞生。选择也构成了物种多样性的基础；一些物种可能进化成新的形式，但新物种也可能与那些较为古老的、特性保持不变的生物体的后代共存。同时，新物种可能会取代由它进化而来的旧物种，因为它在开发现有资源方面取得了更大的成功，从而得以自我繁殖。因此，它之所以"被选择"，是因为它具有较强的适应外部环境的能力（例如，包括与

19

————————

① Charles Darwin，"Natural Selection，" in Darwin，*On the Origin of Species*，pp. 130~172.

② 表型，Phenotype，生物学术语，意为表型（的），表现型（的），基因和环境作用的结合而形成的一组生物特征。见 A. S. Hornby，*Oxford Advanced Learner's English-Chinese Dictionary*，The Commercial Press，Oxford University Press，seventh edition，2009，p. 1486。——译者注

其他有机体竞争同一资源，与食肉动物竞争，并适应气候条件）。环境本身就会发生变化，其他物种也会进化，自然选择会无情地将那些能够适应环境变化的物种和无法适应的物种区分开来。

　　达尔文的思想后来与"适者生存"（survival of the fittest）的粗浅表述联系在一起，这个说法最初由社会理论家赫伯特·斯宾塞（Herbert Spencer）① 发明，但在《物种起源》中，达尔文已经认识到，仅仅靠自然选择并不能完全解释现有的生命多样性。② 许多动物的行为和形态特征似乎没有被赋予繁殖优势，因此不能认为它们可以使有机体更好地"适应"。由是，他提出，将性选择作为进化发展的第二种可能机制，这类似于繁殖的效果："如果一个人能在短时间内按照他的审美标准，把优雅举止和美丽赐给他的矮脚鸡（bantam），我会毫不犹豫地认为，雌鸟仍然按照它们的审美标准，选择歌声最悠扬而美丽的雄性，后者经过数千代的累积，可能会产生非常别致的声响和外观。"③ 后来，在《人类的由来》（*The Descent of Man*）中，他把这作为人类和动物进化的中心议题。它的核心在于声称许多后天性状根本没有适应价值，但之所以被选择是因为它们增加了有机体在个体间斗争中的成功率（通常是雄性），要么赶走或杀死对手，要么"激发或吸引异性，通常是女

---

① 赫伯特·斯宾塞（Herbert Spencer），1820—1903 年，英国哲学家、生物学家、人类学家、社会学家，维多利亚时代著名的古典自由主义政治理论家。他将进化论引入社会学，创造了以"适者生存"（survival of the fittest）理念为基础的社会达尔文主义（Social Darwinism），主要作品有《社会静力学》《心理学原理》等。——译者注

② Spencer, *Principles of Biology*, 1: 444. Darwin later adopted the term in the fifth edition of *On the Origin of Species*（1869）.

③ Darwin, *On the Origin of Species*, p. 137.

性，她们不再是被动的，而是选择比较和蔼可亲的伴侣"①。例如，
马鹿的肥大鹿角，孔雀尾巴的光彩以及雄性凉亭鸟②的"凉亭"的　20
精细结构都没有什么明显的选择性价值；然而，它们是连续数代雌
性所选择的，因此它们现在成为雄性的永久特征。在人类身上，达
尔文也认为种族差异是性选择的结果。例如，在世界不同的地区，
人们对不同的皮肤类型或面部相貌的偏好最终形成各种遗传特征。③

　　即使在达尔文生活的年代，也有人对这种模式的内在性别偏见
持批评态度。因为它是在特定物种的雄性吸引雌性时，所建立起的
一种理想的典型结构，因而达尔文完全聚焦在雄性自我展示的重要
性上。④　然而，正如伊丽莎白·格罗斯（Elizabeth Grosz）⑤ 所指出
的那样，达尔文还关注雌性炫耀行为成为决定性因素的案例，而且
他的叙述也对现有的社会习俗提出了挑战，即女性选择驱动着性选
择。⑥ 同时代的男性们对达尔文观点感到不安，例如，他的同时代
的合作者阿尔弗雷德·拉塞尔·华莱士（Alfred Russel Wallace）⑦
摒弃了性选择，试图把自然选择作为进化的根本动力。

　　在目前的讨论中，意义深远的是达尔文在进化论中仔细考量了

---

① 　Darwin, *Descent of Man*, p. 684.

② 　凉亭鸟，见于澳大利亚，雄鸟构筑凉亭状物求偶。——译者注

③ 　This idea was reiterated by Jared Diamond in "How Africa Became Black: The His
　　tory of Africa," in Diamond, *Guns*, *Germs*, *and Steel*, pp. 376-401.

④ 　See, for example, Blackwell, *Sexes Throughout Nature*; and Gamble, *Evolution of*
　　Woman.

⑤ 　伊丽莎白·格罗斯（Elizabeth Grosz），杜克大学教授，主要研究法国哲学家，
　　著作有《雅克·拉康：女权主义导论》（1990 年）、《混乱、领地、艺术：德勒
　　兹和地球的构架》（2008 年）等。——译者注

⑥ 　Grosz, *Becoming Undone*.

⑦ 　阿尔弗雷德·拉塞尔·华莱士（Alfred Russel Wallace），1823—1913 年，与达
　　尔文共同创立了进化论。——译者注

美学问题。他认为，因为视觉性炫耀显然在选择和繁衍过程中起着重要的作用，所以个体在吸引理想伴侣时表现出的魅力是个品味（taste）问题。① 通过华彩的视觉性炫耀展现性别差异的信号中，品味一目了然；同时，在装饰性形式和图案式标记向妩媚动人的形式的演化之路上，品味亦可见一斑；当然，这妩媚动人的形式与残忍的生存或对潜在掠食者的躲避毫无关系。这一说法也可以用来解释人类生物学的各个方面，他认为，人体毛发稀少和男女之间的其他差异是性选择的结果，而不是某些自然的选择式适应。

然而，华莱士的反对意见颇具影响，后来的评论者认为，这样的判断最终仍然关乎生存。孔雀尾巴之美或凉亭鸟的凉亭之美经常与"昂贵的信号"（costly signals）相关联。因此，雄性凉亭鸟不惜时间代价营造它的凉亭，雄鹿的角通常甚或达到完全不切实际的尺寸，都表明了一种超出获得生存资源能力范围以外的能量过剩现象，这些特征明显地标志着生物体的整体健康和基因的"健康"。此观点一直延续至今。例如，沃尔夫冈·韦尔什（Wolfgang Welsch）② 极力主张"美是健康的标志。女性（为了她的后代的利益）对男性的健康体魄感兴趣（'好基因'），她把男性阳刚之美当作健康体魄的标志，这就是为什么男性的阳刚之美激发了女性的兴趣和愉悦，以及为什么女性选择健美的男性的原因。她们以阳刚之美为导引，

---

① Charles Darwin, "Secondary Sexual Characters of Mammals," and "Secondary Sexual Characters of Man," in Darwin, *Descent of Man*, pp. 588 – 619 and pp. 621–674, respectively.

② 沃尔夫冈·韦尔什（Wolfgang Welsch），德国当代著名美学家，主要著作有《重构美学》《超越美学的美学》《美学与对当代世界的思考》等。——译者注

将其作为一项生存繁衍适宜性的指标。"①

我们稍后将检视自然选择和性选择相结合的重要性。当务之急，我们有必要深思，达尔文对于性选择影响审美感知力的关切。借此，他认为美的感觉不仅限于人类，而且可以看作是早期动物起源的一种进化遗传。"当我们看到一只雄鸟在雌鸟面前精心地展示他优美的羽毛或绚丽的色彩时……毫无疑问，她钦羡她的雄性伙伴的美貌。"事实上，他更进一步指出："人类和许多低级动物一样，对相同的颜色、优雅的底纹和形状以及相同的声音感到愉悦。"②

达尔文对鸟鸣特别感兴趣。他认为，鸟鸣往往如此复杂，不可能仅仅被看作是一个适应的问题。后来又有一些人同意了达尔文的观点：许多鸟似乎都在细细地唱着，表现出自足之乐。③ 后来的研究也表明，尽管鸟鸣是性选择的主要手段，但雌鸟并不对雄性的啼鸣有一时冲动的反应，而是在选定配偶前，积极地对海量雄鸟的啼鸣进行采样。④ 因此，鸟类表现出一种比较审美判断的模式。

然而，达尔文为推断审美感知力的进化起源开辟了空间，同时他也申明了它的局限。对于大多数动物来说，"如我们所料，审美品位被限制到异性的吸引力上……没有动物能欣赏夜间的天空，美丽的风景画或精致的音乐……这些品味通过文化而习得。"⑤ 因此，

---

① Welsch, "Animal Aesthetics."

② Darwin, *Descent of Man*, p. 115.

③ See, for example, Menninghaus, *Wozu Kunst*, pp. 76–81.

④ Clive Catchpole and Peter Slater, *Bird Song: Biological Themes and Variations*, 2nd ed. (Cambridge: Cambridge University Press, 2008), pp. 171–202.

⑤ Darwin, *Descent of Man*, pp. 115–116.

在某种程度上，人类的审美感觉已经附着在与自然选择或性别选择无关的物体上。换句话说，文化偏好似乎已经超越了性选择和审美品位之间的关系。正如安东尼·奥赫尔（Anthony O'Hear）① 所说，"我们从未听说动物可以深沉地、无功利地欣赏其环境的审美特征。"② 此外，大多数关于鸟鸣的研究都重申了它在性选择方面的功能基础。无数研究表明，一首歌越复杂越有长度，它就越可能用来吸引异性伴侣。因此，在一个翻版的华莱士理论方法中，研究者提出，因为鸟鸣需要大量的能量，雄鸟演唱复杂歌曲的能力标志着它的生存适宜性和占据富有资源的广阔领土的权利。甚至最复杂的鸟鸣也有某种功能的基础。

艺术进化论

达尔文并不是第一个提出音乐起源于人类远古时代的人。赫伯特·斯宾塞早在《音乐的起源和功能》（1857 年）一文中提出了对这种设想的探索，他认为音乐可能起源于原始的情感表达，随后助推了人类情感和智力的发展。③ 到 19 世纪晚期，进化论已成为人文科学的核心指导思想。有时可能是达尔文思想的直接输入；而在另一些情况下，它可能是一个模棱两可的概念，即把艺术发展作为

① 安东尼·奥赫尔（Anthony O'Hear），英国哲学家，白金汉大学哲学教授和教育系主任。主要著作有：《超越进化论》（1997 年）、《伟大的书：从伊利亚特和奥德赛到歌德的浮士德：2500 年西方经典文学之旅》（2007 年）等。——译者注

② O'Hear, *Beyond Evolution*, p. 182.

③ In the second edition of the essay, published in 1891, Spencer added a coda that took violent exception to Darwin's idea of the role of birdsong in sexual selection. See "The Origin and Function of Music," in Spencer, *Essays*, 2: pp. 400-451.

一个进化过程。例如，在《生理美学》（1877 年）中，科学作家兼小说家的格兰特·艾伦（Grant Allen）① 将审美能力归因于进化发展的结果。② 两年后，詹姆斯·萨利（James Sully）③ ——一位曾与赫尔姆霍兹（Helmholtz）④ 共事过的哲学家和心理学家——像斯宾塞一样，讨论了音乐的起源，他认为人类和动物对某些声音有着共同的偏好，因为它们在吸引伴侣方面扮演着重要的角色。⑤ 特别是在奥地利和德国，艺术史学家也采用了进化理论。其中最著名的是阿比·瓦尔堡，他对文艺复兴艺术中身体的表情、姿态和再现的关注，主要来自他对达尔文《人类和动物的表情》的解读。瓦尔堡认为，作为记忆的载体，原始遗传的情感可以潜藏在过去的形象中，或汲取人类文化和智力进化的普泛观念。⑥ 最重要的是，他的"遗产"（Nachleben）⑦

---

① 格兰特·艾伦（Grant Allen），1848—1899 年，加拿大科学作家、小说家，科幻小说的先驱，进化论的支持者。主要作品有：《生理美学》《上帝观念的进化》等。——译者注

② Although primarily concerned with the physiology of taste, pleasure, and pain, Allen made repeated reference to the evolutionary work of Herbert Spencer, speculating on the origins of beauty in the drive for sexual selection (see, for example, *Physiological Aesthetics*, 242). Allen also cited Spencer's essay "Personal Beauty," in Spencer's *Essays*, 2: pp. 387–399.

③ 詹姆斯·萨利（James Sully），1842—1923 年，英国心理学家，英国心理学的创始人之一。主要著作有《感觉与直觉》（1874 年）、《心理学教师手册》（1886 年）等。——译者注

④ 赫尔姆霍兹（Helmholtz），1821—1894 年，德国生理学家、物理学家和数学家。主要著作有《力量的保存》（1847 年）、《生理光学手册》《论音调的感觉》等。——译者注

⑤ Sully, "Animal Music." See also Clark, "Animal Music: Its Nature and Origin.

⑥ On this topic, see Didi-Huberman, "Surviving Image"; Gombrich, "Aby Warburg, His Aims and Methods"; and Gombrich, "Aby Warburg und der Evolutionismus."

⑦ Nachleben, heritage, 遗产。——作者注

概念归功于爱德华·泰勒（Edward Tylor）① 的工作，后者提出了这个概念来解释许多民族中文化和社会特征的维系，人们认为这些特征在人类进化的漫长过程中将被替代。②

23　　随着人文学科寻求与自然科学相一致的压力逐渐减轻，这种与进化论的结缘在 20 世纪逐渐减弱。由于进化论与社会达尔文主义的联系，以及最极端的纳粹德国的文化政治，进化论在人文学科中进一步贬值。因此，达顿对这一概念的重新审视令人惊讶，但直到爱德华·威尔逊于 1975 年出版了具有深远影响的著作《社会生物学》（*Sociobiology*） 之后，进化论才逐渐重新引起人们的兴趣。作为一名经过训练的生物学家，威尔逊试图将动物行为和人类社会相提并论。他认为，动物行为和人类社会之间的相似之处不只是偶然的，因为它们表明了人类社会行为的生物学根源，并确认了人类作为社会动物的概念。威尔逊只是顺便提到了艺术，但他的评论清楚地表明了对艺术的社会生物学方法应该如何展开。像达尔文一样，他特别注意鸟类的歌声。他说："人类认为鸟类那精巧的求爱和属地之歌是美的，而且可能最终也是出于同样的原因，它们对鸟类是有用的。鸟类同伴能够清晰而精确地识别出'歌唱者'的种类、生理状况和心理状态。丰富的资讯和准确的情绪传递，同样是人类的杰出音乐的标准。"③ 威尔逊还把黑猩猩在狂欢节上的鸣叫和鼓声与人类的歌唱和舞蹈相提并论。他认

---

① 爱德华·泰勒（Edward Tylor），1832—1917 年，英国的原始文化研究专家，人类学家，牛津大学第一位人类学教授。主要著作有《原始文化》（1871 年）、《人类学》（1881 年）。——译者注

② Tylor, *Primitive Culture*.

③ Wilson, *Sociobiology*, p. 289.

为，这两种方式都是为了强化群体认同，而群体认同建立了一种源于彼此的亲切感。自那时以来，社会生物学已成为一个虽有争议却富于建设性的领域，并开辟了运用达尔文主义分析广泛的社会和文化实践的可行之路。①

理查德·道金斯的著作《扩展的表型》(*Extended Phenotype*)为艺术进化论的发展提供了新动力。20 世纪 70 年代，道金斯与他的著作《自私的基因》一起脱颖而出，该书提出了当前通行的观点，即自然选择是在基因水平上运作的，单个有机体是基因的表型表达。在《扩展表型》中，道金斯认为表型不仅限于有机体，在环境方面也可以见到其广泛的影响力。从人类与其他生物（如寄生虫）的相互作用到由动物引起的环境变化（如海狸水坝或蚁巢），都是表型对环境施加影响的例证。这一论述为把人类文化实践视作表型式基因表达铺平了道路。道金斯还用其现已声名狼藉的"模因"概念推测了文化繁衍的过程。这个词用来标定文化传播的单位，其功能与生物进化中的基因相当。

在道金斯和威尔逊之后，20 世纪 90 年代出现了由莱达·科斯麦兹（Leda Cosmides）② 和约翰·图比（John Tooby）③ 倡导的进

① Wilson was the object of a fierce critique in Sahlins, *Use and Abuse of Biology*. For a brief overview of the debates over sociobiology, see Rose, "Colonising the Social Sciences?"

② 莱达·科斯麦兹（Leda Cosmides），1957 年—　，美国心理学家，与她的丈夫人类学家约翰·图比一起发展了进化心理学，两人于 1992 年在加州大学圣芭芭拉分校创建并指导了进化心理学中心。主要作品有《适应性思维：进化心理学与文化的生成》（编著，1992 年）、《进化心理学：基础论文》（合著，2000 年）等。——译者注

③ 约翰·图比（John Tooby），美国加州大学圣芭芭拉分校人类学教授。与妻子莱达·科斯麦兹一起为进化心理学的创立与发展做出了贡献，参见"莱达·科斯麦兹"条。——译者注

化心理学。① 他们的基本论点是，人类的头脑和人的身体一样是自然选择的进化结果。② 换句话说，人类心理的所有特征都是成功地适应了人类和人类原祖所面临的环境挑战的结果，在此期间，其他的行为变体形式、心理倾向和认知能力都没能最终保留下来，因为它们是非适应性的，甚至可能具有适应不良的、破坏性的倾向。此外，思维被认为是一种多功能的模块化结构——有学者业已提出了瑞士军刀式隐喻——在这种结构中，各种不同的认知技能，诸如使用语言、识别面孔和甄别欺骗的能力，都是独立地针对特定的进化压力而产生的。③ 作为"特殊意图的计算机制"，心智模块（mental modules）概念早在 20 世纪 80 年代就被心智哲学家杰瑞·福多（Jerry Fodor）④ 提出，但 10 年后，这一概念在达尔文主义术语体系中被重新解释为进化选择的结果。⑤ 根据这一理论，模块化智能取代了我们动物祖先的"一般智能"。神经科学的发现证实了这一观点，即某些精神功能源自大脑的特定区域；另外，与生物进化论相类比，要求与基因功能相似的基本复制单位的存在，也证实了这一观点。事实上，这一观点在分析文化现象时得到了进一步的发展：它最著名的倡导者之一史蒂文·平克（Steven

---

① See Barkow, Cosmides, and Tooby, *Adapted Mind*.

② For an overview, see Robert J. Richards, *Darwin and the Emergence of Evolutionary Theories of Mind and Behavior* (Chicago: University of Chicago Press, 1987).

③ For a succinct statement of this position, see Pinker, *How the Mind Works*.

④ 杰瑞·福多（Jerry Fodor），1935 年—　，美国哲学家、认知科学家，罗格斯大学荣休教授。主要著作有《思想的语言》(1957 年)、《思维不是这样工作的：计算心理学的范围和限度》(2000 年)、《达尔文出了什么错?》(合著，2010 年) 等。——译者注

⑤ Fodor, *Modularity of Mind*, p. 120.

Pinker)① 已经试图找出大脑中涉及说话和特定语言行为的特定进化子程序和子模块。②

进化论美学

进化论心理学为达尔文主义艺术观提供了强大的动力。许多作者认为，艺术和文学的某些特征是人类心理和人类认知的进化特征的表现。正如这一观点的杰出代表马克·帕格尔（Mark Pagel）③所说，人类是"因文化而相互连接的"（Wired for Culture）。换句话说，文化实践（包括艺术）是认知能力的典型表现；而认知能力是进化的产物，因此是与生俱来的本能心理特征。例如，考古学家史蒂文·米森认为，人类创造力在过去 10 万年中的爆发——与艺术的诞生有关——是一个至关重要的进化步骤的结果：超越思维的模块化划分，并整合了不同认知领域的能力。由于创造力的一个重要方面是在不同元素之间进行类比的能力，早期人类将不同的认知能力整合起来的本领使艺术成为可能。④

在对进化心理学的依赖中隐含着这样一种假设，即虽然人类认　25

---

① 史蒂文·平克（Steven Pinker），1954 年—　，加拿大出生的美国认知科学家、心理学家、语言学家和科普作家，哈佛大学心理系教授，以倡导进化心理学和心理计算理论而闻名。主要著作有《视觉认知》（1985 年）、《语言本能》（1994 年）、《风格感：21 世纪思想者的写作指南》（2014 年）等。——译者注

② See Pinker, *Language Instinct*.

③ 马克·帕格尔（Mark Pagel），1954 年—　，美国进化论生物学家，英国雷丁大学教授。——作者注

④ Mithen, *Prehistory of the Mind*. See, too, Mithen, "A Creative Explosion? Theory of Mind, Language, and the Disembodied Mind of the Upper Palaeolithic," in Mithen, *Creativity in Human Evolution*, pp. 122-140.

知是适应史前环境压力时进化而来的，但在有记录的历史中，它已没有任何重大演化。换句话说，现代人的思维是在完全不同的环境下进化而来的：更新世环境中人类与其他灵长类物种产生了本质性生物学区分。① 现代文化和社会只是一个覆盖在更古老的精神本能之上的虚假外表，这是达顿阐释科马尔和梅拉米德案例的核心观点。正如最近的一篇文章所说，阅读19世纪的英国小说是参与旧石器时代政治的一种实践方式，因为维多利亚小说（Victorian fiction）② 中所描绘的主体间关系植根于社会互动的更深层发展模式。③ 鉴于大脑进化的因果效应——进化心理学家常界定为"结构"（architecture），研究者尝试对犯罪、性别差异、父母之爱、蓄意杀人等各种各样的社会和文化现象进行的分析已经激增。④

　　因此，对于进化论美学来说，味觉起源于对有利的生存环境的适应性偏好的反应。然而，正如达尔文推测美感起源于动物的性欲和性行为（sexuality）一样，许多新达尔文主义作家也提出了类似的观点，不过应该指出，在大多数情况下，这涉及性选择和自然选择的结合。一个例子是关于美感起源于对形式和比例的渴望，这种

① See, for example, Merlin Donald, *Origins of the Modern Mind: Three Stages in the Evolution of Culture and Cognition* (Cambridge, Mass.: Harvard University Press, 1991); see, too, Merlin Donald, "Art and Cognitive Evolution," in T*he Artful Mind: Cognitive Science and the Riddle of Human Creativity*, ed. Mark Turner (Oxford: Oxford University Press, 2006), pp. 3 – 20; and Nancy Easterlin, "The Functions of Literature and the Evolution of Extended Mind," *New Literary History* 44, no. 4 (2013): pp. 661–682.

② 维多利亚小说，Victorian fiction。

③ Joseph Carroll, Jonathan Gottschall, John Johnson, and Daniel Kruger, "Paleolithic Politics in British Novels of the Longer Nineteenth Century," in Boyd, Carroll, and Gottschall, *Evolution, Literature, and Film*, pp. 490–506.

④ Examples of such evolutionary accounts include *Symons, Evolution of Human Sexuality*; Buss, *Evolution of Desire*; and Daly and Wilson, *Truth About Cinderella*.

欲望起到了"适宜指标"（fitness indicators）的作用。① 根据该论点，男性对女性特定的腰臀比（从0.7到0.8）有跨文化偏好，这是因为它是生育能力（childbearing）的一个指标（与0.9的比率形成对比，后者是青春期前女孩和绝经后妇女的症状）。这种偏好压倒了文化上对较胖或较瘦女性的任何相对偏好；在所有情况下，这一比例都是恒定的。同样，人们偏好对称的面孔和身体，是因为它标志着个体是整体上健康的。对外表的判断是大多数人把一个人作为潜在伴侣是否健康的指标，它是全部美物判断的标准，也是所有审美情感的基础。

进化心理学家杰弗里·米勒（Geoffrey Miller）② 也以类似的方式将美学明确地建立在性选择上。在《配偶思维》（*Mating Mind*）一书中，米勒毫不含糊地说，艺术和美丽即是"适宜指标"。这不仅关系到某些美学标准——如对称性，可能是遗传健康的外在表现，而且关系到艺术作为一项代价昂贵的活动的功能。正如米勒所指出的，"我们发现只有那些具有吸引的、高健康素质的人生产出来的东西才有吸引力，这些素质包括健康、精力、耐力、手眼协调能力、精细的运动控制、智力、创造力、获得稀有材料的能力、学习困难技能的能力和大量的空闲时间。同样，像凉亭鸟一样，更新世的艺术家必须有足够强大的体力来抵御竞争对手的盗窃和破坏行为。"③

26

---

① Dutton, *Art Instinct*, pp. 141–143.
② 杰弗里·米勒（Geoffrey Miller），1965年—　，美国新墨西哥大学心理学系副教授，进化心理学家。主要著作有《配偶思维》《超市里的原始人：什么是人类最根本的消费动机》等。——译者注
③ Miller, *Mating Mind*, p. 281.

对于人类学家卡米拉·鲍尔（Camilla Power）① 来说，人们的兴趣焦点不仅在于艺术是性选择的产物，同时也把艺术当作性选择的动因。鲍尔分析了努巴族、西非方族（Fang peoples）和赞比亚本巴族（Bemba peoples）的女性青春期仪式，认为在身体装饰中使用色素是吸引未来伴侣的一种方式。她声称，这种做法具有古老的起源，随之而来的是女性排卵时的其他视觉信号消失。因此，用红色素装饰身体是一种"假月经广告"②。根据这一观点，日见复杂的身体装饰设计宛如一场进化性的军备竞赛，女性们彼此竞争，以吸引最佳配偶。随后，男性们也采取这个策略，修饰他们的身体来增强个人吸引力。作为服务于性竞争工具的理念，艺术和美已经超越了广泛的、一般的、理论性的问题，延伸到了对特定艺术品的解释上。一个备受争议的例子是史蒂文·米森和马立克·科恩（Marek Kohn）③ 对旧石器时代手斧的分析，他们推测它们是性别选择的工具。特别是当时流行的大型手斧，看起来似乎太笨拙，无法使用，他们认为，这类手工制品是一种引人注目的表现形式，可媲美孔雀的尾巴。他们写道："制造一把精致对称的手斧，（可能）是原始人获得食物、寻找庇护所、逃避捕食和在社会群体中竞争取胜的可靠指标。这样的原始人可能成为具有吸引力的配偶，他们的能力表现出'良好的基因'。"④

然而，并不是所有进化论观点都直接从性冲动中推导出美感。

---

① 卡米拉·鲍尔（Camilla Power），人类学家，工作于东伦敦大学。——译者注
② Power, "Beauty Magic," p. 158.
③ 马立克·科恩（Marek Kohn），英国进化论、生物学和社会学领域的科学作家。主要作品有《万物的原因：自然选择与英国想象》等。——译者注
④ Kohn and Mithen, "Handaxes," p. 521.

帕格尔把艺术称为"文化增强器"（cultural enhancer），换句话说，"仅仅是为了促进复制者的利益而存在的东西。"[1] 因此，它在自然选择过程中有着更为深刻的内涵。帕格尔将文化描述为一种"生存载体"（survival vehicle）。他声称艺术是通过自身——诱发或激励情感、增强信念或决心、传递信息或增强特定群体凝聚力——的能力，来给人体的给养，使基因得以繁育。所有这些功能都有助于个体或群体的生存，从而使基因代代相传。

　　帕格尔对某些形式的视觉展示是如何作为繁育"适宜"的类似物不太感兴趣，而是更多地关注艺术如何通过增强个人和群体生存能力，来作为自然选择载体而发挥作用。他认为，人类不仅进化出了艺术感知力，而且"艺术"学会了操纵进化反应机制，以确保其自身增殖。从这个意义上说，"艺术"就像道金斯的"自私基因"，利用人类及其艺术创作行为作为表现型载体。这种煽动性的解释不仅依赖于一种值得高度怀疑的艺术功能解析，而且促进了一种未经分析和本质化的艺术概念。显而易见，这种观点也很容易受到批评，即每一个增强群体凝聚力的艺术个例，都有可能举出反例：第一次未来主义表演引发的骚乱、对马奈《奥林匹亚》的反感、对卡尔·安德烈（Carl Andre）[2] "砖头"（Equivalent VIII，等价八）的批评，以上都是适得其反的结果。这样的例子揭示了帕格尔观点中隐含的东西，即它可能对现代主义怀有敌意，认为现代主义是"不适应的"；但如果的确如此，这很难与他宣称的一般艺术理论相兼容。我们稍后将探讨这一立场的更艰巨的难处。

　　达尔文把人类的音乐和鸟类的啼鸣进行了比较。他认为，鸟鸣

27

---

[1]　Pagel, *Wired for Culture*, p. 133.
[2]　卡尔·安德烈（Carl Andre），1935 年— ，美国极简主义艺术家。——译者注

的存在就证明了音乐起源于远古时代，近来，研究者们也做出了相似的论断。① 一个突出的例子是史蒂文·米森，他假定音乐的生物学起源，并提出了一种音乐和语言不假区分的原声语言"Hmmmmm"的存在。米森还认为，节奏感对音乐的出现至关重要，它源于双足直立行走（bipedalism）的发展。双足直立行走需要一套特定的运动技能，包括协调的身体节奏来保持平衡。因此，"当我们的祖先进化成双足人类时，他们内在的音乐能力也会进化而来——即获得了节奏感。人们可以很容易地想象出一个滚雪球般的进化过程，当人类选择了计时式（time-keeping）的认知机制，改进了两足行走方式，从而使人们有能力从事复杂的体力活动，而反过来这又需要内部计时才能有效地执行。"②

埃伦·迪萨纳亚克也是一位进化论美学支持者，她将美感与性偏好以外的事物联系起来。在《艺术和亲密关系：艺术是如何开始的》一书中，她认为美感植根于母子之间的原始亲密关系，它为随后的亲密关系和人际联结（bonding）等社交形式提供了模板。艺术有助于强化这一过程，在以"仪式强化"（ceremonial reinforcement）为基础的母子关系中，身体和情感行为是形式化的，这是28 艺术的基础。艺术建立在一种进化的普遍能力之上，然而，正如她所指出，"性选择假说的倡导者们把艺术作为艺术家的美丽、技艺、技能和创造力的一种代价高昂的展示。然而这些特征亦非艺术本身，而是个中艺术范例所拥有或使用的更为广义的实体。相反，它们也存在于艺术之外……诚然，艺术往往是美丽的、娴熟的，或昂贵的……但其他的东西也一样——一只五颜六色的鸟或一片野

---

① See, for example, Heinrich, "Biological Roots of Aesthetics."
② Mithen, *Singing Neanderthals*, p. 152.

花，一套完美的体操表演，一锭金子。"① 她认为，与这种解释相反，美感源于"使特殊化"（making special）的现象，换句话说，就是婴儿和母亲共同构建关注焦点，使婴儿能够根据这种特殊的趣味来择取世界的某些片段。② 当然，这是一个相当模糊的表述，它的含义很快就会被探讨，但它表明并非所有的进化论式的解释都与达尔文主义的性选择主题捆绑在一起。

随着理论上的广泛应用，进化论业已成为分析艺术品的基础。在"认知文化批评"的旗帜下，一些理论家试图从进化心理学的角度来看待单个作品。这种方法的主要代表之一是，丽莎·詹塞恩（Lisa Zunshine）③，她强烈地主张在分析文本和图像如何调动或挑战——作为人类进化遗产的一部分而获得的——普遍的人类心理特征时，需要进行基础性的解释。④ 这种方法在文学研究中变得尤为突出，有人试图证实"普遍性"扎根在人类心智的进化禀赋中。⑤ 这些都与文学叙事有关，但爱伦·斯波尔斯基（Ellen Spolsky）⑥ 在视觉再现方面也作了类似的尝试，创造了"图像取向"（iconotro-

---

① Dissanayake，"Arts After Darwin," p. 249.

② See Dissanayake，*Homo Aestheticus*.

③ 丽莎·詹塞恩（Lisa Zunshine），美国俄裔文学研究者，主要研究方向为 18 世纪英国文学、文化历史主义、叙事理论以及文学和文化的认知研究方法。她主编了《牛津认知文学研究手册》（2015 年），主要著作有《认知文化导论》（2010 年）、《进入你的大脑：关于流行文化认知科学能告诉我们什么?》（2012 年）等。——译者注

④ See Lisa Zunshine，"Introduction：What Is Cognitive Cultural Studies?," in Zunshine，*Introduction to Cognitive Cultural Studies*，pp. 1–33. See also Zunshine，*Why We Read Fiction*.

⑤ 47. See，for example，Spolsky and Richardson，*Work of Fiction*；Carroll，*Reading Human Nature*；Easterlin，*Biocultural Approach to Literary Theory*；and Collins，*Paleopoetics*.

⑥ 爱伦·斯波尔斯基（Ellen Spolsky），以色列巴伊兰大学英语教授。——译者注

pism)① 一词，以表示对视觉意象的普遍的、先天的和进化的认知"渴望"，这种渴望满足了其他再现类型所不能满足的心理需要。② 她认为，拉斐尔的《主显圣容》(*Transfiguration*) 在解决认知失调问题的方式上揭示了这一现象。斯波斯基在这里指的是她所称的"空隙"(gappiness)，即大脑的心智模块无法协调各自的活动，从而产生对某些印象和想法的统一感知。基督显圣的故事（The story of Christ's transfiguration）正是通过神与人同时存在的概念而引发了这样的"空隙"，尽管拉斐尔的绘画并没有完全解决这个悖论，它还是设法"以一种使某人所处的特定共同体能够理解和接受的方式，重新呈现了一种违背理性直觉力的情况——一个凡人灵光乍现为上帝。"③

批判性论争

进化论美学的基本原则是，艺术的创造能力和审美情感是建立在进化的人类生理心理倾向基础上的跨文化现象。这些先天的特征之所以产生，是因为它们是"适应的"行为；换句话说，它们赋予了人类祖先某种形式的竞争优势。这一观点的另一位杰出代表弗

---

① "图像取向"，iconotropism，斯波尔斯基创造的新词，icono+tropism，icono 表示"圣像的""图像的"，tropism 是生物学术语，可译为"趋向性"，合译为"图像趋向"或"图像取向"。——译者注

② "Human beings feed on pictures, metabolize them—turn them into nourishment—because we need the knowledge they provide." Ellen Spolsky, "Introduction: Iconotropism, or Turning Toward Pictures," in *Iconotropism: Turning Toward Pictures*, ed. Ellen Spolsky (Lewisburg: Bucknell University Press, 2004), p. 16.

③ Spolsky, "Brain Modularity and Creativity," p. 85.

雷德里克·特纳（Frederick Turner）① 明确指出，美的感觉是一种自然直觉或"神经系统的能力"，因此，"美在某种程度上是一种生物适应和生理现实：美的体验可以与大脑中实际存在的神经递质——如内啡肽（endorphins）、脑啡肽（enkephalins）——的活动相联系"。审美体验的能力源于人类基因遗传。②

因此，进化论美学也是关于艺术普遍性的争论的最新载体，它日益成为在全球范围内艺术研究者们广泛关注的基础性备选概念之一。达顿没有使用"世界艺术"这一术语，但他对那些强调不同文化和艺术实践的不可通约性（incommensurability），甚至质疑"艺术"的关联域的人提出了一些尖锐的批评。首先，他表明那些不绝于耳的观点认为，审美经验作为一种启蒙主义建构只不过是一种意识形态纲领化的康德美学思想传统，它从未准确地再现18世纪欧洲的各种艺术趣味。换言之，这没有对艺术的普遍性提出决定性的实证反驳，只是对某一特定艺术概念的普遍性提出了反对意见。相反，他指出，世界上的许多艺术论述和实践与欧洲艺术及其艺术理论并不那么遥远。从古代埃及到前现代中国，前者的艺术形成了一种半自主的实践，有着独特的代码和传统，后者孕育了先进的鉴赏能力，有着繁荣的大师画复本和赝本的市场。③ 此外，达顿认为，跨文化不可通约理论的拥护者可能玩弄了一种智性的诡计：即把小型非西方文化的仪式性和手工化的艺术制品与欧洲传统的高

---

① 弗雷德里克·特纳（Frederick Turner），美国得克萨斯大学艺术与人文学科创始人。研究著作有《自然古典主义：文学与科学随笔》（1991年）、《价值的再生：美、生态、宗教、教育的思考》等。——译者注

② Turner, "Ecopoetics of Beauty and Meaning," pp. 119–120.

③ See John Baines, "On the Status and Purpose of Ancient Egyptian Art," in *Baines, Visual and Written Culture*, pp. 298–337; and Cahill, *Painter's Practice*.

级艺术产品进行比较。他认为，把非西方小型艺术制品与欧美的民间艺术进行比较更有意义，因为后者的审美形式与使用价值和其他价值是紧密联系的。

这样的观察引起学界对进化论美学的反思，但即使人们同意艺30 术和审美感受力具有跨文化属性的观点，新达尔文主义的思想仍然呈现出显著的弱点。在详细研究之前，我们需要考虑，到目前为止所讨论的全部论述到底是如何成为"达尔文式"的。可以说，通过将自然选择和性选择结合起来，研究者们与华莱士的共同点要比达尔文本人的多。最初，达尔文主张，性选择将不可预测因素和随机因素引入了进化过程。进化不再仅仅是由适应性和生存机制驱动的，而取决于趣味中的主观偏好（arbitrary preference in taste）。这就解释了从女权主义者和性别理论家，如伊丽莎白·格罗斯和琼·拉夫加登（Joan Roughgarden）① 到阿多诺（Adorno）② 和本雅明（Benjamin）③ 专家——温弗里德·门宁豪斯等一系列研究者，对达尔文重新产生兴趣的原因，但他们在意识形态上完全反对许多作者迄今讨论的适应主义的假说。④

受性选择理论的影响，华莱士在他的著作《达尔文主义》中

---

① 琼·拉夫加登（Joan Roughgarden），1946 年— ，美国生态学家和进化生物学家。主要著作有《生态科学》(1987 年)、《进化的彩虹：自然与人群中的多样性、性别和性》(2004 年)、《进化与基督教信仰：进化生物学家的反思》(2006年) 等。——译者注
② 阿多诺（Adorno），1903—1969 年，法兰克福学派的领袖之一，主要著作有《启蒙辩证法》《否定辩证法》等。——译者注
③ 本雅明（Benjamin），1892—1940 年，法兰克福学派的主要代表，主要著作有《机械复制时代的艺术作品》《发达资本主义时代的抒情诗人》《单行道》等。——译者注
④ See Grosz, *Becoming Undone and Chaos*, *Territory*, *Art*; Menninghaus, *Wozu Kunst and Versprechen der Schönheit*; and Roughgarden, *Evolution's Rainbow*.

重申了自然选择的首要地位。这将抵消美感驱动的配偶选择。然而，达尔文恰恰相反。尽管承认女性具有辨别力和鉴赏力的说法"极不可能"，但他仍然认为，事实验证了"女性实际上拥有这些能力"。① 正如格罗斯所说，"性选择悬置了适应原则"，她推测，这可能是华莱士的观点后来获得青睐的原因，因为它使性选择更易于"科学地进行测量和预测其过程"。② 达尔文主义的艺术理论可能与尼采的唯物主义和生理美学有着更多的共同之处，而不是到目前为止所讨论的进化论。③ 因此，达尔文主义和进化论对艺术分析意味着什么，是一个开放的问题。值得注意的是，许多当代研究者——如达顿、米勒、希尔德布兰德和布莱恩·博伊德（Brian Boyd）④ ——选择了华莱士的理性主义版本，而不是达尔文本人提出的可能更激进的观点。

　　除了达尔文的遗产如何阐释外，新达尔文主义美学的基本问题也需要仔细研究。第一个问题是，是否犯了一个基本的分类错误，因为人们认为与性选择有关的快乐可以等同于审美经验。达尔文指出，趣味的根源可能在于雌鸟对未来的雄性伴侣的全身羽毛及其华丽的凉亭的崇拜，但他对这种感官判断与人类审美趣味之间的精确关系含糊其词，只断言"虽然动物有美感，但决不能认为这种感

---

① Darwin, *Descent of Man*, p. 246.

② Grosz, *Becoming Undone*, p. 132.

③ Nietzsche's attitude toward Darwin remains a topic of debate, in that while he was critical of the idea of progress implicit in certain varieties of evolutionary thought, he was highly sympathetic to the Darwinian notion of animal origins. See, for example, Richardson, *Nietzsche's New Darwinism*; and Johnson, *Nietzsche's Anti-Darwinism*.

④ 布莱恩·博伊德（Brian Boyd），新西兰奥克兰大学英语系特聘教授，主要研究纳博科夫的生平和作品，以及文学和进化。主要作品有《故事的起源：神话、认知和虚构》（2009 年）、《纳博科夫的艾达：意识之地》（1985 年）等。——译者注

31　觉可以与文明开化的人类感觉相提并论，因为他有各种各样的、复杂交织的思想。"①

　　因此，动物美学（animal aesthetics）这一概念及其与人类审美判断的关系并没有得到严格的检验，而是建立在将审美简化为感官愉悦的基础之上的。从这个角度说，这是一种没有元审美学的美学理论。例如，进化论的立场忽略了美和仅仅令人愉悦之物的区别；动物视觉（及其他感觉）反应与人类美感之间的等式只是假设，而不是实际例证或论证过程。② 史蒂芬·戴维斯（Stephen Davies）③ 曾建议，动物表达的偏好最好被视为"原型审美"（protoaesthetic），但即使这一设想也是有问题的，因为这种"原型审美"偏好的性质必须加以分析，而且有必要解释它们"如何、何时以及为何"发展成为公认的"审美"偏好的？还需要解释"原型审美"和公认"审美"（identifiably aesthetic）之间的可能性的区别。④ 事实上，关于动物是否具有美感的争论常常建立在诸如孔雀或凉亭鸟等特例上，但吸引配偶的视觉信号在从甲壳类到昆虫类等多种动物中都很重要，很少有人倾向于认为这些动物具有可类比的审美感知力。事实上，虽然人类可能会觉得凉亭鸟的凉亭有审美吸引力，但没有证据表明雌性凉亭鸟也这么认为；它可能只是对视觉刺激物的程序性反应，重要的是要考虑其他非视觉因素（包括嗅

---

① Darwin, *Descent of Man*, p. 246. Darwin goes on to add, "A more just comparison would be between the taste for the beautiful in animals and that in the lowest savages, who deck themselves with any brilliant, glittering or curious object."

② On this issue, see Snaevarr, "Talk to the Animals." On the distinction between the beautiful and the agreeable, see Kant, *Critique of the Power of Judgment*, p. 91.

③ 史蒂芬·戴维斯（Stephen Davies），1950 年——，新西兰奥克兰大学哲学系教授，主要研究美学、艺术以及艺术的进化起源。——译者注

④ Davies, *Artful Species*, pp. 12–15.

觉刺激）是否也可能发挥作用。

　　上面的问题带来了更普遍的讨论：配偶是否合适，或者景观是否有助于生存这类普遍的讨论，以及这些判断怎样与审美偏好发生关联？当考虑到迪萨纳亚克关于"特殊化"起源的论点时，这些不同偏好之间的关系变得非常模糊。她认为，"特殊化"的根源在于婴儿与母亲之间的原始关系，在这种关系中，新生儿学会注意特定的信号——面部表情、声音、身体动作——并将它们标记为对他人具有特殊意义的符号。对这些信号作出反应的进化能力为婴儿提供了一个原型审美"行为库"（behavioral reservoir），随后将发展成为"特殊化"的能力。① 但是，如果人们接受这种解释，他仍然需要解释这种原始审美库是如何以及为什么演变成类艺术（artlike）的行为，而不是其他类型的非艺术（non-art）行为。比如说，发动战争、打猎、种植庄稼和制造工具都依赖于进化获得的保留技能（repertory of evolved skills），但在每种情况下，特定关注对象都不同。更普遍来看，无论进化论是关注性选择，还是关注作为艺术和审美经验的假定起源的母婴关系，它们都提供了一种半实证主义（quasi-positivistic）的主张，即存在一种选择过程（性的或其他的），并且存在着某些前审美（pre-aesthetic）的条件和技能。这些条件和技能可能已被选择，但未能进一步放大和澄清争论点。尚待确定的是，为什么类艺术行为在其特定时空中呈现为特殊形式。换言之，为维护人性中审美感知力的进化本质这一论点，该观点只能以其所采用的文化形式的多样性分析为代价；它不具备足够理论支撑力来解释具体的审美偏好。争论延伸到了审美价值问题。正如戴

①　Dissanayake，"Arts After Darwin," p. 254.

维斯所指出的，"即使我们进化到更喜欢（非洲）大草原和类似的风景，这也不能说明为什么有人会喜欢康斯特布尔的画，而不是一张毫无想象力的公园日历照片"①。

具有讽刺意味的是，"适应性"恰恰是理查德·道金斯用来揭示进化论美学的局限性的最有力的论据之一。在《扩展表型》中，道金斯认为，虽然进化发生在基因突变的水平，而不是个体或群体的层次上，但人们必须避免认为特定生理特征或适应性行为与某种基因起源有直接的因果关系。他声称，因为基因及其表型表达和外部环境之间的关系非常复杂，这种谨慎是必要的。通常存在一个内置的时间延迟（a built-in lag），这意味着行为或特质可能是针对不再存在的环境而形成的进化适应。最简单的例子可以在某些动物的反应中找到（道金斯引用了飞蛾扑火和刺猬面对汽车时蜷缩成球的例子），在这些反应中，适应性行为明显与环境不匹配。他认为，一个比较复杂的例子是人类同性恋。即使同性恋是基因突变的结果，道金斯认为这仍是一个值得商榷的问题：认定它与一个特定的基因有关，其实是忽略了这个问题的复杂性。因为，他指出："一个基因的表型'效应'是一个抽象概念，只有在特定环境影响的背景中，环境被理解为包括基因组中所有其他基因的情况下，这个概念才有意义，这是一个自明的真理，更是一种逻辑，而无关基因学。X 环境中的'指向' A 特质的某种基因很可能是 Y 环境中指向 B 特质的基因。讨论某特定基因的一种绝对的、无关上下文

① Davies, "Ellen Dissanayake's Evolutionary Aesthetic," p. 299. As Richard Woodfield has also stated, "A prime difference between animals and humans is the latter's ability to reflect on their behaviour.... A theory of art that is adequate to the world's greatest achievement must incorporate, in some way or other, a theory of reflection." Woodfield, *review of Art and Intimacy*, p. 345.

的表型效应是毫无意义的。"道金斯认为，这对指向"同性恋基因"的概念产生了重大影响，因为"在现代环境中，同性恋的基因可能是更新世时期完全指向不同特质的基因。即使该基因当时确实存在，也许我们试图解释的与之相关的表型甚至不存在于某些早期的环境中"①。一个基因"指向"某种表型效应的提法已经过时，现在研究者们认为相互作用的基因群（基因组）而不是单个基因才可能与生理或行为效应有关。尽管如此，道金斯的论点仍是重要的，并且与艺术进化论有直接关联，因为它质疑了进化美学的倡导者追踪艺术创作和审美判断的表现型效果的倾向，例如，回到据称发生在更新世的基因型转变。这一论点将意味着进化而来的心智能力现在被一厢情愿地认为对应着某些审美偏好，其实也可能是一种完全不同的能力，只是它的表型表达不再存在。

相比之下，在阅读科马尔与梅拉米德的著作时，达顿认为，更新世时期进化形成的审美倾向并没有随着人类后来居住的各种环境变化而发生任何后续进化。然而，道金斯的观察表明，此处须谨慎看待。我们的更新世祖先对某种景观的适应性偏好现在还不能确定是否表现为对同一种景观的艺术呈现的表现型偏好。考虑到达顿没有区分更新世祖先对某种景观的反应和20世纪观众对类似景观的绘画的反应的差别，或者对希尔德布兰德而言，是与建筑作品的空间环境的审美构型的反应的差别，这就带来了两个需要论证的问题。

适应什么？

审美判断起源于进化性的物种范围的（species-wide）生物偏

---

① Dawkins, *Extended Phenotype*, pp. 35–38.

好，该论断蕴含着某些恒常特质跨越了文化差异的观点。一批研究者曾断言，男性对女性的特定"腰臀比"的偏好是作为通行适宜指数而普遍存在的。对于社会生物学家约翰·阿尔科克（John Alcock）① 来说，"男性认为年轻成年女性吸引力来自健康状况良好的身体特征，即她们已经做好了成功繁育后代的准备。因此，女性更喜欢的体重身高指数，是每米身高对应20—24公斤体重，"他认为，这种偏好的根源在于，该比率可以作为一个适宜指标。②

34 　　然而，大量证据表明，这一比例诞生于相当晚近的时代，而且可能只能追溯到古典希腊时期（Classical Greece）的地中海和欧洲文化区域。前古典艺术——如古风时期（archaic Greece）的女孩或青年女子人体像（korai）③ 或塞浦路斯青铜时代（Bronze Age）的宗教小雕像（devotional statuettes）——却展现出相当不同的规格。正如乔治·赫西（George Hersey）④ 所言，可以推测，早在青铜时代，比例的多样性就已经远远超过了古典希腊时期。⑤ 在没有其他类型证据的情况下，推测性观点并不比进化论美学的主张更重要。事实上，例如，在危险的捕食者随处可见的更新世环境中，作为配偶的"适宜"和适用的同样重要的指标是，一位母亲能够带着孩子逃离危险的能力。此时，她的整体运动能力、体重

① 约翰·阿尔科克（John Alcock），1942年— ，美国生态学家和作家，亚利桑那州立大学荣休教授。主要著作有《对兰花的热情：植物进化中的性与欺骗》（2005年）、《动物行为：一种进化的方法》（2013年）等。——译者注

② Alcock, *Triumph of Sociobiology*, p. 138. See, too, Dutton, *Art Instinct*, pp. 141–144.

③ Korai, kore 的复数形式，古希腊时期一种独立的（free-standing）雕塑的名称，一般描绘年轻的女性人物。——译者注

④ 乔治·赫西（George Hersey），1927—2007年，美国艺术史家。

⑤ Hersey, *Evolution of Allure*, pp. xiv-xv.

应当比"腰臀比"更重要。另外，由于获得食物总是取决于不可预测的外部因素，运动型身材可能失去优势，因为它在瘦身期（lean period）几乎没有储存的体脂供给自身，更不必说婴儿的食物保障。① 换句话说，"腰臀比"是任意确定的；许多其他因素可以同等优先地作为适宜的决定因素，关键看人们所谓的适宜指向什么。其实，进化因素不过取决于评论者的文化透镜所投射的影像。

　　一个更大的问题显露出来：任何潜在的生物因素都可以作为审美冲动（aesthetic impulse）起源的证据。事实上，对于艺术和美感的起源，有许多看似合理的进化论和生物学解释。这与 20 世纪 70 年代首次提出社会生物学批评如出一辙。正如理查德·洛文丁（Richard Lewontin）② 所言，这些解释通常是"一种貌似合情合理的瞎话儿（story-telling），而不是一门可以验证其假设的科学"③。洛文

---

① Alcock（Triumph of Sociobiology, 142）acknowledges that in some cultures—he cites the Yomybato of Peru—obesity seems to be an ideal of feminine beauty. Yet he tries to accommodate this by stating that it must relate to the fact that in the ancestral Yomybato environment, food must have been so scarce that obesity was desirable for other reasons. Acknowledging that this is an untested hypothesis（one might add that it is untestable）, he still treats the Yomybato as the exception that proves the rule, rather than considering that the argument marshaled here could apply to any culture（i. e., that there is no universal set of biologically rooted constants that shape aesthetic preferences, but that such preferences are always related to the specific circumstances of each society）.

② 理查德·洛文丁（Richard Lewontin），1929 年—　，美国生物进化学家、遗传学家、学术和社会评论员。主要著作有《三重螺旋：基因、有机体和环境》（2000 年）、《被影响的生物学：自然与社会共同进化的辩证随笔》（2007 年）等。——译者注

③ Lewontin, "Sociobiology as an Adaptationist Programme," p. 11.

丁和斯蒂芬·杰伊·古尔德（Stephen Jay Gould）① 首次提出了它们的内里与日常批评无异：进化论通常只不过讲述一个"假设的故事"②。

众说纷纭的艺术和美感的功能适应论更彰显了上述论断。艺术除了作为一种公认的适宜指标的功能之外，人们还声称它能使人类将不存在（nonexistence）的情状表现为自我延伸的样态，使人类进行生存策略演练，或者塑造他人的注意力，抑或构造一个理智的现实模型，抑或形成超越直接本能反应的动机系统。在每一种特定情况下，假定的适应功能都是可以确认的，但研究者没有办法对这种解释进行批判性审查，也没有办法对其相对价值作出判断。引用一位评论家的话来说，"约瑟夫·卡罗尔（Joseph Carroll）③ 认为，文学是缠绕在野蛮生存状态上的情感绞纱（emotional skein）；而达顿认为，文学的作用在于反事实角色表演（counter-factual role playing）；或者，布雷克·韦尔穆勒（Blakey Vermeule）④ 和达顿共同

---

① 斯蒂芬·杰伊·古尔德（Stephen Jay Gould），1941—2002 年，美国古生物学家、进化生物学家和科学史学家。代表著作有《自达尔文以来》《人们为什么相信超自然现象》等。——译者注

② Gould and Lewontin, "Spandrels of San Marco." As a subsequent observer has commented, "Just-so stories lack the support of evidence and the careful weighing of evidence that are crucial to historical narratives. They result from the wanton extrapolation of crude adaptation models and perhaps the fabrication of 'facts' to substantiate their claims." Sunny Auyang, *Foundations of Complex Systems Theories* (Cambridge: Cambridge University Press, 1998), p. 333.

③ 约瑟夫·卡罗尔（Joseph Carroll），密苏里—圣路易斯大学英语教授，研究领域包括进化与文学理论、文学达尔文主义等。他被认为是文学达尔文主义的主要领导者，主要著作有《文学达尔文主义：进化、人性和文学》（2004 年）等。——译者注

④ 布雷克·韦尔穆勒（Blakey Vermeule），1966 年—   ，斯坦福大学英语教授，主要研究 18 世纪英国文学和心灵理论。主要作品有《人文的宴会：十八世纪英国文学的道德心理学写作》（2000 年）、《我们为什么关心文学人物》（2009 年）等。——译者注

认为，文学语言是求爱的装饰品；再如，布莱恩·博伊德认为，故事及其他艺术形式吸引着我们的注意力，因此'充分开发了大脑的可塑性'"①。换言之，作为适应的美学理论在概念上是不确定的，"适应"这个术语本身的含义变化多端。

　　进化论学说未必是一种不可置疑的批评。进化论理论家经常不得不依赖于提供潜在的解释（potential explanations），例如，昆虫是如何发育翅膀的，或者鱼类为什么进化出侧线。② 然而，不同的是，从空气动力学实验和数学数据到当代鱼类生物学的研究，都可以成为被广泛利用的确凿证据。这使得人们不完全相信某些解释，而接受其他更合理的解释。相比之下，艺术和文化的进化论观点并没有这样的论证结构，在某些情况下甚至简单地提出羸弱无力主张。例如，文学评论家布莱恩·博伊德曾断言："如果艺术……在生存和繁殖方面没有提供均等优势，在经历数代的激烈进化竞争后，都应该已经被淘汰了。"③ 换句话说，因为艺术存在，它必定具有某种适应功能。这句话典型地表现了许多进化理论的空洞的、循环的逻辑论证。它们从一开始就苛刻地排除了还原性视觉作为非适应性变化的可能性。然而，要使它们具有说服力，就必须表明某一具体艺术实践具有适应优势，而且首先必须阐明这些优势可以产生足够广泛和具体的影响，即确定为什么保留和复制了它而不是其他相互竞争性变体。然而，这正是适应论最薄弱的环节，因为很难预想某一具体的文化制度会像理论所要求的那样，对群体的生存产

---

① Kramnick, "Literary Studies and Science," p. 446. The argument refers to Carroll, *Literary Darwinism*; Vermeule, *Why Do We Care*; and Boyd, *On the Origin of Stories*.

② Brandon, *Adaptation and Environment*, pp. 159-161.

③ Boyd, "Art and Evolution," p. 434.

生如此决定性的影响。①

最后，即使艺术能力成为适应性变化的结果，但这并不意味着所有艺术实践随后都可以参照进化的心理或其他倾向来解释。事实上，即使是富有同情心的评论家也认识到，艺术（和一般文化）已经发展成为一个自主的领域，它施加着自己的选择压力，而这种压力完全不同于那些据称可以促进艺术和审美趣味出现的进化的力量。即使达尔文本人也认识到游戏的重要性，尽管特定的适应功能常常被认为取决于游戏本身，除了纯粹的乐趣之外，鸟类似乎无须任何理由来解释它们的歌唱。②

我们可能有几种方法来仔细盘算如何将艺术从其假定的生物根源中分离出来。一种是基于与所谓的"生态位构建理论"（niche construction theory）相关的进化模型。③ 这一理论解决了假定的基因突变和表型表达之间的对立和矛盾，兼顾两者的共同进化。④ 生态位构建理论强调表型不仅仅是一种基因突变的表达，这种突变对外部环境压力能够作出有利的适应；并且适应活动反过来也改变了

---

① Dan Sperber makes a similar point: "Most cultural institutions do not affect the chances of survival [of] the groups involved to an extent that would explain their persistence." Sperber, *Explaining Culture*, p. 48.

② In Wozu Kunst (pp. 196−200), Menninghaus notes the adaptive function of play in the animal world; it is a way of practicing hunting skills or of honing various social skills within the group. Aesthetic play thus has its roots in adaptive behavior. This is not a decisive argument, however. For even if the roots of play can be traced to adaptive "proto-play," this says nothing about the role of aesthetic play now in uncoupling artistic practices from the evolutionary pressures that might have first favored their emergence. Moreover, it might simply underline the difference between animal "proto-play" and human play.

③ Laland and O'Brien, "Niche Construction Theory and Archaeology."

④ Odling-Smee, "Niche Construction, Evolution, and Culture."

这些环境。生态位构建理论认为环境适应是自然选择的核心动力，但它也十分强调环境本身是由生物体的行为所决定的。这是显而易见的，人类改造环境，当前主要是城市环境，创造着独特的前所未有的压力，但生态位构建理论把这概括为一个关于有机组织的论题，认为没有一个有机体在"适应"外部新环境时处于完全被动的地位。因此，有机体在某种程度上创造了它们自己选择的环境压力。①

生态位理论对艺术和文化的进化论观念产生了重要的影响，因为它质疑构建自然文化史的合理性。虽然它并没有被社会进化论捍卫者倡导的文化决定论所摧毁，但它表明，要区分普适性生物根源的特征和社会习得的特征并不那么容易。这两个范畴可以融合在一起，并意味着社会发生学可以归入系统发生学（社会生物学和艺术进化理论更倾向的立场），但从某种程度上说，对各种文化实践施加选择压力的自然环境本身就是文化建构的。

另一个有类似结论的理论由迈克尔·托马塞洛（Michael Toma-sello）② 提出，主要是关于文化实践的"棘轮效应"（ratcheting effect）的概念。③ 他批判了进化论融合系统发生学（phylogenesis）、个体发生学（ontogenesis）和社会发生学（sociogenesis）的倾向。

---

① The key works here are Cavalli-Sforza and Feldman, *Cultural Transmission and Evolution*; and Lumsden and Wilson, *Genes, Mind, and Culture*. Kevin Laland and Gillian Brown provide an outline of the debate in *Sense and Nonsense*.

② 迈克尔·托马塞洛（Michael Tomasello），1950 年—　，美国发展和比较心理学家，德国莱比锡马克斯·普朗克进化人类学研究所的联合主任，莱比锡大学心理学系名誉教授，杜克大学心理学教授。他对社会认知起源的开创性研究在发展心理学和灵长类认知方面都带来了革命性见解。主要著作有《灵长类认知》（1997 年）、《人类认知的文化起源》（1999 年）、《人类道德的自然史》（2016 年）等。——译者注

③ See Tomasello, *Cultural Origins of Human Cognition*.

他认同语言、文化是人类认知进化的结果，具体地说，它们是一种把其他个体（同物种的个体）理解为意向行为体的能力。然而，他也认为，语言和文化实践（包括物质手工艺品的解释）使得对经验的阐述变得越来越复杂，而这些经验本身并不是系统发生学所限定的。他把这叫作棘轮效应。因此，数字意识和计数能力可能是普遍的、进化的认知能力，但高等数学知识，如代数和微积分，既不是所有文化中的普遍知识，也不是发达工业社会中的所有成员所拥有的。相反，它是通过一个文化棘轮过程获得的，在这个过程中，累积的文化学习和改良可以转变和扩展为某种生物遗传特性。

大卫·萨默斯（David Summers）[1] 的《真实空间》（*Real Space*）一书是世界艺术研究的里程碑之作，其中列举了视觉艺术中的相似案例。萨默斯的著作以海德格尔的艺术原则——澄明人生在世（articulation of being-in-the-world）——为基础，以"艺术记录了人类塑造周遭世界的诸多方式"这一论题为基础架构。这种方法的中心思想是，艺术记录和澄明了人类的体验和空间的塑造，其中包括虚拟空间、社会空间和个人空间中的想象图像。所有这些的基础是"真实空间"，它由超越了文化差异的"身体有限的时空性及其典型的结构、能力和关系"来界定。[2]

萨默斯特别关注史前欧洲艺术，他认为，那里展露了基本空间概念的端倪。因此，在最早的史前艺术中，平面概念（concept of plane）并没有从表面概念（concept of surface）中分离出来。例

---

[1] 大卫·萨默斯（David Summers），弗吉尼亚大学艺术史教授，主要著作有《米开朗琪罗和艺术语言》（1981年）、《感觉判断：文艺复兴时期自然主义和美学的兴起》（1987年）等。——译者注

[2] Summers, *Real Space*, p. 19, 36.

如，拉斯科的洞穴（Lascaux Cave）中的动物轮廓画，蕴含着一种
概念性的平面呈现，其图画的排列方式和精雕细琢仅仅是由洞穴的
不规则表面决定的。相比之下，平面性要求一种所有位置上都具有
统一性的表面概念。这在拉斯科是不存在的，但著名的旧石器时代
的妇女雕像，包括所谓的维伦多夫（Willendorf）的维纳斯，呈现
出轴对称性的偏好，这蕴含着对平面关系的理解，因为对称性只有
在以特定方式观察躯体的隐含轴线位置的基础上才能观察到。此
外，到了西班牙中石器时代（Mesolithic era，公元前 10000—8000
年）的库埃瓦·瑞米贾（Cueva Remigia）洞穴绘画时，平面感得
到了更充分的发展；绘画具有内在的时空关系，绘画中的物体之间
的关系通过一种共同的尺度表现出来。[1]

　　然而，萨默斯的关键论点，也是当前讨论中最紧要的论点是，
艺术不仅记录了这种空间体验（真实和虚拟）的转变，而且为它
们提供了有利条件（enabling conditions）。正是通过创造和雕刻小
型人物雕像，轴对称的概念首先出现；在西班牙和法国西南洞穴的
群像绘画（multifigure paintings）出现之前，平面性的观念没有意
义，因此是不可能的。[2] 许多新石器时代的箭头展示了一种雕刻技
术，超越了它们作为武器使用的迫切需求。这种雕刻的物件和它们
的日常对应物之间有明显区别，因此，它们不仅成为具有一定功能
的工具，而且成为具有某种社会目的的手工艺品。这不仅彰显了功
利和审美之间的明显差异，而且还区别了高层次和低层次之间的等
级关系；这类物品超出了通常的技术方面的功用，可能用于具有更
高等级的社会场合，或其表明使用者具有更高社会等级。雕刻使社

38

---

① Summers, *Real Space*, p. 435.

② Summers, *Real Space*, p. 86-98.

会差别和等级制度显而易见，但至关重要的是，它也参与了地位和权力关系的制定，因此可能促进了它们的演变和表达。因此，人类与物质世界的邂逅（encounter）被意向活动的主体间域所框定时，"文化手工艺品的世界浸润着意向性的给养（affordance），以补充其感官运动的供给。"① 同样重要的是，因为雕刻使得手工艺品的其他可能呈现在眼前，所以这种创新打开了一个新的空间："雕刻可以在许多层面上鼓励着无拘无束的发明和创新……在一系列精致的手工艺品中，精致化正是为了与庸常形式相互区别，创新可能在该系列中的任何一点上都是合理的。"②

　　只有借助艺术才能使某些空间体验成为可能的或可想象的。为了在进化论系统中重铸这一点，系统发育获得的能力发生了根本性的改变，新的认知技能和形式首次得以实现。另一个明显的例子是文艺复兴时期发明的透视。讨论倾向于在有些过时的现实主义观点之间摇摆：一方面，它的发现等同于视觉感知事实的形式化；另一方面，潘诺夫斯基（Panofsky）③ 在 20 世纪 20 年代首次提出，透视空间是一种结构，或者是一种符号形式。④ 现在很少有人接受他的论点的具体内容，但他的总体建构主义立场成为一个常见的表述。然而，这种二元对立所遗漏的是透视本身使体验和构想空间的新方式成为可能。潘诺夫斯基认为，透视的发明依赖于许多其他的智力进步，

① Tomasello, *Cultural origins of Human Cognition*, p. 86.
② Summers, *Real Spaces*, p. 89.
③ 潘诺夫斯基（Erwin Panofsky），1892—1968 年，美国艺术史家，20 世纪艺术史研究领域最重要的学者之一。主要作品有《图像学研究》（1939 年）、《视觉艺术的意义》（1957 年）等。——译者注
④ See Erwin Panofsky, *Perspective as Symbolic Form* (1927), trans. Christopher S. Wood (New York: Zone Books, 1997).

包括"零"的概念；在他之前，布鲁内莱斯基（Brunelleschi）① 已经发现了空间的几何形式。② 正如马丁·坎普（Martin Kemp）③ 后来所证明的那样，包括非欧几里得几何学（non-Euclidean geometries）设计在内的日益复杂的空间概念演变，与艺术中越来越复杂的空间表现形式（包括多点透视）的发展密切相关。④ 事实上，透视表现不再成为一种受视知觉影响的自主实践，而是解决抽象的数学问题。所有这些案例都说明了托马塞洛所确证的棘轮效应，这使得二元化的基因型/表型（genotype/phenotype）的区别——以及相关的"适应"观念——变得无关紧要。

39

进化论与世界艺术的政治信仰

如前面关于达顿的论述，在人类生物学中，艺术和艺术行为的基础也是对艺术普遍性的政治化争论的一种干预。一个多世纪以来，艺术史一直以欧洲艺术为先导，欧洲殖民主义对全世界艺术的排斥和有害影响已经被广泛地观察到。⑤ 对这种知识遗产的质疑不

---

① 布鲁内莱斯基（Brunelleschi），1377—1466 年，意大利建筑师，以在佛罗伦萨文艺复兴时期的佛罗伦萨大教堂八角棱形穹顶而闻名。——译者注

② See Lachterman, *Ethics of Geometry*.

③ 马丁·坎普（Martin Kemp），1942 年——，英国艺术史家，李奥纳多·达·芬奇研究专家，圣安德鲁斯和牛津大学教授，现已退休。——译者注

④ Kemp, *Science of Art*.

⑤ See, for example, the writings of Indian art historians such as Rajendralal Mitra, *The Antiquities of Orissa* (Calcutta: Wyman, 1875 年); and Shyama Charan Srimani, *Suksha Shilper Utpatti o Arya Jatir Shilpa Chaturi* [*The Fine Arts of India, with a Short Sketch of the Origins of Art*] (Calcutta: Roy Press, 1874 年). Ananda Coomaraswamy provided a powerful denunciation of British imperialism in Medieval Sinhalese Art (Broad Campden: Essex House Press, 1908 年).

仅影响到艺术地理学，而且也影响到艺术这个术语的跨文化生存发展能力。或许，非西方艺术被纳入艺术历史经典，已经成为一种既成事实，而这样做的代价是将其强行纳入欧洲的艺术观和审美体验。艺术人类学学者长期以来一直关注这个问题。虽然学界从来不缺乏对"原始艺术"的研究，从学术分析到更平民化的叙述都已开展——例如，大卫·阿滕伯勒（David Attenborough）① 的 BBC 纪录片《部落之眼》(*The Tribal Eye*)，"艺术"在原始艺术概念中的地位仍有争议。许多人会同意人类学家雷蒙德·弗斯（Raymond Firth）② 的断言，即在许多小规模社会中，"毫无疑问，有些人具有相当强大的审美感知力，但那种艺术概念很难与技术技能的概念，或者神秘的知识和控制的概念相分离。"③ 然而，达顿的中心论点是，尽管全球艺术实践如此多姿多彩，但它们之间并不缺乏相互比较的基础，以至于使艺术和美学作为普遍现象的说法失效。20 多年前，理查德·安德森（Richard Anderson）④ 认为，世界范围内有一些公认的艺术文化，与欧洲的艺术文化有着重要的共同特点。⑤ 这不仅在旧世界（Old World）的高级文化中，那里有一种"相对纯化的非审美趣味的审美感知的特权（privileging），个人作

---

① 大卫·阿滕伯勒（David Attenborough），1926 年— ，英国播音员和博物学家，与 BBC 自然史单元合作，他撰写并拍摄了《九大生命系列》。——译者注
② 雷蒙德·弗斯（Raymond Firth），1901—2002 年，新西兰民族学家，受教于马林诺夫斯基，曾担任《金枝》作者弗雷泽的助理。主要著作有《我们提科皮亚：波利尼西亚原始亲属关系的社会学研究》(1936 年）等。——译者注
③ Firth, "Art and Anthropology," 24. Joanna Overing puts forward a similar view in Morphy et al., "Aesthetics Is a Cross-Cultural Category."
④ 理查德·安德森（Richard Anderson），1934 年— ，美国教育心理学家，美国教育研究学会前任主席，美国国家教育学院院士。——译者注
⑤ See, for example, Richard L. Anderson, Calliope's Sisters: *A Comparative Study of Philosophies of Art* (New York: Pearson, 1989).

为一种文化实践被教导和训练"，而且还包括一些较小规模的文化 40
系统。许多经典研究现在都存在于特定文化的艺术话语中。① 哲学
家唐纳德·戴维森（Donald Davidson）② 标举的"慈善原则"（prin-
ciple of charity）隐含着这样一种方法，即只有在假定的共同点的对
立面上，差异才是可以讨论的和富有意义的。换言之，虽然在许多
文化中，对艺术品的判断可能与其他类型的判断不可区分，但这并
不排除谈论审美感知力的正当性。这仅仅意味着，在许多不同的文
化中，表达这种感知力并不能立即被认为是审美的。因此，可以用
戴维森的话说，不同的文化或许仅仅是语言之间的差异，而不是不
同世界的分野。③

历史学家大卫·刘易斯·威廉姆斯（David Lewis Williams）④
建议，如果我们了解艺术术语的各种内涵，即使其中没有令人满意
的选项，这个术语仍然是有价值的。⑤ 从某种程度上说，他是对
的，无休止地争论艺术概念的跨文化不可通约性导致了空洞的循
环。然而，他的观点存在的根本缺陷可能导致完全无法解决这一问

---

① See, for example, Thompson, "Yoruba Artistic Criticism"; Fernandez, "Principles of Opposition and Vitality"; and Susan Vogel, *Baulé*: *African Art*, *Western Eyes* (New Haven: Yale University Pres, 1997). On Yoruba art, see, too, the more recent study by Rowland Abiodun, *Yoruba Art and Language*.

② 唐纳德·戴维森（Donald Davidson），1917—2003 年，美国分析哲学家，对心灵哲学、语言哲学和行动理论影响巨大。主要作品有《行动、理性与原因》（1963 年）、《真理、意义和方法》（1967 年）、《真理与表述》（2005 年）等。——译者注

③ Davidson, "Very Idea of a Conceptual Scheme," p. 198.

④ 大卫·刘易斯·威廉姆斯（David Lewis Williams），约翰内斯堡威特沃特斯兰德大学岩石艺术研究所荣休教授。主要著作有《史前萨满》（1998 年）、《洞穴中的心灵》（2004 年）、《创构上帝：宗教的认知起源和进化》（2010 年）等。——译者注

⑤ Lewis-Williams, *Mind in the Cave*, p. 41.

题。这一点在新兴的世界艺术研究领域最为明显，自 2011 年《世界艺术》杂志创刊以来，世界艺术研究领域日益受到重视，并与生物学和进化论紧密相连。正如主要代表之一的约翰·奥尼安斯所宣称的，"面对将艺术理解为一种世界性现象的需要"，人们要么"坚持认为文化是自主的和社会建构的"，要么接受"地理学和生物学所揭示的环境本质方面的证据，以及遗传学和神经科学所揭示的人类本质证据"。① 然而，本章中讨论过的例子已经表明，并没有确定的"证据"证明奥尼安斯所指涉的仅是修辞上的判断和推论。此外，由奥尼安斯和其他人（包括刘易斯·威廉姆斯）设想的世界艺术研究计划是基于对艺术普遍性的强烈主张，但其中的"艺术"仍然明显缺乏理论阐释。正如一位富有同情心的评论者所观察到的，在世界艺术研究中存在着"一个盲区，一种对前卫艺术、概念艺术的关联性的忽视，以及他们对具象传统的联合批判……就好像把某物描述成艺术是一种虔敬的诨名……这种品评更多的是为了向文艺复兴时期的'杰作'的艺术史地位致敬，而不是向更令人生厌的现成品的地位致敬（troublesome status of the readymade）。"② 因此，不仅西方的"艺术"概念与前殖民大航海时期的非洲和美洲社会的关联性是有问题的，而且在世界艺术研究和与之相关的进化论中使用该术语时，甚至在欧洲和北美洲范围内讨论它，也毫无趣味。人们对"艺术"的含义和身份已经争论了一个多世纪。

41 　　除了"艺术"在世界艺术中的可疑地位之外，这一等式的另

---

① Onians, "World Art：Ways Forward," pp. 132–133.
② Paul Wood, "Moving the Goalposts：Modernism and 'World Art History,'" *Third Text 25*, no. 5（2011）：p. 505.

一边"世界"也同样是悬而未决的。新世界艺术研究的倡导者们促进了采纳宏观历史视角的需求。① 这里的隐含模型是伊曼纽尔·沃勒斯坦（Immanuel Wallerstein）② 的世界系统理论（world system theory），这个模型显著地体现在奥尼安斯的《世界艺术地图集》中，该地图集跟踪了全球艺术品的生产和迁移。③ 地图集在突出手工艺品跨国运输范围方面提供了宝贵的参考，从某种意义上说，欧洲、北美、中国和印度只是世界艺术体系中的省份。然而，其形式显示了地图集作为一种媒介和世界艺术项目的局限性，因为它无法超越实证主义文献，即艺术品在尼德兰、日本和中国之间，或柬埔寨和古罗马之间流通。当然，一切都取决于对艺术品命运的分析，以及它们一旦跨越文化界限，人们如何理解和吸收它们。地图集和许多新世界艺术研究没有探讨此类问题。与许多关于艺术品文化交流的研究相反，该研究路径确实侧重于这一过程中产生的语义、概念、形式，甚至物质变化。④ 缺乏特殊性的研究重复着进化论中常常遇到的弱点，这些弱点限制了他们用抽象概括法（如适应、适宜和选择）来解释艺术。它反映了生物学对终极原因的关注，提供了通常所谓的"末梢解释"（distal explanations），在巴克森德尔看来，它将艺术品视为艺术创造力自然法则的"证据"，或视为生物进化过程的"沉淀"。因此，对许多人来说，这种观点大大地忽

---

① See, for example, Hulks, "World Art Studies."
② 伊曼纽尔·沃勒斯坦（Immanuel Wallerstein），1930 年—　，美国社会学家，世界系统分析员（world-system analyst），主要著作有《世界系统分析导论》（2004 年）、《欧洲普遍主义：权力的修辞》（2006 年）等。——译者注
③ See Wallerstein, *Modern World System*.
④ See, for example, Jaffer and Jackson, *Encounters*; Belting, *Florence and Baghdad*; and Belting and Buddensieg, *Global Contemporary*.

略了在全球范围内研究艺术的最重要也最令人兴奋的方面：对文化差异性的协商和对纯粹多样性实践的拥抱。

斯蒂芬·戴维斯最近提出，艺术和人文学科的理论家和批评家对进化论的拥抱源自一种防御性焦虑，他们需要证明自身的社会关联属性，这是一个世纪或更久以前的事情。但是，戴维斯指出，还有更多的原因，"我们应该敏锐地看待辩论的政治维度，并且警惕那些感受深刻的却未经检验的直觉，以及使其合理化的趋势。"① 学者们已经探讨过新达尔文主义理论的直觉化特征，但也需要仔细研究其政治层面的内容，因为艺术进化论经常与试图绕过普遍存在的文化差异问题联系在一起。一个宽容的观点可能认为这是 20 世纪 50 年代人类大家庭（family-of-man）观念系统的复兴，但不大宽容的论调可能会指出进化论话语中的保守和反动的潮流。例如，作为达尔文主义在文学批评界的主要倡导者之一，约瑟夫·卡罗尔一直对他界定的文化理论中的"后现代范式"（postmodern paradigm）持顽固的敌对态度，他据守的是"像马克思和弗洛伊德那样过时的社会学说和心理学说"。此外，他还说："尽管对观念的固有特征有着强烈的意识形态反抗，但这种理论的提出实际上是不可避免的。"② 达顿采取了类似的立场，他把自己设定为学术机构的局外人，而这个学术机构被一种据说要试图否定人类共同意识的多元主义文化所束缚。弗雷德里克·特纳也批评了"从康德到马赫，从维特根斯坦到德里达"知识传统，他们都把意义和价值当成问题来看待。③ 从该立场出发，他试图展示如何用审美属性来微缩文化

① Davies, *Artful Species*, p. 122.
② Carroll, "Theory, Anti-Theory," p. 147.
③ Turner, "Ecopoetics of Beauty and Meaning," pp. 119-120.

差异，以便设立一门生态诗学（ecopoitics），发掘诗歌、视觉艺术的"乌尔语言"（ur-language）① 以及音乐的普遍基础。

这种政治定位表明，其中的利害关系不仅仅在于争夺艺术话语领域的控制权。事实上，它强调了这样一个事实：尽管进化论的艺术理论试图拥抱全球范围的艺术，但许多代表人物被强烈的全球文化意识形态不安所搅扰，因而选取了一种本质化艺术观的站位方式。

以上分析表明，目前学界将进化论应用于艺术和美学理解的尝试存在太多问题，过于依赖直觉化假设和推测，无法提供可信的概念框架，更不用说是艺术史学家所谓的"无利害"关注的雄辩观点。然而，这些尝试常常失败的原因，并不在于他们研究假设的可质疑性，而在于他们平庸的见解，以及他们无法将艺术品视为"数据"之外的任何东西。一个有启发性的例子是奥利维尔·莫林（Olivier Morin）② 最近对肖像画的讨论。③ 通过对 14 世纪末至 19 世纪末朝鲜王室官方肖像画、希腊和罗马葬礼肖像画以及意大利文艺复兴时期肖像画的比较分析，莫林注意到一种他称之为"避免凝视"（averted-gaze）肖像画（即四分之三的视角）被"直接凝视"（direct-gaze）（即全脸）图像取代的跨文化倾向。在以上考察的文化中，这种现象并没有以统一的速率出现。在朝鲜，这种现象持续了大约 3 个世纪，而在意大利，仅经过 1 个世纪的时间，直接凝视便成为肖像画的主要方式。尽管如此，莫林认为，这种共同模式

① "乌尔语言"，ur-language，意为原始语言，初始语言。——作者注
② 奥利维尔·莫林（Olivier Morin），anthropologist，based at the Max Planck Institute for the Science of Human History，Jena，Germany。——作者注
③ Morin，"How Portraits Turned Their Eyes."

（common pattern）产生于一种进化的、与生俱来的对"直接凝视"图像的"文化吸引力"。

43 　　莫林的论点无疑大大简化了肖像画的发展史。我们可以开放地质疑这个总结正确与否。然而，这里值得玩味的是莫林对这一现象赋予的重大意义。他没有解释，既然"直视"具有先天的吸引力，为什么曾有避开凝视的肖像，或者为什么这种直视转向发生在同一个历史区间，从进化的角度来说，这个时间跨度是微不足道的。莫林忽略了凝视在不同文化中的意义，或者说，即使在单一的文化中，"直接凝视"也有多重含义。在一幅画到另一幅画之间，其心理信息存储位置是可变的。他的论点依赖于一种天真的现实主义认识论，只把图像视为"数据"，不区分凝视和对凝视的表征。就他的观点而言，文艺复兴时期的肖像画、拜占庭艺术的圣像（icons）、托马斯·拉夫（Thomas Ruff）① 的头像摄影和表现对象之间，如同面对面相遇（face-to-face encounter）一样，没有区别。这种对终极"末端"解释的偏好可能完全符合进化论和生物科学的学科惯例，但当它被用于分析具体的艺术实践时，就是一种贫乏的理解。

　　这是否意味着进化美学与艺术分析无关？完全取消该研究可能为时过早。例如，大卫·萨默斯和迈克尔·托马塞洛的著作表明，基于对生物学和文化进化之间关系的更深刻理解，全球化的艺术"自然史"（natural history）仍然可能是合理的。进化美学的阐述者认为，由于进化论总体而言并没有受到挑战，并且由于他们作为唯物主义者，很少有人坚持二元论的思维方式，因此进化论必须为理解人类文化实践提供基础。但是，即使对于坚持本体论的一元论

---

① 　托马斯·拉夫（Thomas Ruff），1958 年—　　，德国摄影师。——译者注

者，也不能因此而确保存在一个统一的知识域，除非人们忽略了各种可以激发探索欲的趣味。此外，进化论的拥护者，广泛地包括那些要求融通的拥护者，似乎完全忽视他们各自理论实践的修辞学维度，后者通常依靠提出"听起来合理"的论证过程，而不是令人信服的铁证。艺术理论家和艺术史家，以及大多数人类文化的解释者，早就警惕修辞学在阐释中的作用。当倡导用"科学的"方法来研究文化的学者们忽视了自己的话语的修辞属性时，在他们最想说服的群体里，怀疑主义的旗帜必然会高高飘扬。

第二章

模因和进化树

作为进化的艺术史

前一章以心理进化理论为基础解释了审美反应问题。各种论述的中心思想是，艺术唤起人们对风景、人物和动物之美的返祖反应，同时理论家们认为这些反应被选择为进化性适应现象。理论家们还认为，阅读或观看虚构故事的乐趣来自它们可以赋予欣赏者特定优势的认知适应能力。那些理论试图解决审美经验本质的普遍性理论难题，但同样地，也只能将审美经验定位在一个历史时间模型中。简而言之，它们的运作隐含着一种深层的时间观念，这种观念支撑着单个事件的副现象（即艺术作品的创作和消费）。他们认为深层时间由生物进化的节奏来控制。例如，杰伊·阿普尔顿、格兰特·希尔德布兰德和丹尼斯·达顿都声称，数百万年前，在原始人类祖先的头脑中烙印着更普遍的偏好，因而所有声称各种景观美学之间的历史形式差异的观点，都有些夸大其词。

这种时间感是本章的主题，它讨论了达尔文关于变异和物种形成的概念是如何被用来描绘艺术史本身的发展的。艺术传统（艺术实践和思想的传播和扩散）和艺术史上的断裂如何用类似于分析生物繁殖和血统的术语来描述？当艺术史被认为是一个进化的过程时，方法论和哲学的支点是什么？也许近期最著名的例子是理查德·道金斯的模因理论（theory of meme），但在详细检视它之前，应精细地探索生物学类比在艺术史中的运用。

艺术作为进化：一种观念的历史

在达尔文的《物种起源》一书出版之前，用进化论术语描述艺术史的想法已经诞生。早在 1849 年，建筑历史学家詹姆斯·弗格森（James Fergusson）① 就把艺术和建筑的发展描述为一个渐进的、累积的过程，哥特式建筑，文艺复兴时期的意大利绘画，18 世纪和 19 世纪的桥梁建筑，以及自诺曼征服②（Norman Conquest）以来的船舶造型都显示出一个"逐步改良的过程"和一种"稳步的、渐进的经验积累"的进程。③ 达尔文式的对随机变异、适应和选择的概念方式与以上愿景相去甚远，但弗格森的概念表明了一种接受进化论的智识环境。因此，就在弗格森倡导该观点的三年之后，美

---

① 詹姆斯·弗格森（James Fergusson），1808—1886 年，苏格兰建筑史学家，19 世纪重新发现古印度的重要人物。主要著作有《古印度石刻寺庙》（1845 年）、《万国建筑史：从原始社会到现代》（1855 年）等。——译者注
② 诺曼征服，是指在公元 1066 年，以威廉公爵为首的法兰西封建主入侵和占领英格兰，标志着英国中世纪的开始。——译者注
③ Fergusson, *True Principles of Beauty in Art*, p. 164.

国雕塑家霍雷肖·格林诺夫（Horatio Greenough）① 提出了类似的论点，声称艺术和建筑的历史可以被看作是形式对功能的逐渐适应过程，以及"逐渐消除一切无关紧要和不恰当的东西"② 的结果。

建筑师和建筑史学家尤其热衷于进行生物学类比。③ 例如，尤金·维欧勒-勒-杜克（Eugène Viollet-le-Duc）④ 认为，哥特式建筑的"发展和进步与自然创造生命一样：从一个非常简单的原则开始，然后在不破坏其最初特征的情况下不断修正、完善和渲染，使之更加复杂"⑤。他同样把希腊建筑称为"总是朝着同一个方向发展的系列实验"，帕台农神庙是对"多立克柱式⑥不断修改"的结果。⑦ 即使是那些更加保守的学者也采用了达尔文模式。例如，戈特弗里德·森佩尔批评了进化论式类比和单向线性发展（unilinear progress）的观念，认为纪念碑往往结合了被取代的旧形式和历史发展中的新样式。⑧ 但同时，森佩尔也提醒人们注意类比的启发性价值，正如语言学追踪塑造语言史的渐进变化和发展一样，因而他

---

① 霍雷肖·格林诺夫（Horatio Greenough），1805—1852年，美国雕塑家。他的主要雕塑作品有《拯救》(1837—1850年)、《乔治·华盛顿》(1840年)，另有建筑艺术方面的理论随笔于1947年结集出版，名为《形式与功能：关于艺术的评论》。——译者注

② Greenough, *Form and Function*, p. 122.

③ See Steadman, *Evolution of Designs*.

④ 尤金·维欧勒-勒-杜克（Eugène Viollet-le-Duc），1814—1897年，法国建筑师和理论家，以修复中世纪建筑而闻名。——译者注

⑤ Eugène-Emmanuel Viollet-le-Duc, "Style," in Viollet-le-Duc, *Dictionnaire raisonné*, 8: 499. All translations are my own unless otherwise indicated.

⑥ 多立克柱式（Doric order），古希腊最早出现的建筑柱式，另外两种是爱奥尼亚柱式和科林斯柱式。——译者注

⑦ Viollet-le-Duc, *Lectures on Architecture*, 1, p. 426.

⑧ Gottfried Semper, "Über Baustile," in Semper, *Kleine Schriften*, p. 401.

认为，"把人们的注意力吸引到艺术形式的萌芽、生根、转变和分 46
权的演进过程上是完全正确的。"①

　　强调小规模变化的累积效应在人类学和物质文化中变得极为重
要。1875 年，奥古斯都·皮特·里弗斯（Augustus Pitt Rivers）② 在
牛津大学的人种学博物馆（Ethumography museum）发表了一篇关
于文化进化的演讲，他从历史语言学中汲取了同样的信条。③ 当今
的语言是从其史前起源的一系列微小的递增变化接续而来的，他认
为，同样可以识别出物质文化形式与时俱进的渐变过程。同年，考
古学家约翰·埃文斯（John Evans）④ 发表了一项关于凯尔特不列
颠（Celtic British）和罗马时期铸币设计的关系研究，这项研究对
皮特·里弗斯产生了巨大影响。⑤ 埃文斯曾指出，从晚期罗马
（late Roman）硬币上的具象图案（figurative designs）到后罗马
（post-Roman）硬币上明显的抽象表征，有可能构建一个完整的进
化谱系。随着时间的推移，早期版本中的连续微小偏差或变化累积
出实质性的差异，因此演变序列中的最早版本和最新版本之间的联
系往往不是很明显。加之，铸币设计者不再理解原始设计——通常
是古典神的形象——的含义，早期和后期的差异自然成为复制过程
中的一种自然而然的现象。皮特·里弗斯将同样的分析广泛应用于

① Semper, *Style in the Technical and Tectonic Arts*, p. 103.
② 奥古斯都·皮特·里弗斯（Augustus Pitt Rivers），1827—1900 年，法国军官、
　　民族学学者、考古学家。他创新了考古方法论，以在博物馆中展览考古学的、
　　民族学的藏品而闻名。——译者注
③ Pitt Rivers, "On the Evolution of Culture."
④ 约翰·埃文斯（John Evans），1823—1908 年，英国考古学家、地理学家。主
　　要著作有《古代英国人的硬币》（1864 年）、《大不列颠古代石器、武器和饰
　　品》（1872 年）、《大不列颠和爱尔兰古代青铜器具、武器和饰品》（1881 年）
　　等。——译者注
⑤ Evans, "Coinage of the Ancient Britons."

其他案例，从最近由海因里希·施利曼（Heinrich Schliemann）[1]
在特洛伊发掘的陶瓷器皿到西欧旧石器时代的手斧设计以及澳大利
亚的土著武器。

亨利·巴尔弗和阿尔弗雷德·哈登把这种模式应用在物质文化
中，大概是同类研究中最广为人知的。在《装饰艺术的演化》（*E-
volution of Decorative Art*）中，巴尔弗将装饰设计的演变当作一个基
因序列进行了分析，认为抽象特征明显的装饰设计是复制和再复制
原始的具象表征的结果，它们以一种可与潜藏着有机物种演化过程
的变异相媲美的方式，缓慢地发生着改变。尽管巴尔弗更加系统地
运用了该方法，这一发现显然要归功于皮特·里弗斯。同样，在两
年后出版的《艺术的进化》（*Evolution in Art*）一书中，阿尔弗雷
德·哈登追溯了托雷斯海峡岛民（Torres Strait islander）手工艺品
的生活史，识别其演化序列的中间步骤。这些步骤揭示了看起来完
全不同的手工艺品之间的遗传关系，而这种遗传关系被增量变化带
来的"漂移"（drift）所模糊化。[2] 哈登的《当代文学评论家约翰·
阿丁顿·西蒙兹》在描写沃尔特·惠特曼（Whitman, Walt）和美
国民主时声称："人类的精神进步不受意外分裂和突然混乱的影
响。每一个变化过程都意味着吸收、混合、妥协、复合……逃避遗
传传播的宿命是注定失败的。"[3] 到了 19 世纪 90 年代，这种方法

---

[1] 海因里希·施利曼（Heinrich Schliemann），1822—1890 年，德国商人和考古领
域的先驱。他对希萨利克（Hissarlik）进行了考古挖掘，现在被认为是特洛
伊、迈锡尼和提林斯的遗址。——译者注

[2] On the subject of evolution in Victorian design theory, see Steadman, *Evolution of
Designs*.

[3] John Addington Symonds, "A Democratic Art," in Symonds, *Essays*, *Speculative
and Suggestive*, p. 37. I am grateful to John Holmes for alerting me to the work of
Symonds.

在艺术和文化研究中已经司空见惯。[1]

就在巴尔弗撰写《装饰艺术的演化》的同一年，维也纳艺术史学家阿洛伊斯·李格尔的开创性著作《风格问题》出版了。该书描绘了古埃及艺术中的阿坎瑟斯叶（acanthus leaf）逐渐演变为伊斯兰艺术中阿拉伯风格的步骤。李格尔认为艺术史的引擎是艺术意志（Kunstwollen）[2]，而不是无意识的变异，但他的论述仍然符合进化论的持续演变过程的框架。因此，他的研究是体现"遗传方法"的最典型的案例，这也是当时维也纳艺术史研究的一个标志。李格尔的后继者马克斯·德沃夏克也将这种方法作为对休伯特·凡·艾克（Hubert van Eyck）[3] 和杨·凡·艾克（Jan van Eyck）[4] 解读的基础，他认为他们的作品并不像许多同时代的人所说的那样，是天才的奇迹创造，而是一系列可以追溯到 14 世纪绘画创作的渐进变化的结果。因为"正如经院哲学培养逻辑思维链一样，现代科学也逐渐教我们将事实转化为具体的发展序列"。[5]

---

[1]　For a helpful contemporary overview of this phenomenon, see Heuser, "Darwinistisches über Kunst und Technik." Heuser points to Darwinian motifs in a range of authors, including Wilhelm Lübke, Herman Grimm, and Adolf Göller. As Heuser concludes, after Darwin, "humanity learnt to think more modestly about the earth, for it was relegated to the status of an insignificant planet, and to think modestly about itself, too, for it belongs in body and soul to the rest of the animal world. The artist also learns modesty, for our works develop slowly like an echo of nature" (p. 27). See, too, Heuser, "Werden von Stylformen."

[2]　艺术意志（Kunstwollen），或译为艺术意志、审美驱动力或者艺术驱动力。——译者注

[3]　休伯特·凡·艾克（Hubert van Eyc），约 1385—1426 年，画家，杨·凡·艾克的哥哥。——译者注

[4]　杨·凡·艾克（Jan van Eyck），约 1390—1441 年，活跃于布鲁日的早期尼德兰画家，15 世纪北方文艺复兴时期最重要的画家之一。——译者注

[5]　Dvořák, "Rätsel der Kunst der Brüder van Eyck," pp. 166-167.

　　还有其他一些鲜为人知的尝试，试图对艺术进化进行达尔文式的分析。维多利亚时期的科普作家格兰特·艾伦提出了意大利艺术的进化论研究大纲。艾伦认为，艺术史家不应该研究个别艺术家，而应该关注类型（types）的发展，他把这些类型等同于图像志主题（iconographic themes），例如圣母和耶稣、东方三博士的崇拜①、圣殇或天罚。正如艾伦所说，"我们应该把早期的意大利的艺术主要看成是一幅幅关于'天堂''耶稣降生''圣弗朗西斯接受圣名''圣马可护送的多杰到圣母玛利亚'②的类型作品，而不是拉斐尔、乔托或奥卡尼亚③的个人作品。我们应该在思想上修复它在历史或进化序列中的正确秩序。"④

　　这种方法在 1900 年前后的几十年里达到鼎盛时期。然而，到了第一次世界大战，即使是最强力的鼓吹者也放弃了它。例如，德沃夏克在他后来的著作中，接受了这样的艺术史形象，强调它的不连续性、断裂性和连绵数个世纪的跨历史的对应关系。例如，早期基督教绘画和表现主义之间的相似之处，当前的艺术和埃尔·格列柯（El Greco）⑤的作品之间的相似之处，或者第一次世界大战时

---

① 东方三博士的崇拜，Adoration of the Magi，耶稣降生时，代表三位国王的博士通过追随一颗星星找到了耶稣的降生地，他们把黄金、乳香和没药放在他的面前，对他崇拜。这一场景成为经典题材，反复出现在经典画家的绘画中。——译者注

② 圣·马可护送多杰来到圣母玛利亚面前，Doge Escorted by St Mark to the Madonna，多杰是威尼斯的因袭制统治者的头衔，Madonna，即圣母玛利亚。——译者注

③ 奥卡尼亚（Orcagna），1308—1368，意大利画家。——译者注

④ Allen, *Evolution in Italian Art*, p. 366.

⑤ 埃尔·格列柯（El Greco），1541—1614 年，西班牙文艺复兴时期的画家、雕塑家和建筑师，主要作品有《圣母升天》《最后审判》等。——译者注

期的艺术状况和半岛战争时期戈雅（Goya）① 的蚀刻作品之间的相似之处。②

达尔文主义信条也受到其他方面的批评。建筑历史学家杰弗里·斯科特（Geoffrey Scott）③ 在《人文主义建筑学》(*The Architecture of Humanism*，1914) 一书中，对艺术和建筑史上的进化叙事进行了有力的批判。具体来说，斯科特认为，"生物谬论"(biological fallacy) 仅从单件艺术品在历史序列中的位置进行阐释，因而剥夺了它们的内在价值。"艺术的价值不在历史序列之中，而在于个体。对布鲁内莱斯基来说，布拉曼特（Bramante）④ 根本就不存在……他的建筑不是布拉曼特的尝试阶段，而是他个人的自我实现。"此外，斯科特指出了一个基本的方法论问题，即"我们自己定义了我们的评估单位。我们必须确保我们的研究对象序列真的是一个序列，而不是一个偶然的集群。"科学客观性的承诺是错误的，因为进化方法本身不能确定分析的对象，因而它成为一个饱受争议的认识论问题，并且并不总是符合历史学家的利益。此外，斯科特认为，通过适应而生存的进化模型很难转化为艺术史书写模式，因为"生存的能力不是审美品质的测试标准……仅仅就一个建筑传统的生存能力而言，我们可能把它评估为一种永恒的品质，但与审美无关。"⑤

———————————

① 戈雅（Goya），1746—1828 年，西班牙画家、蚀刻工，主要作品有《1808 年 5 月 3 日》等。——译者注
② See the essays in Dvořák，*History of Art*.
③ 杰弗里·斯科特（Geoffrey Scott），1884—1929 年，英国建筑史家和诗人，主要著作有《人文主义建筑：一项趣味史研究》。——译者注
④ 布拉曼特（Bramante），1444—1514 年，意大利建筑师、画家。——译者注
⑤ Scott，*Architecture of Humanism*，p. 176，183.

对于艺术进化是一个累积过程的观点，以及对于形式继承感的强调，其他作者亦提出了异议。例如，亨利·福西永（Henri Focillon）① 就远离进化模式，他在其 20 世纪 30 年代的著作中强调了非同时的同时性——即艺术史充盈着"过时的"艺术实例，它们经常与可能取而代之的新作品一起共存下去。这一景象破坏了艺术进化史的"欺骗性秩序"和"一心一意的率直"。② 对于福西永同时代的威廉·平德（Wilhelm Pinder）③ 来说，这也是一个问题，平德试图从尽管处于同一时代却视野不同的代际艺术家之间相互冲突的角度，来界定艺术史的多重时序性（multiple temporalities）。④ 福西永还指出，持续渐变式的模式无法适应艺术的革命性变化，也无法适应艺术创新者的破坏性影响或今昔之间的不和谐等问题。他认为，可以使用来自地质学和地层学的隐喻，比起进化发展的线性叙事，艺术史的断层线、峡谷和地质化地层等概念更能暗示艺术史的分层化发展的丰富含义。⑤ 艺术家彼得·芬格森（Peter Fingesten）⑥ 随后提

---

① 亨利·福西永（Henri Focillon），1881—1943 年，法国艺术史家，与李格尔、沃尔夫林、弗莱一样，是形式研究的里程碑式的人物，主要著作有《技术与情感》（1919 年）、《形式的生命》（1934 年）、《西方艺术》（1938 年）。他重视工具、材料和制作手法等技术性因素对艺术形式的影响，重视艺术家的创作过程。——译者注

② Focillon, *Life of Forms in Art*, p. 47.

③ 威廉·平德（Wilhelm Pinder），1878—1947 年，因同情纳粹而备受争议的德国艺术史家。——译者注

④ Pinder, *Problem der Generation*.

⑤ Focillon, *Moyen Âge*, 11. More recent attempts to explore the possibilities of the stratigraphic metaphor include Bork, "Pros and Cons of Stratigraphic Models"; and Landa, *Thousand Years of Nonlinear History*.

⑥ 彼得·芬格森（Peter Fingesten），1916—1987 年，出生于德国，美国图样艺术家（graphic artist）、雕塑家，佩斯大学艺术系创始主席。主要著作有《艺术史的基本事实》（1963 年）、《象征主义的消逝》（1970 年）等。——译者注

出了进一步的保留意见，他指出："仅仅是时间上的先后，新的形式或空间概念的出现，甚至技术上的流传都不构成艺术进化的证据。"① 芬格森认为，生物学家可能会关注形态发展的模式，但仅仅对形式连续性进行分析是空洞的，因为艺术史家必须识别出单个对象的文化意义，而形式上的相似性可能掩盖更深层次的差异。49

由于社会达尔文主义的政治关联，进化论也被认为是有问题的。然而，事实证明，它的影响力惊人，且连绵未绝。乔治·库布勒和他的老师福西永一样，批评生物学上的类比。但是，他的著作《时间的形状》对艺术—历史方法进行的最著名的分析，却深受达尔文学派的影响。书中包括艺术史的连续性的本质——图像和设计的传承，以及如何跨越时代构造形式序列。库布勒提出了由"原初物体"和"复制品"组成艺术品时间序列的思想。② 虽然他明确抛弃了生物学隐喻，但进化思维在他对序列的定义中提供了一个清晰的概念模型，即"具有相同特征的渐变式重复的历史网络……所有这些都很相似，但它们的网格自始至终都在变化。"③

库布勒探讨的是网络，而非进化树，但他对"渐变的重复"的兴趣清楚地表明了进化论的血统，这与哈登、巴尔弗和李格尔并无二致。库布勒提出，序列中的"突变体"（mutants）类似于遗传变异，它导致在复制过程中形式序列的缓慢转换，这些事实更强化了其进化论血统。库布勒的同代人恩斯特·贡布里希也把一种连续序列的艺术史观念作为他的核心思想。贡布里希把西方艺术当作一个持续的图像再现技术的实验，并先后在《艺术的故事》和《艺

---

① Fingesten, "Theory of Evolution," p. 304.

② On Kubler, see Wolf, "Shape of Time."

③ Kubler, *Shape of Time*, p. 37.

术与错觉》两本著作中进行了由浅入深的探索。他将艺术史看成一系列递增的阶梯，其中既成的再现模式被不断修改和完善着。因此，"所有的再现都可以按照从图式主义到印象派的方式排列"，并且文艺复兴以来的欧洲艺术史通过修正遗传而来的再现模式，逐步克服了传统引力和图式依赖。① 贡布里希承认他的方法论受惠于卡尔·波普尔，而非直接借鉴进化论思想，但是贡布里希以波普的证伪主义（falsificationism）为模型来理解波普，这种方式揭示了两位思想家共同的进化论思想框架。② 事实上，在《秩序感》中，他的装饰心理学研究公开使用了达尔文的术语来解释古代装饰纹样的持存状态和创新不足："从最一般的角度来看，人们仍然可以接受适者生存的原则是一条有用的指导方针。也许，装饰纹样一直存在，是因为它们易于记忆，并且易于在不同的环境中应用。"③

50

过渡性观点

正如这段简短的历史概述所表明的，从 19 世纪中叶到第一次世界大战，艺术发展史的书写模板——进化理论一直深深地吸引着研究者。为复兴其理论观点，零星努力又持续了大约 50 年。理论界的兴趣可能已然退潮，部分原因在于它被其他概念范式所取代，正如一些历史批评者所看到的那样，进化论类比有许多弱点。对于关注稳定的小规模文化的人类学家来说，进化论特别有吸引力，因

---

① Gombrich, *Art and Illusion*, p. 247.

② The key work for Gombrich was Popper's *Logic of Scientific Discovery*. See, too, Popper, "Truth, Rationality, and the Growth of Scientific Knowledge" (1960), in *Conjectures and Refutations*, pp. 291–340.

③ Gombrich, *Sense of Order*, p. 191.

为剧烈变化极为罕见，而且物质文化很容易纳入可识别的手工艺品分类或类型之中。① 正如福西永已经认识到的那样，但在大规模动态社会的历史变革中，进化论的理论效用可能极其有限。对福西永和斯科特的批评颇有针对性，但进化类比理论仍然有其他缺陷。这些问题涉及动因和适应问题。

达尔文的核心观点是随机变异。达尔文并没有描述变异的潜在运行机制，但是随着遗传科学的发展，它被理解为遗传复制过程中的一次"错误"，并可能带来有利的表型表达。变异是盲目的，很明显，为什么哈登、巴尔弗和其他人看到了与传统社会中的复制者的无意识错误相似，在复制遗传性设计和图像过程中，人们可能已经无法理解它们的原始含义。然而，正如斯科特所言，这种类比具有误导性，因为即使在哈登和巴尔弗的研究个案中，"复制"总是来自复制者方面的阐释，且由他或她的文化参照系决定。罗马硬币的设计逐渐向英国古代硬币的抽象形式"漂移"并不是偶然的，而是连续不断地试图阐释遗传形象的结果。

罗马造币的案例打开了艺术史学家对古典传统与古典艺术及文化传播的关系的更广泛的关注。在 19 世纪 60 年代，安东·斯普林格（Anton Springer）② 就已经开始质疑文艺复兴时期的陈旧定型的形象是古代文物的重新发现，他指出古典神话和主题在后古典时期和中世纪的艺术中普遍存在。③ 斯普林格认为，事实上，中世纪和 51 文艺复兴时期一样充满了古典历史的残留物，自古以来，图像和神

---

① Steadman, *Evolution of Designs*, pp. 99−118.

② 安东·斯普林格（Anton Springer），1825—1891 年，德国美术史家。——译者注

③ Springer, "Nachleben der Antike im Mittelalter."

话就一直在不断地流传。然而，中世纪艺术与文艺复兴的不同之处，在于它与古代的视觉世界脱节；它反映了人们对古典主题的浓厚兴趣，但人们却用后古典主义的艺术语言来描绘它们。斯普林格的学生阿比·瓦尔堡对这个问题的深入讨论，广为学界知晓，他试图构建一个理论框架来解释它。瓦尔堡的研究非常重要，因为他设想出一种文化记忆理论。该理论直接借用了达尔文主义，也间接地援引了生物学家理查德·西蒙的观点。① 然而，类比所固有的弱点也仍然是瓦尔堡研究中的一个问题。西蒙关注后天特征的遗传，他确定了细胞内电化学过程的机制，这确保了刺激物在生物体内细胞水平上留下永久的记忆痕迹——"engrams"②。这样的记忆痕迹就可以通过复制进行传播。没有必要让有机体把原来的记忆信息全部传递出去，原初的"兴奋复合体"（complex of excitations）的某些方面就足够了。最初的刺激只需要被唤醒，由此我们就不难理解为什么传播和遗传也会受到偏离和变异的影响。的确，西蒙区分了两种情况：一种是继承性"返祖"线，在这条线上，原始记忆痕迹保持不变；另一种是分叉（bifurcation）或二分化的过程，在这个过程中，两个或两个以上变体形式可能会出现。

虽然西蒙的研究主要面向生物遗传，他也提到了许多文化遗传的例子，并尝试提出了一个用来分析基因遗传和文化遗传的共同框架。瓦尔堡把西蒙的记忆痕迹等同于他指称的古典艺术的"情念

---

① Richard Semon's key work was *Die Mneme als erhaltendes Prinzip im Wechsel des orga-nischen Geschehens*（Leipzig：Engelmann，1904），translated into English in 1921 as *The Mneme*. There has been a revival of critical interest in Semon's work recently. See，for example，Schacter，*Stranger Behind the Engram and Forgotten Ideas*.

② 记忆痕迹（engrams），印刻在心灵中的记忆，瓦尔堡也认为记忆可以将自身印刻在艺术之中。——译者注

形式"（pathos formulae）① ——对人类表情和情绪进行典型再现的全部视觉词汇——他重新构想了文艺复兴和古典时期文物之间的关系，就术语而言，与西蒙的继承（inheritance）概念相类似。凡是记忆痕迹体现出电化学变化标志的地方，艺术的情念形式——瓦尔堡也称之为"动力图"——都带有原始记忆印记的经验；原始记忆印记的经验即最初创造出的情念形式，并且其内容可以在任何时候被再次唤醒。瓦尔堡使用了西蒙的分叉概念，因为动力图的意义不是恒定的，而是易于被倒置和重新定义。这是他分析艺术家如何回应古典社会的酒神精神遗产的核心思想，他们要么复制了原始古典记忆痕迹的情感力量（记忆痕迹本身是因人类对非理性的恐惧和情感过剩而产生的原始心理性情），要么通过把记忆痕迹转化为人文符号和寓言来升华它。艺术家要么延续一个返祖式继承线，要么创造一种变异，一个新的继承线。 52

然而，记忆痕迹和情念形式的生物学类比都依赖于原始表现力（originary expressive force）这个观念，即它"储存"的记忆电荷。原始表现力是以一种无中介调节（unmediated）的方式存在的。隔断了古典世界和文艺复兴之间相互衔接的中世纪文化，并不影响情念形式作为遗传载体来发挥作用。这种观点的困难在于，瓦尔堡记录了许许多多这种力量在过去似乎已经消失的场景，例如弗拉芒织工（Flemish weavers）对古典悲情艺术的情感语言的视而不见，或19世纪的唯美主义及其对古典世界的酒神精神遗产的压制。② 因

---

① 情念形式（pathos formulae），在艺术中表现人类情感或身体的程式化方式。——译者注

② For a more detailed articulation of this problem, see Rampley, "Iconology of the Interval."

此，瓦尔堡无意中指出，为什么在通过繁殖来传递生物体的化学和物理特征与翻新传统艺术过程中传承思想和形象之间，存在着深刻的不一致性：后者总是完全由文化调解的。

上面的案例强调了进化模型的困局：生物遗传和文化继承在关键层面上的运行机制不可同日而语。这在文化传承中有双重显现，一方面保护和留存继承下来的传统并非迫在眉睫，相反，艺术家申明自我特征和背离传统的能力却被赋予了价值。杰弗里·斯科特的批评建立在主观的、创造性的自由人文主义观念之上，其实他没有必要借助这种天真的观念来强调传承过程中的文化性调解。即使在保守的艺术文化环境中，艺术家的作用被最小化，忠实于一个古老的原型是最重要的原则，传统的重要价值（或相反）也需要被阐释。① 从艺术史的角度看，对于什么才是最有趣味的问题，生物学类比近乎毫无启示。

前一章已经仔细考察了适应问题，但在此值得重新讨论。迄今为止，在一个非常宽泛的意义上，艺术进化史被认为是"达尔文主义"的，因为虽然它们坚持渐进变化的理念，但关键问题是为什么有些变异是有效的（例如，变异被保存下来并形成了进化史链条中的下一个环节），而其他的则走向消亡（例如，变异没有被模仿并且传递下去），则仍然没有得到解决。达尔文主义重在把自然选择和配偶选择作为生物进化的引擎。在关于审美判断的章节中，我们已经概述了这种艺术模式和文化模式的难处；如果说艺术如何成为适应性的人类行为，真的是一个问题的话，那不过是一种53 主观推测。同样地，当我们用适应和选择来解释艺术的历程，因为

---

① On the cult of icons in Byzantium, for example, see Belting, *Likeness and Presence*.

不可能将艺术史与自然选择的机制相互比较，因而无法确定艺术史上的"测试结果"。① 艺术接受史可以提供充分的证据来论证特定的艺术作品被忽视、拒绝或仿效的时间与方式，但这与达尔文提出的各种说法相去甚远。许多艺术作品都可以验证上面的说法，如卡拉瓦乔（Caravaggio）② 的《圣母之死》（1606 年）、戈雅的《1808年 5 月 3 日》（1814 年）和马奈的《奥林匹亚》（1863 年）都遭到了抵制，但后来又得到了平反和欣羡。进化中没有平行的过程，一个不适应的突变——相当于一个被拒绝的艺术作品——后来不会获得重复，且一直封存在某种生物冷藏库中，要么传递下去，要么消亡。

　　社会的、经济的、政治的和文化等特定环境几乎为不同类型的艺术作品提供了各种接受环境，但这种解释最终与艺术的社会史无法区分，而且与达尔文也没有什么关系。此外，在许多情况下，如装饰，缺乏实用性意味着最小的选择压力。实践越是远离日常的功利目的，环境的约束（无论是自然的还是社会的）就越不具体，艺术史就越不能被"适应性驱动选择"（adaptation-driven selection）所塑造。③ 这让人想起马歇尔·萨林斯（Marshall Sahlins）④ 起初针对社会生物学的一种批评，即通过识别环境的约束性特征及其所

① See Steadman, *Evolution of Designs*, pp. 107–108.
② 卡拉瓦乔（Caravaggio），1571—1610 年，意大利画家，对巴洛克艺术产生了重要影响。——译者注
③ Sahlins, *Culture and Practical Reason*, p. 55.
④ 马歇尔·萨林斯（Marshall Sahlins），1930 年—　，美国人类学家。芝加哥大学人类学和社会科学荣休教授。主要作品有《波利尼西亚的社会分层》（1958年）、《莫阿拉：斐济一座岛屿上的文化与自然》（1962 年）、《石器时代经济学》（1972 年）、《文化与实践理性》（1976 年）、《生物学的使用和滥用：对社会生物学的人类学批判》、（1976 年）《人性的西方幻象》（2008 年）等。——译者注

施加的限制，适应只能提供一种"消极的决定性影响"。萨林斯的论述"没有正面说明约束是如何实现的"。因此，他指出："自然规律只是作为某种形式的一个限制，作为某种差异性的一个常量，作为某种实践的一块基石，才意味着文化的某种事实。"① 换句话说，适应理论只是标出了艺术史的可能边界。

模因与进化论的创新

人们可能会认为这些批评仅仅具有历史价值，但事实上，它们可能唤醒人们重新对进化模型的各种可能性产生兴趣。最典型的例子是理查德·道金斯的"模因"理论，他试图为文化演进和生物进化之间的类比提供一个崭新的框架。尽管受到许多批评，但这一观念仍有一些重量级拥趸，并产生了大量研究成果，因此值得格外注意。道金斯创造了"模因"，试图作为一种用来描述文化传播的方式，以便与基因遗传理论相比照。"模因"是他赐给"新复制者的名字，一个概括文化传播单位或模仿单位的名词……听起来和'基因'有些类似的一个单音节词汇。"② 这一设想的基础在于，文化传播遵循与生物繁殖相同的规律，因为文化传承受到了类似的环境制约力的影响，决定着观念和实践的成败。因此，道金斯的旨趣是通过重复来减少变异，且更多地关注通过适应性压力来形成文化传播力。他的第一本书《自私的基因》暗示了生物学术语的广泛的隐喻性使用，但在《扩展表型》一书中，道金斯以一种更直接的方式发展了这个想法。模因现在是一种"非遗传自我复制单

① Sahlins, *Use and Abuse of Biology*, p. 64, pp. 65-66.
② Dawkins, *Selfish Gene*, p. 92.

位",它只在复杂的、交际性的大脑创设的环境中繁盛起来。① 我们不要把它与文化实践本身混淆,例如语言、音乐、图像、服装风格或身体姿势,因为这些都是外在表现、表型表达或"模因产品"。确切地说,模因在大脑中传播和复制。道金斯对其特征的概括值得玩味:

> 模因应该被看作是存在于大脑中的信息单位……它有一个明确的结构,可以在大脑用来存储信息的任何物理媒介中实现。如果大脑将信息存储为突触连接的模式,那么原则上,在显微镜下则应该可以看到模因作为突触结构的具体样式。如果大脑以分布式形式存储信息,模因无法在显微镜幻灯片上获得定位,但我仍然想把它看作是存在于大脑中的物理状态。这是为了将它区别于其表型效应,即其在外部世界产生的结果。②

模因是通过复制得以再现的。与基因一样,它们也受到自然选择的影响,虽然适应压力有时与基因压力重叠,但模因也应当是相当明晰的、显性的。因此,一方面,我们有必要提及道金斯列举的一个案例,导致携带者跳崖的模因不会被复制,原因很明显,就像是病毒和细菌在传播前杀死宿主一样。另一方面,对道金斯而言,旋律也是一种模因,其成功之道在于它朗朗上口和可被记忆保存,这决定了它对周围环境的适应程度。

道金斯的最初想法虽然很粗略,但已被各行各业的研究者所接 55
受,甚至导致"模因学"的创立。这是一个具有界限鲜明的研究

---

① Dawkins, *Extended Phenotype*, p. 109.

② Dawkins, *Extended Phenotype*, p. 109.

领域，并且创办了尽管短暂却已经成型的期刊。① 它一直是许多面向非专业读者的畅销书的主题，但是知名的研究者们也在该领域开始了更为严肃的研究。② 它甚至产生了自己的术语规范体系（如"模因系""模因体""模因平衡"），所有这些都是以生物科学的概念为模板，旨在使文化传播的研究更接近生物进化理论。其倡导者一直在有力地论证它的价值，正如生物学家凯文·拉兰（Kevin Laland）③ 和约翰·奥德林—史密（John Odling-Smee）④ 所说，"我们发现了令人信服的心理学证据：模因是作为习得的、社会传播的信息包裹，以离散的单位存储，被分块并聚合成更高阶的知识结构，编码为神经组织交织复合体中的记忆痕迹。"⑤

人们也许可以察觉出这种描述与瓦尔堡和西蒙的思想有相似之处，甚至有人认为道金斯对西蒙的作品很熟悉，因为道金斯的模因理论显然与西蒙和瓦尔堡的记忆痕迹思想相似。⑥ 此外，拉兰和奥德林·史密选择用神经科学中的概念来支撑这个问题的研究框架，

---

① The online *Journal of Memetics* was published between 1997 and 2005. It is available online at http：//cfpm. org/jomemit/（accessed 20 January 2014）.

② See，for example，Dennett，"Memes and the Exploitation of Imagination"；Dennett，*Darwin's Dangerous Idea*；Distin，*Selfish Meme*；and Steven，*Memetics of Music*. On the popular publications，see，for example，Brodie，*Virus of the Mind*；and Blackmore，*Meme Machine*.

③ 凯文·拉兰（Kevin Laland），圣安德鲁斯大学生物多样性研究中心行为和生物进化学教授。主要著作有《意义与无意义：进化论视角与人类行为》（合著，2011 年）、《达尔文未完成的交响曲：文化如何塑造人类心灵》（2018 年）等。——译者注

④ 约翰·奥德林—史密（John Odling-Smee），独立研究员，主要著作有《生态位建构：进化论中被忽视的过程》（合著，2013 年）等。——译者注

⑤ Laland and Odling-Smee，"Evolution of the Meme." Laland provides a more measured account in Laland and Brown，*Sense and Nonsense*，pp. 197-240.

⑥ On Semon and Richard Dawkins，see Flannery，"Eyes at the Back of Your Head."

这与西蒙和瓦尔堡强调记忆的生理和化学基础是同气相求的。然而，总的来说，把模因论作为一个探究领域来认真研究的人大多是生物学家和社会科学家，艺术史或人文学科的理论研究者中则少有问津者。进化论的支持者们抱怨说，这反映了人文学者的狭窄视野，在某些情况下确实如此，但这也转移了人们对模因理论自身严重问题的关注。

学界对于这项事业不乏批评之声。① 这些缺陷和困难是从道金斯将模因描述为基因的文化对应物开始的，为了保持类比的活力，道金斯将文化实践归纳为模因的表型效应。这一模式代表了早期艺术和文化进化理论的显著转变，因为道金斯试图将基因型/表型配对转译到文化领域。然而，正是在这一过程中产生了歧义，因为虽然模因是作为基因的文化对应物而被提出并发挥作用的，但道金斯也谈到文化现象，如旋律或宗教观念，似乎它们本身就是模因。这是模因的概念广泛流传的原因。但是，生物学上的类比却被打破了，因为还不清楚这种实践的表型表达式是什么。

为了避免上面的混淆，人们可以坚持认为：模因构成大脑中的 56 记忆痕迹，宗教信仰和其他事例仅仅是它们的表型形式。模因与基因相类比的基础再次受到质疑，但以另一种方式，因为在进化生物学中，生殖是通过基因复制的化学过程进行的；相比之下，模因的传递途径还不清楚。模因理论的倡导者强调通过模仿来进行社会学习的绝对重要性，正如苏珊·布莱克摩尔（Susan Blackmore）② 所

① See, for example, Midgley, *Solitary Self*.
② 苏珊·布莱克摩尔（Susan Blackmore），1951 年— ，美国心灵学家（parapsychologist）、自由撰稿人、讲师、怀疑论者、播音员，主要著作有《模因机器》（1999 年）等。——译者注

说，"从定义上，模因讲是通过模仿来传递的，所以当我们的祖先能够模仿时，模因就一定早就出现了"。① 但由于缺乏一套完整的社会学习理论，模仿的机制尚未清楚。在生物遗传学中，基因运行机制是一个分子序列的复制，但在模因理论中不可能确定其对应物。如何复制"神经组织交织复合物中的记忆痕迹"？模因理论复制论题的根源在于：模因表型而不是模因本身被复制，并且通过复制表型行为，模因的"记忆轨迹"被复写出来。但是，文化学习有很多种发生方式，包括关注行为效果而不是行为本身的模仿，还包括模仿他人的行为，而且对他人的意图和行为目的作出推断的模仿。② 埃文斯对硬币设计的研究与此相关，他认为，从罗马原版硬币到英国翻制版的增量变化不仅依赖于形式复制机制，还依赖于对被复制图像特质的解释。

还有其他存疑的问题，首先是行为和模因之间的直接对应关系是假定性的。道金斯正确地批评了一个简单的假设，即基因可以直接与特定的表型效应联系在一起——在接下来的几十年里，这种假设已经司空见惯——但同样的批评也适用在模因理论上。正如没有"专属"同性恋的基因一样，用上一章讨论的例子来说，很难像道金斯那样坚持存在"专属"宗教的模因。如果严格遵守模因/基因相黏合的类比，模因必须是一系列的指令，这些指令被复制，然后与模因的翻刻及其相关表型有因果关系。然而，如上所述，尽管复制在文化传承中起着重要作用，但这并不是照搬指令，而是根据对可感知行为的观察来推断一项活动的基本逻辑和目的。正如丹·斯

---

① Susan Blackmore, "The Meme's Eye View," in Aunger, *Darwinizing Culture*, p. 29.
② See Michael Tomasello, "Biological and Cultural Inheritance," in Tomasello, *Cultural Origins of Human Cognition*, pp. 13–56.

珀伯（Dan Sperber）① 所言，"指令不能被模仿，因为只有可感知的东西才能被模仿。当指令被隐含地给出时，它们必须经由推断才能获得。当人们给出口头指令时，它们必须被理解，这是一个解码和推理相结合的过程。"② 例如，母语学习者不"复制"语法规则，而是从他们听到的语言表达中推断出它们。

我们可以把这一观点与康德关于复制（Nachmachung）和模仿（Nachahmung）的区分进行比较，从而更接近美学和艺术史的关注点。康德对科学与"机械艺术"以及科学与美术的区分，已广为人知。前者通过方程式来发挥复制作用，而在美术中，"杰作"可能是艺术模仿的源泉，但富有创造力的艺术家绝不仅仅是复制它们。美术中的"规则必须从行为中抽象出来，也就是从产品中抽象出来，其他人可能会以此来考察自己的才能，让它成为一个模型，不是用来复制，而是用来模仿。"③ 人们可能不赞同康德对应用艺术的态度，也不赞同影响着这种区分的天才的概念，但他仍然指出了模因理论中所缺乏的一个重要参考因素，即对实践的潜在原则进行推理的重要性，而这些原则本身是看不见或自我"复制"的。

因为它聚焦于对个体行为的模仿层面上的复制，模因理论也容易受到批评。这种单体化的理解值得仔细研究，大规模的定量分析

---

① 丹·斯珀伯（Dan Sperber），1942 年—　，法国的社会与认知科学家，目前担任国家科学研究中心主任和国际认知与文化研究所所长。主要著作有《论人类学知识》（1985 年）、《因果认知：一个多学科的论争》（编著，1995 年）、《元表征：一个多学科视角》（2000 年）等。——译者注

② Dan Sperber，"An Objection to the Memetic Approach to Culture," in Aunger，*Darwinizing Culture*，p. 171.

③ Kant，*Critique of the Power of Judgment*，p. 188.

可能对于生物科学的人口研究非常重要，但它们在文化进化研究中的应用则忽略了风俗制度和社会体系的运作以及个体的聚合行为过程。个体行为可以由尊重或排斥特定行为的风俗制度获得合法化。事实上，这种批评不仅可以从模因理论，而且可以从更广泛的、强调文化进化背后认知倾向的进化理论中消除，因为它们主要关注群体中的个人行为，但特别忽视了文化传播对广义符号媒介（如语言和视觉意象）的依赖。因此，模因理论需要解释实践是如何通过这些媒介进行交流的。① 此外，在将文化变异类同于基因突变时，模因理论低估了个体的能动性。基因突变是一个随机过程，而文化变迁是在对过去的动态反思关系中产生的，这意味着不仅可以拒绝遗产（而不仅仅是反复讲述它们），而且原本被忽视或被拒绝的事件和做法可以在未来再次发生。正如一项研究所指出的，就文化而言，"变异不是随机出现的，而是特定个人和/或（and/or）群体解决特定社会/文化问题的尝试"②。

58　　　模因理论在很大程度上忽略了这些问题，而另一个被广泛讨论的缺陷是构成模因"单位"的文化原子论（atomism）。特别是在缺乏对该文化碎片的明确定义或本体论论证的情况下，文化是否可以用这种方式进行分割，尚不清楚。道金斯等人列出了异质文化现象的清单，如宗教信仰、音乐旋律、艺术作品和自杀行为，但与基

---

① Sigrid Weigel has also made this criticism in "Evolution of Culture."

② Fracchia and Lewontin, "Price of Metaphor," p. 21. For all his adherence to Darwin, Aby Warburg recognized this, stressing that the art-historical tradition is anything but a merely passive reproduction of inherited images and practices. As Gombrich notes, for Warburg, "the borrowings of Renaissance artists from classical sculpture... occurred whenever a painter felt in need of a particularly expressive image of movement or gesture." Gombrich, *Art and Illusion*, p. 20.

因理论相比，没有稳定的本体论作为它们运行的基础。它们是被任意选择的，让人想起进化心理学家宣扬的心智"模块"①，以之作为对不系统的现象集合的特别解释。道金斯把音乐旋律作为模因的例子也值得质疑，即模因是整个旋律，还是旋律的一部分，或者在广阔的作曲构思背景下的旋律？道金斯引用毕达哥拉斯定理作为一种模因，但如果没有毕达哥拉斯定理所包含的大量几何知识，该定理就毫无意义，相反，它可以进一步分解为三角形、角、斜边、正方形、方程式等基本要素。②

因此，经过严密的审视，模因理论就此坍塌。有人为此辩解说，尽管如此，它仍然有其用途。例如，社会理论家朗西曼曾说过："一个词代表任何构成讯息的信息条目或信息包，这是一个简单的便利原则，这些讯息通过模仿或学习从一个大脑传递到另一个大脑，从而影响表型行为。"③ 但是，便利原则并不是保留模因理论的理由，特别是考虑到朗西曼构想的第二部分，它未能回答主要的反对意见，即文化不包括他所提出的"信息包"或"讯息"。正如一篇更具批判性的文章所指出的，模因可能只不过是"一种心理结构，其唯一确定的属性是在一个精心设计的隐喻中填补空白"。④

进化的模型

过往的研究中频繁地论及大脑，这突出了模因理论与进化心理

---

① 心智模块（mental module），大脑中具有特定功能的心理单位。——译者注

② Maurice Bloch makes this point in "Well-Disposed Social Anthropologist's Problems."

③ Runciman, *Theory of Cultural and Social Selection*, p. 53.

④ Fracchia and Lewontin, "Price of Metaphor," p. 14.

学十分邻近，也表明它与文化实践的传播和实现的观念（与神经心理过程相关的观念）非常接近。实际上，这一理论的重点之一在于强调复制模因的能力——社会学习——本身就是遗传适应的表型表达。正如社会人类学家马克·弗林（Mark Flinn）[1] 所说，"如
59 果学习能力（以及在学习中获得信息时的心理机制）产生的行为在生物适应方面是随机的，那么它们就不会进化。生物体已经进化到以最大限度地包容身体适宜度的方式进行学习……学习是一种表型式改进的类型。"[2] 这里所使用的修辞提醒我们已经再次处于似是而非的故事中，论据的信度依赖于大概率事件和无法设想的其他替代性选择。此外，弗林的方法依赖于这样一个假设，即社会和文化主要是个体思想（或大脑）的集合。很少有社会科学家坚持这种模式，大多数都强调主体间的网络，以及协商式和制度性结构的重要作用。也许是因为认识到这一立场的缺陷，许多提倡文化进化的研究者不是在个体化社会主体中，而是在更大的社会结构的适应性行为中，或在对社会和文化行为进行统计分析中，试图找出不符合适应性行为的进化模式。他们的主要目的是：探索通过制作表型基因"树"来追踪文化传播模式的可能性，就像生物学家绘制物种进化图一样。这种方法的优点是避免了模因理论或其他理论的脆弱性，其中进化性的认知因素是核心解释机制。它在人文学科方面也有着悠久的历史，早在 19 世纪 20 年代，古典学者卡尔·拉赫曼（Karl Lachmann）[3] 就试图用家族树的比喻来描述古代手稿之间的

---

① 马克·弗林（Mark Flinn），美国得克萨斯州贝勒大学人类学教授。——译者注
② Flinn, "Culture and the Evolution," pp. 32–33.
③ 卡尔·拉赫曼（Karl Lachmann），1793—1851 年，德国语言学家和批评家，以科学严谨的考据学方法闻名。——译者注

关系，而历史语言学家则长期以来试图用同样的基本模式来对语言
（及其谱系）进行分类。

然而，新的达尔文主义则更进一步地将其与生物进化相提并
论。因此，主要问题在于，在多大程度上，文化和社会可以被描述
为遵守与基因及其生物表型相同的变异、选择和适应的规律。生物
学家路易吉·卡瓦利·斯福尔扎（Luigi Cavalli Sforza）① 和马克·
费尔德曼（Marc Feldman）② 以及罗伯特·博伊德和彼得·理查森
（Peter Richerson）③ 开展了重要的早期系统性研究来尝试回答这个
问题，他们对一个特定人群中文化特征的变异、传播和选择进行了
定量研究。④ 他们认识到，文化构成了一个独特的遗传系统，影响
其形成的特定过程不同于生物繁殖。然而，同时他们接受进化模
型，将文化视为由分布在特定人群中的决定行为类型的人格化特质
组成的，因而可以使用种群生物学的方法进行分析。随后的各种研
究重申了这一观点，其中不乏理查森和博伊德最近出版的著作。⑤
针对批评的观点，他们回应道，与盲目的生物变异不同，文化传播

① 路易吉·卡瓦利·斯福尔扎（Luigi Cavalli Sforza），1922 年— ，出生于热那
亚，意大利人口遗传学家，现为斯坦福大学遗传学荣休教授。主要著作有《人
类基因的历史与地理》（1994 年）、《基因、民族和语言》（2001 年）等。——译
者注
② 马克·费尔德曼（Marc Feldman），1942 年— ，斯坦福大学生物科学教
授。——译者注
③ 彼得·理查森（Peter Richerson），加州大学戴维斯分校环境科学与政策系荣休
教授。长期与罗伯特·博伊德合作，两人合著有《文化与进化过程》（1985
年）、《不单凭借基因：文化如何改变人类进化》（2005 年）——译者注
④ See Cavalli-Sforza and Feldman, *Cultural Transmission and Evolution*; and Boyd and
Richerson, *Culture and the Evolutionary Process*.
⑤ See, for example, Boyd and Richerson, *Origin and Evolution of Cultures*;
Richerson and Boyd, *Not by Genes Alone*; Mesoudi, *Cultural Evolution*; and Rich-
erson and Christiansen, *Cultural Evolution*.

和文化变异是意识能动性的运作过程，并且他们认为，个体缺乏对
其行为的远期后果的预见，因此在一些重要方面也是"盲目的"。
正如该论点最近的支持者亚历克斯·梅索迪（Alex Mesoudi）① 所
言，"历史人物往往回溯性地声称，他们引导文化变革沿着特定方
向发展，然而这种说法不过是一种事后诸葛和自我陶醉的表现。"②
这是一个值得注意的纠错，但其重要性可能是有限的；文化行动者
未能预见其行动的结果，与其说是在微积分中证明生物类比合理的
一个因素，不如说是某种本身值得注意的用来解释特定行动过程的
东西。梅索迪、博伊德和理查森承认这一点，并认识到有些过程是
文化特有的。因此，尽管凭借历史因素，我们可能无法预测其选择
的后果，但文化进化也并非完全盲目或随机的。相反，它是"具
有引导性的"。文化特征（表现型）的变异将由人类行动者的认知
倾向所构成，社会文化因素也将以非随机的方式塑造文化传播。博
伊德和理查森指出，"坚持文化传承的信仰往往会导致人们忽视普
通个体学习的重要影响"③。其他因素，如内容偏见（一次变异与
现存规范和直觉越矛盾，它就越不可能被模仿）、频率依赖和声望
偏见，所有这些都被视为文化进化过程的核心，并有助于加强生物
性的和文化性的复制与遗传之间的区别。④

　　然而，我们不应当夸大这种妥协的意义，因为支持者们仍然认
为，可以对进化模式进行微积分或统计分析，以便将文化和历史传

---

①　亚历克斯·梅索迪（Alex Mesoudi），伦敦大学玛丽王后学院讲师（2011 年），
　　主要著作有《文化进化：达尔文理论如何解释人类文化和综合社会科学》
　　（2011 年）等。——译者注

②　Mesoudi, *Cultural Evolution*, p. 46.

③　Boyd and Richerson, *Culture and the Evolutionary Process*, p. 81.

④　Mesoudi provides an overview in *Cultural Evolution*, pp. 58–83.

播的特殊性考虑在内。例如，虽然是偶然的，但历史主体的选择很少是任意的，因而有可能确定指导文化演进的"决策力量"。① 据此，人们可以通过定量程序和数学模型来说明生物进化和文化进化之间的相似性，从而将有偏见的传播和有指导的变异作为影响因子。其结果是，各种各样文化现象系统发育树（phylogenetic trees）是可以建立起来的，而不能置若罔闻。事实上，当其他起源性探索匮乏时，系统发育分析往往具有特殊的价值，正如博伊德（Robert Boyd）和理查森所说，"许多生物性和文化性群体的历史鲜为人知，只有把系统发育的和历史或考古的信息结合起来，才能对它们进行可靠的重建。"②

　　许多研究者都尝试过这种分析。例如，考古学家斯蒂芬·申南（Stephen Shennan）③ 研究了人口生存和成功繁衍对文化属性的存续能力的影响。对申南来说，文化遗传被定义为"通过实体间的直接或间接的信息传递，表型的性状和过程实现再生"，可以从生物进化和动物遗传中提取的术语——如"种群水平反馈"和"系统发育惯性"——对它进行建模。④ 这一方面意味着环境变化与物种适应能力之间的时间差是平行的，另一方面也意味着文化传统中的保守性的牵引力在发挥作用。就像物种对外部变化的延迟反应一

61

---

① Boyd and Richerson, *Origin and Evolution of Cultures*, pp. 287-309.

② Robert Boyd and Peter Richerson, with Monique Borgerhoff Mulder and William H. Durham, "Are Cultural Phylogenies Possible?," in Boyd and Richerson, *Origin and Evolution of Cultures*, p. 310.

③ 斯蒂芬·申南（Stephen Shennan），伦敦大学学院考古研究所理论考古学教授，主要著作有《量化考古学》（1988 年）、《人类祖先的考古：力量、性与传统》（2005 年）等。——译者注

④ Shennan, Genes, *Memes, and Human History*, p. 36. Shennan cites Avital and Jablonka, *Animal Traditions*.

样，传统力量可以阻碍或减缓文化对环境变化的反应。"群体水平反馈"（population-level feedback）公式表明："某种特定的正向选择性状（a particular positively selected trait）的流行率不能立即从零上升到百分之百，而只能作为一种选择强度和先前群体中发生次数的函数。"① 换句话说，新的特征可能会以不同的速度被接纳，创新不会立即在人群中传播。

考虑到构建文化谱系是一个重要的问题，这些事例虽然似乎与艺术史家的关注点相去甚远，但它们与传统文化对艺术谱系焦点议题的干预有着明显的相似之处。考古学家早就认识到了这种方法在运用进化论分析实体文物方面的重要作用。巴尔弗和他的同代人试图使用相当宽松的风格化和形式化的标准来整理文物，但他们最近使用了更精确的特定变量和常数来构建系统发育树的方法。R. 李·莱曼（R. Lee Lyman）② 和迈克尔·奥布莱恩（Michael O'Brien）③ 是这一方法的重要先驱，他们利用统计数据集构建了陶瓷碎片以及箭头等物体的系统发育树。④ 最近，贾姆希德·特赫拉尼（Jamshid Tehrani）⑤、马克·科拉德和史蒂芬·申南的研究被广泛引用，值得关注。他们绘制了进化简图来说明土库曼的纺织品（Turkmen textiles）和伊朗编织之间的演化历程，以及加利福尼亚土著人（in-

———————————

① Shennan, Genes, Memes, and Human History, p. 45.

② R. 李·莱曼（R. Lee Lyman），密苏里大学人类学系教授。——译者注

③ 迈克尔·奥布莱恩（Michael O'Brien），密苏里大学人类学系教授。——译者注

④ R. Lee Lyman and Mechael J. O'Brien, "Measurin and Explaining Change in Artifact Variation with Clade-Diversity Diagrams," Journal of Anthropological Archaeology 19 (2000), pp. 39–74; O'Brien and Lyman, Style, Function, Transmission.

⑤ 贾姆希德·特赫拉尼（Jamshid Tehrani），主要著作有《人类生态位建构》（合著，2011 年）等。——译者注

digenous Californians）编织工艺（basketry）的发展史。①

　　他们的工作特别有趣，因为这涉及一个重要的论争领域，即文化从一代人垂直传播到另一代的数量和程度，以及一种文化横向地传递或扩散到另一种文化的水平转移或扩散时所抵达的范围。阿尔弗雷德·克罗伯（Alfred Kroeber）② 提出，水平扩散提供了一个更精确的文化再生产模型，他质疑系统发育树与文化演化模型之间的关联。③ 据此，克罗伯的观点已接近正统进化论思想，史蒂芬·杰伊·古尔德举例支持了克罗伯，他宣称"生物进化是一个恒定的寻求差异化的系统，随后的支脉不会汇合为一"，而且"跨谱系的传播可能是文化变革的主要源泉。"④ 在文化理论中，吉尔·德勒 62 兹（Gilles Deleuze）⑤ 和费利克斯·瓜塔里（Félix Guattari）⑥ 的根茎概念是其最新体现。根茎作为一种传达多样性和异质性思想的概念——正与人类和自然科学中占统治地位的树状隐喻相抗争——其

---

① Tehrani and Collard, "Investigating Cultural Evolution"; Tehrani and Collard, "Weaving in Iranian Tribal Populations"; and Jordan and Shennan, "Cultural Transmission, Language, and Basketry."

② 阿尔弗雷德·克罗伯（Alfred Kroeber），1876—1960 年，美国人类学家。主要作品有《人类学：种族、语言、文化、心理学和前历史阶段》（1948 年）等。——译者注

③ 63. See Kroeber and Klunckhohn, *Culture.*

④ Gould, *Bully for Brontosaurus*, p. 65.

⑤ 吉尔·德勒兹（Gilles Deleuze），1925—1995 年，法国哲学家，后结构主义的主要代表。他的作品影响到哲学、美术、电影、文学理论、后结构主义、后现代主义等多个学科领域，《差异与重复》（1968 年）被认为是他的最重要的代表作，另外同样影响深远的是与费利克斯·瓜塔里合著的"资本主义与精神分裂症"两卷本：《反俄狄浦斯》（1972 年）、《千高原》（1980 年）。——译者注

⑥ 费利克斯·瓜塔里（Félix Guattari），1930—1992 年，法国精神治疗医生、哲学家、符号学家和激进主义者，创立了分裂分析和生态哲学，以和德勒兹合著《反俄狄浦斯》《千高原》而闻名。另有著作《三重生态学》（1989 年）、《混沌学：伦理美学范式》（1992 年）等。——译者注

论争的焦点是"进化树和血统等旧的进化图式可能被放弃……从差别微小的到差异显著的图式都囊括其中"。德勒兹和瓜塔里描述了一个根茎化过程来取而代之，"立即在异质谱系中运行，并从一个已经分化的序列跳转到另一序列中。"①

这些批评旨在反对目的论的生物学类比，但没有人们想象的那么有说服力。达尔文本人声称跨物种的传播是可以观察到的。② 根茎理论可能最终只是确证了文化进化和生物进化之间相似性的观点，而系统进化方法的捍卫者认为，一个足够校准的系统发育树可以考虑到跨谱系的融合和传播，无论是在生物的还是文化的进化过程中。③

研究者们常常提出横向传播优先性问题，但很少获得实证检验。④ 特赫拉尼和科拉德对中亚纺织品的研究旨在检视该观点。广而言之，不仅是为了确定系统发育分析的价值，而且是为了确定代际之间垂直传播（系统发育）和文化群体（民族起源，ethnogenesis⑤）之间横向影响的相对重要性。他们的研究菁华是绘制出了1881年前后土库曼编织文物的设计词汇图谱，这正是中亚土库曼人接受沙皇统治的日期。这意味着构建一个纺织品设计的系统进化树，其中包含五个密切相关但截然不同的土库曼文化群体。该分析包括许多步骤。首先是编译复现设计主题的词典，然后记录它们在

① Deleuze and Guattari, *Thousand Plateaus*, 10.
② See Darwin's *On the Contrivances*.
③ On the question of biological convergence and horizontal transfer, see Laland and Brown, *Sense and Nonsense*, pp. 161-164.
④ Collard, Shennan, and Tehrani, "Branching, Blending," p. 170.
⑤ 民族起源（Ethnogenesis），是指一个民族的起源和发展的过程，既可能是内部的自我认同过程，也可能是外部认同的结果。——译者注

每个手工艺品中的存在/不存在。然后使用节约原则（principle of parsimony）① 对结果进行"排列尾概率测试"（permutation tail probability test）②。换言之，定量分析将数据转换成进化树是基于这样一个假设：不同纺织品之间的图案主题聚合性越大，将它们彼此区分开来的分枝时间点距离我们越近；相反，单个手工艺品之间的主题相关性越小，它们从一个共同始祖分离出来的时间越早。③

这项技术长期以来为各种现象的系统发育树（从生物物种到语言家族的）的构建奠定了基础。研究者可以根据手工艺品的相似性序列来重构谱系，假设它们共享的特征越多，在队列中的顺序就越接近，反之，它们的共同点越少，在系统发生树上的距离就越远。节约原则也很重要，因为"这种分析形式确定了进化树的形态，它需要最少量的趋同性的特定假设来解释特定分类单元中特征分布状态。"④ 换言之，节约原则试图考察并区分由单个群组内的设计图案垂直传播时所产生的相似性，以及只能从其他平行演化（homoplasy）⑤ 中借用的相似性。结论是，土库曼纺织品的历史可以主要解释为系统发展的分叉的结果，而不是跨文化融合，这只能解释约30%的共同特征。即使在1881年沙皇统治带来社会、政治、经济和人口的严重紊乱之后，系统发育仍然是主要的传播模式；种

① 节约原则（principle of parsimony），意为：实体不应当被不必要地倍增；两种相互竞争的理论，最简者优先；与奥卡姆剃刀原则保持一致。——译者注
② 排列尾概率测试（permutation tail probability test），统计学术语，一种用于计算作为随机过程结果的数据概率的方法，英文简称PTP。——译者注
③ Tehrani and Collard provide a more detailed outline of the method in "Investigating Cultural Evolution，pp. 447-450.
④ Tehrani and Collard provide a more detailed outline of the method in "Investigating Cultural Evolution，p. 449.
⑤ 非同源的，平行演化的，homoplasy，并非起源于共同祖先的两种或者两种以上动物的共同特征。——作者注

族间的相互借鉴增加了，但仍然只占相似性的 40%。换言之，虽然民族起源在土库曼纺织品设计的演变中发挥了一定作用，但代代相传的当地文化传统仍然非常顽强和持久。

纺织品分析得出了另一个更加重要的发现，即土耳其人纺织品蕴含的系统发育遗传模式在统计学上与生物遗传模式相似。或者，引用科拉德、申南和特赫拉尼的话，"分支树模型和文化数据集之间的适配度与分支树模型和生物数据集之间的适配度几乎没有区别。不仅平均数相似，而且范围也是类似的。"① 对其他例子的分析，如新石器时代的陶器或新几内亚的物质文化，也显示出类似的结果。② 这三位作者使用同样的技术来追溯伊朗编织业的发展，特别是突厥语和伊朗语系传统之间的关系。③ 和其他案例一样，系统进化的宗脉比群体间的横向借鉴更具决定性价值。

然而，这一结论的第一难题在于，它与正史中跨文化迁移的影响力更大的说法相矛盾。然而，人们不应当像第一次对待这种分歧时那样，对它责难。因为，虽然主要以语言标准来区分研究群体，但语言使用和民族认同并不一定等同。语言常常是由于政治压力而被采用的，因此，不同进化树彰显了不同的文化传播的模式，而未顾及这些群体在语言上的亲疏关系。语言的使用可能会发生变化，而其他文化实践则会持续存在，反之亦然。此外，鉴于编织传统是母女相传的，口述史和进化树模型之间的差异可能表明了不同的两性发展史，"在这些群体中，男性和女性的移民史往往存在差异，

---

① Collard, Shennan, and Tehrani, "Branching, Blending," p. 177.

② See Collard and Shennan, "Ethnogenesis Versus Phylogenesis"; Shennan and Collard, "Investigating Processes of Cultural Evolution."

③ See Tehrani, Collard, and Shennan, "Co-Phylogeny of Populations and Cultures."

这可能是由于一些父系群体迁移到其他领土，然后与当地女性结婚的结果。无论何处，人类遗传史和文化史的复杂性大多意味着：不同群体之间或他们各自的传统内部都不会仅有单一的系统发育模式。"这具有更广泛的含义，它表明，任何一种文化都可能是多条系统发育谱系的产物，每个谱系都与所探查文化的不同方面相关联。如特赫拉尼、科拉德、申南所总结的，语言和种族身份往往是基于一个群体的政治归属，而不是其实际的历史渊源……在缺乏遗传数据的情况下，我们不能确定语言史和口述史是否准确地反映了群体历史。取而代之的是，语言史、口述史和编织传统可能代表着不同的文化遗产"包裹"。不同文化遗产的谱系史各不相同，与部落的"真实"人口历史也不相同。①

批判性论争

特赫拉尼、科拉德和申南的研究是一种复杂的尝试，他们通过实证案例来检验进化模型的价值。人们怀疑构建系统发育树会导致对文化历史的过分简单化和误导性的描述，他们承认其必然带来一些问题，这缓解了人们的各种疑虑。在他们的研究中，一幅文化的图景呈现为一个多层次的实践综合体，可能有相互重叠的，但也有相异的谱系。他们分析了伊朗编织品，介入了其文化传统属性的争议问题。因为，"波斯地毯"作为一个古老的延续传统的产物的形象只不过是对伊斯兰文化的一种东方化幻想，他们回应了以上批评。② 尽管永恒文化（timeless culture）的观念仍然是一个神话，

① Ibid., p. 3872.
② See Spooner, "Weavers and Dealers."

但他们的研究结果表明，连续性（continuity）很可能是文化实践的终极特征。然而，问题仍然存在，针对进化论的文化研究的全面批评，研究者们能否予以反驳，更普遍地说，采用进化论模式会带来什么好处。

65　　　有许多问题尚需讨论。首先，用来"验证"系统发育分析的例子，往往是那些在文化中画地为牢的实践活动，这些文化在历史上基本上被认为是凝固的。人们无须大惊小怪，19世纪的伊朗和土库曼人的编织传统，或同一时期的加利福尼亚本土编织品（引用类似的研究）表明，同一文化内的垂直传播比文化间的水平传播更重要。这类案例研究具有博人眼球的吸引力，因为它们使得研究狭义的手工艺品本身成为可能。从这些例子中能得出更广泛的结论吗？它们是否与其他历史因素——例如15世纪勃艮第（Burgundy）的纺织业，那里有充足的证据证明传统（制作工艺、象征手法、构思布局和形式风格）在跨文化传播着——存在关联？① 这种模式如何解释更晚近的情况，比如19世纪的哥特式复兴主义（Gothic revivalism）②，或者20世纪印象派或野兽派的传播？这些案例中跨文化借鉴的历史原因表明，排列尾概率测试的结果可能与土库曼案例的结果有很大不同。因此，在所分析的案例中，即使人们承认文化遗传与生物进化之间存在统计学上的关联，将这些结果转化为一个关于文化发展的可概括的普泛化论题，也是一个相当大的飞跃。相反，它们可能只是对那些否认两者之间任何相关性的人提出重要警告。然而，还有一些更基本的问题，它们涉

---

① See, for example, Yates, *Valois Tapestries*; Delmarcel, *Flemish Tapestry Weavers*.
② 哥特式复兴主义（Gothic revivalism），运用中世纪欧洲建筑形式的19世纪建筑样式，有时也称为"新哥特式"（Neogothic）。——译者注

及价值观和方法论方面的假设。

那些极力主张在文化研究中采纳进化生物学原则的人，他们立论的基础是，进化生物学提供了传统人文学科明显缺乏的科学严谨性。正如梅索迪、怀登（Whiten）和拉兰所宣称的那样，"这种比较的目的主要是为了激发一种更进步、更严谨的文化科学。尽管自达尔文进化论形成以来，进化生物学已经取得了巨大的成果，但在同一时期，自称最直接从事文化或社会人类学研究的学科——文化人类学或社会人类学——却远没有取得显著的成果，在建立一个可靠的数据库且理论体系方面也远未成熟起来。"[1] 其他研究者也提出了类似的论断，他们含蓄地说，由于偏爱定性的解释以及缺乏适当的"科学"方法，艺术和人文学科因而虚弱无力。[2] 这种说法与科学精确性的概念紧密相连，它的基本目标是建立可量化的数据资料。数理形式是博伊德、理查森、卡瓦利·斯福尔扎和费尔德曼研究工作的核心，而特赫拉尼、科拉德和申南的论点则围绕着他们分析产生的统计数据展开。

倡导者坚韧地推动和捍卫这个思想体系，他们对该立场投入了大量的精力。正如其中一位所写，"与这样的生物学案例相背离，并不一定意味着文化研究的进化论方法无效；他们只需要在一般进化框架内对文化现象进行新颖的处理。"[3] 换言之，研究者们不须质疑框架，文化实践未能融入进化模式，这表明需要调整策略以确保其符合既定模式。特赫拉尼和科拉德拿出了一组统计数据来支持他们的论点，但是这个过程是基于对一个本身并非出自科学方法的

---

[1] Mesoudi, Whiten, and Laland, "Unified Science of Cultural Evolution," p. 329.

[2] See, for example, Slingerland, *What Science Offers the Humanities*.

[3] Ibid., p. 345.

视觉主题词典的鉴定。例如，没有人认为某一特定的装饰主题是否比任何其他主题更重要，以及它是否应该在其方法中被附加一些"权重"。此外，系统发育方法表现出与道金斯的模因理论相同的原子文化观（atomistic view）。在这方面，该文化观可以与埃米尔·马勒（Émile Mâle）[1] 等作家的实证主义图像学相媲美，他认为这种方法是一种百科全书式的符号母题文献，但没有对其在个体化艺术品中的意义进行任何解释性分析。[2] 因此，视觉主题被孤立地量化，而不考虑主题的特定组合是否有重大意义。艺术和设计的创新往往是由现有符号的新颖排列和组合所构成的，这就赋予了它们新的美学意义和语义意味。同样地，当潜在的结构性排列事实上仍然存在，在视觉词典中引入新的条目可能带来错误的印象。系统发育方法无法捕捉这些细微差别，因为它们不容易还原为可量化的数据。此外，特赫拉尼和他的合作者对数据的解释更广泛地采用了"非科学"方法——包括性别研究、政治史、社会语言学和人类学——这在某种程度上反映出，进化论方法必须让位于其他方法。

类似的批评也可能表现为一种更为人熟知的方法：弗朗哥·莫雷蒂对文学性生存的分析。莫雷蒂寻求用定量和制图的分析方法来理解文学作品，包括以图表和地图的形式呈现小说中的有关信息。[3] 他试图运用的系统发生学的方法是当前讨论的主要兴趣所

---

[1] 埃米尔·马勒（Émile Mâle），1862—1954 年，法国图像志学派的主要人物，曾担任罗马法兰西学院的院长。代表作为《十三世纪法兰西的宗教艺术》（1899 年），英译本名为《哥特式图像：13 世纪法兰西宗教艺术》（1910 年，1913 年）。——译者注

[2] Émile Mâle, *The Gothic Image*: *Religious Art of France of the Thirteenth Century* (1899), trans. Dora Nussey (London: Collins, 1961).

[3] Moretti, *Atlas of the European Novel*; and Moretti, "Graphs, Maps, Trees," parts 1 and 2.

在，他对文学史有独到见解，认为文学史是由变异、选择和生
存/繁衍的过程所驱动的。当务之急是"采取一种任何空间都遵从
的形式，并研究其转变的原因——'机会主义的，因此不可预测
的进化原因。'"① 莫雷蒂随后参照世界文学的观念重申了他的目
标，将其描述为"以世界存在的多样性为中心问题的理论，将其
解释为历史分歧的结果，他们的分化建立在一个空间分离的过程
上：这就是进化论必须为文学史提供的东西。在一个不连续的空间
里，形式各不相同：不错，作为一种世界文学的观念。"②

　　莫雷蒂用这种方法分析侦探小说是出了名的，他把福尔摩斯形
象的演进性成功归因于柯南·道尔（Conan Doyle）③ 对线索的巧妙
运用，特别是将线索呈现为情节中必要的、可见的和可解码的部分。
他认为，与此相反，道尔在侦探小说创作方面的同行们，如盖伊·
布斯比（Guy Boothby）④、克利福德·阿什当（Clifford Ashdown）⑤
和凯瑟琳·皮尔基斯（Catherine Pirkis）⑥，要么未能将线索融入情
节，要么运用得不够娴熟。⑦ 然而，在侦探小说中使用线索作为确
定的进化变异和选择的基础，可能只不过是一个特别的结构。⑧ 虽
然柯南·道尔对线索的具体处理方法可能是福尔摩斯小说成功的一
个原因，但线索并不是勾勒差异和幸存的唯一可能的备选物。将莫

① Moretti，"Abstract Models for Literary History 3，" p. 62.
② Moretti，"World Systems Analysis，" pp. 220-221.
③ 柯南·道尔（Conan Doyle），1859—1930 年，英国侦探小说家、浪漫小说
　（historical romance）家。福尔摩斯形象的创造者。——译者注
④ 盖伊·布斯比（Guy Boothby），1867—1905 年，澳大利亚小说家、作家。他的
　创作非常高产，著名的有《尼古拉博士》。——译者注
⑤ 克利福德·阿什当（Clifford Ashdown），当代侦探小说家。——译者注
⑥ 凯瑟琳·皮尔基斯（Catherine Pirkis），当代侦探小说家。——译者注
⑦ See Moretti，"Slaughterhouse of Literature."
⑧ See Prendergast，"Evolution and Literary Theory."

雷蒂的分析与恩斯特·布洛赫（Ernst Bloch）① 的研究进行比较是很有启发性的，后者将其他特征作为这一体裁的核心。布洛赫承认证据标准——线索的兴起是现代刑事调查的一个独特方面，但他认为侦探小说围绕着三个相互关联的主题："与猜测相关的悬念"，"揭秘和发现"，以及"揭示前叙述或未叙述的状态"（即发生在叙述过程之外的谋杀）。② 线索只是侦探小说的一个元素，柯南·道尔的成功可能与这些因素和其他因素有着同样的关系，其中最明显的是，福尔摩斯作为主角的引人注目的本质，正如它与莫雷蒂选择的比较点一样。此外，虽然福尔摩斯性格的一个特征方面是能够根据线索归纳得出结论，但对于侦探小说的另一个成功范例的赫拉克勒·波洛（Hercule Poirot）③ 和贝克街（Baker Street）④ 的居民一样，侦查是个直觉的问题，而不是福尔摩斯的归纳方法。

原子论的问题再次浮出水面。由于只关注一个"变量"，进化论方法忽视了线索的运用与其他手段和主题相结合的潜在意义。布洛赫的反例清楚地表明了这一点，悬疑、结局和披露诉前谋杀之间的关系可能是非常关键的，而不是其中任何一个可以单独起作用。这里的重点不是要卷入关于侦探小说结构的辩论中，而是要强调，莫雷蒂把线索作为系统发育分析的组织原则显得十分武断。这种批

68

---

① 恩斯特·布洛赫（Ernst Bloch），1885—1977 年，德国马克思主义哲学家。主要著作有《乌托邦精神》（1918 年）、《希望的原则》（三卷本，1938—1947 年）、《历史唯物主义及其历史与实体》（1972 年）等。——译者注

② Bloch, "Philosophical View of the Detective Novel," pp. 36–37.

③ 赫拉克勒·波洛（Hercule Poirot），一位虚构的比利时大侦探，由阿加莎·克里斯蒂夫人创作。——译者注

④ 贝克街（Baker Street），伦敦威斯敏斯特市马里波恩区的一条街道，这里因虚构的大侦探形象夏洛克·福尔摩斯而闻名，他住在虚构的贝克街 221B 号地址。——译者注

评本身并没有贬低进化论方法本身的价值，但是它确实质疑了进化论信奉者对科学的重视与崇拜。尽管分析方法非常严谨，但它不能用来证明或支持其背后的对象选择的正确性。这一点让我们回忆起先前对特赫拉尼、科拉德和申南的批评，所谓的科学方法的武断程度不亚于（也不强于）人文学科定性分析方法。

最后，虽然特赫拉尼、科拉德、梅索迪和其他研究者回避了达尔文中心主义的适应和自然选择的主题——取而代之的是文化选择的机制——但是，生物模型应该作为分析文化传播的基础，且这种观点的效度必须取决于适应所指向的对象。否则，文化进化的思想只不过是一种模糊的类比，一种构建艺术或文化发展的实证主义意图的手段。前一章探讨了审美价值观中适应性观念的困境，在对更大规模的文化和社会现象进行系统发育分析时，也出现了类似的问题。

很少有人对此做出解释，但它是社会达尔文主义的最雄心勃勃的尝试者沃尔特·G. 朗西曼的核心观点。在《社会理论》(*A Treatise on Social Theory*) 一书中，朗西曼试图构建一个进化历史社会学，其核心观点是：社会和文化发展的驱动力是在特定的确定环境中发生的社会实践之间的竞争。[1] 他声称："更确切地说，正确的出发点是一个不可辩驳的命题，即社会进化与生物进化之间具有历史连续性……必须有一个心理生理调节的'轮流上演的选定剧目'，借此，人类物种本身的行为范围既存在变体，也受到限制……我们发现社会是某种竞争性选择过程的结果"[2]。

---

[1]　Runciman, *Treatise of Social Theory*. Michael Rustin offers a critical analysis of Runciman's work in "New Social Evolutionalism?"

[2]　Runciman, *Treatise of Social Theory*, 2, p. 38.

这一理论的基础在于：文化的特性是适应性的或不适应性的，朗西曼考察了社会历史性的创新——运用他的进化论术语，或可叫作"突变"——并测量了它们对特定环境的"适宜性"或"适应性"。例如，在 19 世纪，法国步兵统一穿着红裤子（pantalon rouge），这是适应性的，因为它产生了一种团队精神（esprit de corps），在军队中产生了群体忠诚。后来，在第一次世界大战中，同样的做法被证明是不适应的，它使法国步兵容易成为德国机枪手的目标。这导致了法国军装的迅速变化，新式"适应性"的设计，使法国士兵不易于被敌人发现。同样地，根据朗西曼的说法，军事演习培养出一种对战争节奏的普遍进化了的生物能力。这种适应使得士兵编队能够以一种更有效、更协调的方式作战。①

这里与功能主义设计理论有着密切的联系，这些个别的例子可能有说服力（也可能缺乏说服力），但普遍性难题在于，任何实践都可以被理解为适应或不适应；事实上，任何文化实践，由于它持续了一段时间，都可以被认为是适应性的。同样地，对于某个特定的文化实践而言，人们总可以找到它具有适应性的理由。与之相应，大多数文化实践随着时间的推移而改变甚至消失，这意味着所有文化实践都可能被贴上不适应的标签，普适性毫无说服力。回到军事演习的例子，它有许多目的，其中很少与实战有关；演习更多是修辞化的身体阵列。法国军事演习的仓促步伐蕴意为战斗中的劲头与能量，相比之下，英国军队则注重更慢、更稳妥的演习传统，以传达自我控制和训练有素的精神气质。苏联军队喜欢的扭身行军和仪式风格，是为了传达特技般的活力，而纳粹政权的鹅步则象征

① Runciman, *Theory of Cultural and Social Selection*, p. 46, 80.

着雄壮和阳刚的统治力。这些例子，可能还有许多其他类型的军事演习，远远超出了对战争节奏的生物调节的基本观念，表明它在不同的特定文化氛围中具有不同的文化交流功能。

我们可以通过一个具体的例子把军事演习的案例与艺术研究联系起来。① 纳粹政权调动了各种古典意识形态化的艺术形式，包括促进"沃尔基什"② 建筑形式（"völkisch" architectural forms）、感伤主义绘画和减少恐怖感的古典主义。正如朗西曼所建议的那样，这些应该被视为一次模因反向选择的终极"昙花一现"，还是某种文化突变？此外，将纳粹文化称为"变异"意味着什么？就生物进化而言，很容易将突变定义为基因复制中的错误。由于文化传统在于传播而不是"复制"，所以把新事物说成"变异"是没有帮助的，我们可以把关注焦点扩大到其他艺术历史案例上。例如，人们如何描述马奈（Manet）③ 的《奥林匹亚》（1863 年）与提香（Ti-tian）④ 的《乌尔比诺的维纳斯》（1538 年）之间的关系？马奈的绘画是不是在众多忠实于提香绘画的摹写传统中的一次突变？提香绘画也许可以被视为一个基本的摹仿对象。果真如此，未突变的传统在哪里？这一类比的弱点在于，每一部借鉴《乌尔比诺的维纳斯》

70

---

① This subject is also examined in Fracchia and Lewontin, "Price of Metaphor."

② 沃尔基什，völkisch，是对民粹主义运动的德语阐释。沃尔基什运动不是一场统一的运动，而是信仰、恐惧和希望等情绪的大杂烩在各种运动中的表达。——译者注

③ 马奈（Manet），1832—1883 年，法国画家，印象主义奠基人之一。主要作品有《奥林匹亚》（1863 年）、《草地上的野餐》（1863 年）、《吹短笛的男孩》（1866 年）等。——译者注

④ 提香（Titian），约 1488—1576 年，意大利画家，对文艺复兴时期的意大利画家及西方绘画产生了深远的影响。主要作品有《神圣的和世俗的爱》（约 1511 年）、《圣母升天图》（1516—1518 年）、《乌尔比诺的维纳斯》（1538 年）等。——译者注

的作品都是一种阐释，而不是一次复制；因此，每一部作品都必须被视为一种变异。提香的画作本身也可以说是乔尔乔内（Giorgione）① 1510 年的画作《沉睡的维纳斯》（Sleeping Venus）的突变。此时，突变的概念变得毫无意义。

在一种源远流长的思维方式中，描绘某种历史实践的进化过程是一次最新尝试，正如莱因哈特·科塞勒克（Reinhart Koselleck）② 所说，这种思想方法可以追溯到修昔底德（Thucydides）。③ 具体来说，它是在区分自然内在物质力量和历史经验空间的基础上运作的。其逻辑假设为：历史是由自然规律支配的，可能存在各种不同的历史实践，非同时代的共同存在，但它们仍然遵循生物进化的规律。这种观念早已经出现在温克尔曼的艺术史学研究中：具体体现为他对艺术循环模式，以及艺术风格必然经历成长、成熟和衰落过程的研究。④ 人文学者不愿接受进化模型的部分原因在于，它们类似于历史学思维的早期阶段；进化论模型与人们普遍接受的"历史不再是从自然条件中推导出来的"观点背道而驰，它充分地理解了"事件的相互依存性和行动的主体间性"⑤。进化模型忽略了这样一个观点：虽然脱离结构概念来审视事件（event，在艺术史

① 乔尔乔内（Giorgione），1478—1511 年，意大利威尼斯画派成熟期的代表画家。他在人物与风景之间引入了一种新的和谐统一，但留存的作品极少，主要有《卡斯泰尔弗兰克》（约 1504 年）、《暴风雨》（约 1505 年）、《三博士》（1510 年）、《睡着的维纳斯》（1511 年）。——译者注

② 莱因哈特·科塞勒克（Reinhart Koselleck），1923—2006 年，比勒菲尔德大学理论历史教授，主要作品有《未来已逝》（1990 年）、《概念史的实践》（2002 年）等。——译者注

③ Koselleck, *Futures Past*, p. 99.

④ See Johann Joachim Winckelmann, *History of the Art of Antiquity*, trans. Harry Francis Mallgrave（Los Angeles：Getty Research Institute, 2006）.

⑤ Koselleck, *Futures Past*, p. 103.

术语中，它是指单个艺术作品）的历史过程是短视的，但适当地重视这些结构不能以抹去单个事件或实践的独特性为代价。如果沿袭康德式的类比，人们专注于结构和模式，就有可能出现空洞的形式主义；辨别某一特定现象或事件的先决条件，也不过如此。再次引用科塞勒克的话，"一个事件的前后都包含着它自身的现存性品质，在长期条件下，这种品质不能被还原为一个整体。每一个事件都会产生比其预先给定的元素所包含的更多而同时又更少的质素；因此，它永远保持着令人惊讶的新颖性。"[1] 这一点与巴克森德尔的区分相似，既可以将艺术品视为人类行为的历史记录——后者才是关注的主要焦点——又可以将其视为一种手工艺品，它本身成为影响分析主题的历史动因。

当某种新方法、新路径引起注意时，人们有理由去询问它是否激发了新的洞见。它是否提供了新的解释，是否带来了对研究对象的反思和修正？艺术史为这些基本的创新提供了无数例证，后殖民理论已经完全重新描绘了艺术地图，将欧洲作为一个地方性区域，并取消它曾经占据的中心位置；女权主义和马克思主义不仅引入了新的阐释方法，而且对维系艺术史研究的价值判断提出了根本性的挑战。进化研究对目标选择和价值问题是否作出相似贡献，目前尚无定论。艺术史（或人文学科中的任何特定学科）的对象域还需要重新评估。在探索艺术的文化、社会功能的重要意义和紧密关系方面，对长期行为模式或形式组构的分析收效甚微。在这里，我所讨论的许多研究者显然已经求助于其他理论来将微观的理论差别引入到他们的统计数据中。

---

[1]　Koselleck, *Futures Past*, p.110.

但是，如果把这些分析置之脑后，人们将误入歧途。例如，尽管在一些批评面前显得孱弱无力，但特赫拉尼、科拉德和申南提出了关于文化传播和艺术传统性质中的潜在重要问题，这些问题可能在他们选择的案例之外具有更广泛的有效性。面对批判性的检视，他们也设计了一种方法，使得有关文化传播的全面主张可以得到某种经验性检验。

无论如何，进化论方法可以或者应当取代艺术史上的传统研究，这还有待于证明。一些最著名的倡导者们认为应该取代，并补充说，人文学者不愿意接受新范式，是出于一种意识形态动机的对自然科学的蔑视。在某些情况下，可能如此，但也有其他充足的理由来解释这种抵制。除了这一章中提出的保留意见外，也许最重要的原因是进化模型没有阐释清楚一般人文学者，特别是艺术史学者感兴趣的问题。在艺术史研究领域，关于构建宗谱世系的历时线索的关注早已不再是一个中心话题。乔治·迪迪·于贝尔曼（Georges Didi Huberman）①引用阿比·瓦尔堡的著作，抨击了这种方法所隐含的历史模式。瓦尔堡对图像的跨历史和跨国迁移兴趣浓厚，他通过提供有不可预测的图像生存状态之图像的"不纯粹"时间，瓦解了有序的艺术史模式。正如迪迪·于贝尔曼所说，"生存状态的概念应该改变我们对传统的理解。在瓦尔堡之后，传统不再被想象为一条不间断的长河，不再是从上游到下游累积，而应该被看作是一种紧张的辩证法，一幕在流淌的河流和它的旋转漩涡之间展开的

---

① 乔治·迪迪·于贝尔曼（Georges Didi Huberman），法国艺术史家，主要作品有《对峙图像：质疑某种艺术史的终结》（法文版 1990 年，英文版 2005 年）等。——译者注

戏剧。"①

　　上面的评论可能恰好例证了进化论仅仅是修辞性论断，然而，瓦尔堡自己却提供了大量关于图像流传的实证研究，这些图像无法符合系统发育树或谱系的整齐顺序。这个有争议的话题还将持续下去，但它强调进化论研究往往是对一个或一组问题的回答。对大多数艺术史研究者，尤其是人文学科的研究者来说，这些描述几乎毫无用处。主要症结仍然在于：进化论是否为传统问题提供新的答案，或者它能否判定艺术史最初提出问题的方式是合理的。

---

① 　Didi-Huberman, "Artistic Survival," p. 276.

第三章

大脑、洞穴和方阵

神经美学和神经艺术史

从 1990—1999 年，国会图书馆和国家精神卫生研究所资助了大量活动和出版物来配合乔治·布什总统在 1990 年 7 月的宣言：20 世纪 90 年代将是"脑的十年"。6158 号总统公告宣布，促进大脑研究至关重要，它有助于探究各种疾病，包括阿尔茨海默等退行性疾病，以及精神分裂症、自闭症和语言障碍等其他病症。自那以后，大脑研究的声望不断提高，神经科学的新发现成为人们广泛关注的焦点，波及范围远远超出了专业科学领域。

随着脑科学地位的提高，人们自然而然地对神经科学在艺术和审美方面的潜在贡献产生了浓厚的兴趣。自 20 世纪 90 年代以来，神经美学和神经艺术史这两个相关领域日益受到重视。这些新领域声称能够识别审美反应背后的神经过程，以及创造性实践的大脑结构，它们可以被视为是在艺术和科学之间架起桥梁的又一次尝试。

神经美学和神经艺术史呈现为多种形式。一些研究普遍由推测性解释构成，它们试图将文化实践与其假定的神经物质基础联系起来。① 例如，个体的个性发育植根于大脑的可塑性现象。20 世纪90 年代，杰拉尔德·埃德尔曼（Gerald Edelman）② 普及了这种观点。③ 其他人提出了更具体的论点。例如，艾伦·斯波尔斯基将所谓的智能模块属性与"神经连接结构"和"大脑通路"联系起来，后两者构成了大脑和知觉的离散系统。④ 还有一些人试图设计某种依赖于神经科学实验数据的经验美学和艺术史的程序，其数据主要来源于功能性核磁共振成像实验（fMRI）的扫描结果。⑤

神经科学革新了医学和心理学研究，但神经美学和神经艺术史能否带来同样的革新性发展，还有待考察。这涉及哲学基础和方法论两个方面的问题。哲学方面涉及物理主义（physicalism），特别是身体——尤其是脑——和心灵之间的关系。方法论方面，即使物理主义的观点被接受，换句话说，即使意识可以追溯到大脑，知识能否对理解艺术作出有见地的贡献呢？

这本书不是探讨心灵哲学的，显然本章不介入这样的哲学辩

① This approach is exemplified by Onians, *Neuroarthistory*. See, too, Skov et al., *Neuroaesthetics*; and Shimamura and Palmer, *Aesthetic Science*.

② 杰拉尔德·埃德尔曼（Gerald Edelman），1929—2014 年，美国生物学家。1972年，因在免疫系统的研究工作与罗德尼·罗伯特·波特分享了诺贝尔生理学或医学奖。随后，在神经系统、意识理论和心灵哲学领域作出了巨大贡献，科普著作《比天空更广阔》（2004 年）、《第二自然：脑科学与人类》（2007 年）已经译成中文出版。——译者注

③ See Edelman, *Bright Air*, *Brilliant Fire*; and Gerald Edelman, *Consciousness*: *How Matter Becomes Imagination* (Harmondsworth: Penguin Books, 2001).

④ Ellen Spolsky, "Making 'Quite Anew': Brain Modularity and Creativity," in Zunshine, *Introduction to Cognitive Cultural Studies*, p. 86.

⑤ See the surveys in Chatterjee, "Neuroaesthetics"; and Jacobsen, "Beauty and the Brain." See, too, Jacobsen et al., "Brain Correlates of Aesthetic Judgment"; Frixione, "Art, the Brain, and Family Resemblances."

论。相反，它关注各种心灵理论，特别是神经科学对于美学和艺术史的重大意义。从史前艺术到文艺复兴时期的建筑，从康斯特布尔的作品到阿德·莱因哈特（Ad Reinhardt）[1] 的绘画，神经科学已经被广泛地运用。在所有这些案例中，存在的问题是：当我们考察神经科学的脑研究结果时，我们对艺术实践的理解发生了哪些变化？本章的其余部分仅仅试图回答这个问题。

起源：洞穴中的大脑

2013 年，大英博物馆举办了一场名为"冰河时代艺术"的展览。[2] 这是艺术史上最宏伟的旧石器时代艺术展览之一。虽然威伦多夫的维纳斯（Venus of Willendorf）[3] 没有参展，但它的缺席丝毫没有降低展览的影响力，其他著名的史前雕塑一一入列，包括"已知的最古老的女性肖像"（oldest known portrait of a woman）。正如一位观察家所指出的，"这场伟大的展览所呈现的一个重要事实是，那时的艺术在世界上已经完全成形。有力、微妙、富有想象力、高超的技巧：冰河时代的艺术与随后的艺术不相上下。"[4]

75　　尽管关于史前"艺术"概念的争论不绝于耳，但其创作者们

---

[1] 阿德·莱因哈特（Ad Reinhardt），1913—1967 年，美国抽象派画家。——译者注

[2] For the exhibition catalogue, see Cook, *Ice Age Art*.

[3] 威伦多夫的维纳斯（Venus of Willendorf），一般也称为维伦多夫的女人，是一尊高 11.1 厘米的女性雕像，被创造时间距今约 2.8—2.5 万年。1908 年，考古人员发现于奥地利维伦多夫附近的旧石器时代遗址，现藏于奥地利维也纳自然历史博物馆。——译者注

[4] Cumming, "Ice Age Art."

的技巧却使大多数当代观众不得不对其审美品质感到惊讶。大英博物馆并没有辜负这种热情，史前文物被陈列在展示箱内，灯光精美地打在上面，增强了它们的视觉冲击力。然而，最重要的是本次展览试图推出的主题：史前艺术能够作为一种人类神经和认知进化的衡量标准。展览的副标题——"现代心灵的诞生"——清楚地表明了这一点，因为它不仅鼓励参观者欣赏展品，而且还鼓励参观者把展品理解为一种新认知结构（structure of cognition）出现的视觉标志，这种认知结构在其基本轮廓上与当代人的认知结构没有区别。这种说法本身并不新鲜，史蒂文·米森在研究人类创造力的起源的著作《史前心灵》中，已经提出了类似的论点。然而，这次展览是第一次更为广泛地向公众传达这种观念。

　　现在已经有大量解释史前艺术及其功能和起源的研究，米森等作家的展览和著作是其中最新的探索。从 15 世纪起，当地的历史的和古物的文献就记载了这些珍品，到 19 世纪末，在西班牙和法国发现了大量的洞穴壁画后，史前艺术已经成为人们持续关注的对象。① 最初，许多人对这些壁画产生了相当大的怀疑——这些壁画表现出的自然主义风格意味着它们只能是现代人伪造的——在更深层洞穴位置，特别是 1940 年拉斯科洞穴的最深处的发现，使得怀疑的观点越来越站不住脚。这些洞穴壁画解释起来难度巨大，因为它们与人们普遍认为的这种古代艺术显然应该更为"远古"的观

① On the history of the reception of prehistoric art, see Paul Bahn, "The 'Discovery' of Prehistoric Art," in Bahn, *Cambridge History of Prehistoric Art*, pp. 1 – 29; Günter Berghaus, "The Discovery and Study of Prehistoric Art," in Berghaus, *New Perspectives on Prehistoric Art*, pp. 1–10; and Andrew Lawson, "Enlightenment and Discovery: The Birth of the Palaeolithic Period and the Discovery of the First Decorated Objects," in Lawson, *Painted Caves*, pp. 15–48.

点相矛盾。① 另一个问题是假定艺术的起源在于装饰或修饰。自弗里德里希·席勒（Friedrich Schiller）② 以来的哲学传统认为，"装饰和游戏的习性"是"野蛮人进入现代人类的显著标志之一"③。戈特弗里德·森佩尔也将装饰描述为最基本的艺术形式，并认为它是一种最本能的表现：修饰的冲动。④

面对旧石器时代洞穴壁画的互相矛盾的证据，人们提出了许多不同的解释方案。一种观点认为，史前艺术是在物质生活达到一定水平后审美鉴赏力诞生的标志。它反映了旧石器时代为艺术而艺术（l'art pour l'art）的信仰，并把史前人类从动物的直接性和沉闷工作的束缚中解救出来。⑤ 另一种观点认为，史前艺术与宗教和巫术活动有关。野牛、羚羊和马的图像是图腾式再现，为理解史前社会组织和宗教仪式的组织方式提供了线索。⑥ 后一种观点在 20 世纪的大部分时间里占据主导地位，并且认为这些形象是巫术工具；描绘动物是为了确保狩猎的成功，并唤起对它们的神奇控制力。⑦ 安

76

---

① Bradley, *Image and Audience*, p. 5.

② 弗里德里希·席勒（Friedrich Schiller），1759—1805 年，德国诗人、哲学家、医生、历史学家、剧作家。席勒著述丰厚，包括戏剧、诗歌、哲学论文等，《审美教育书简》在美学与美育领域影响深远。——译者注

③ Schiller, *Lectures on the Aesthetic Education*, p. 191, 193.

④ Semper, *Über die formelle Gesetzmässigkeit*.

⑤ Piette, Art pendant l'age du Renne. On the l'art pour l'art thesis, see Dijkstra, Animal Substitute, pp. 227–240. The idea was later resurrected by Georges Bataille in Lascaux.

⑥ Reinach, "Art et la magie"; Breuil, *Four Hundred Centuries of Cave Art*. Breuil's ideas underpinned the work of Englishlanguage authors such as Thomas Powell and Nancy Sandars. See Powell, *Prehistoric Art*; Sandars, *Prehistoric Art in Europe*.

⑦ See, for example, Tylor, *Primitive Culture*; and Frazer, *Golden Bough*.

德烈·鲁伊·古尔汉（André Leroi-Gourhan）① 提出了进一步的解释，他强调动物形象是围绕着男性／女性的二元对立而描绘出来的，这标志着它们是一种史前的形而上学。②

最近的一种阐释成为我们特别感兴趣的话题，据说这些图像与史前萨满教密切相关。主要倡导者是大卫·刘易斯·威廉姆斯，他的早期研究关注南非的桑族岩石艺术（San rock art）③，后来又考查了与欧洲西南部旧石器时代的图像相似的原始艺术。④ 刘易斯·威廉姆斯在许多著作中提出了这一论点，其中 2002 年出版的《洞穴中的心灵》一书最引人关注。⑤ 这个主题的意义在于，其论点建立在关于大脑、感知以及大脑与视觉再现之间关系的某些假设之上。因此，它为广泛地讨论神经美学和神经艺术史提供了一个有益的切入点。

刘易斯·威廉姆斯指出，桑族岩石艺术与拉斯科、阿尔塔米拉（Altamira cave）和其他欧洲遗址的绘画有着显著的共性。最明显的是动物的图像，他认为，它们的诞生似乎与萨满教带来的意识状态变化有关。岩石表面作为图像的整体元素也是它们的一个共同特点。他认为，野牛、鹿和马并不是对捕猎猎物的描绘，而是属于巫师独有的对梦幻世界中的动物的再现。在该观点的支持下，刘易

---

① 安德烈·鲁伊·古尔汉（André Leroi-Gourhan），1911—1986 年，法国史前考古学家。——译者注
② See Leroi-Gourhan, *Préhistoire de l'art occidental*.
③ 桑族岩石艺术（San rock art），南部非洲桑族（也译为闪族）人在岩石上的绘画。——译者注
④ See, for example, Lewis-Williams, *Rock Art of Southern Africa*; Lewis-Williams and Dowson, *Images of Power*.
⑤ Earlier versions of this thesis include Lewis-Williams and Dowson, "Signs of All Times"; Clottes and Lewis Williams, *Shamans of Prehistory*.

斯·威廉姆斯指出了这些形象的超凡属性；它们没有被置于任何可识别的背景中，似乎享受着完全自由浮动的存在："经过日积月累，这些特征正是人们所期望投射的、固定的心理图像。心理图像自由漂浮，独立于任何自然环境。"① 洞穴的岩壁表面是这个世界和另一个世界之间的一层膜，或者是通向另一个世界的入口，因此人们对其作为图像元素的物理特征饶有趣味。洞壁上的大量手印也显示了与岩石表面物理接触的特殊意义。这些指纹并没有显示出人们对于描绘双手的兴趣，而表现出一种实践的痕迹，在这种实践中，触摸墙壁的手被彩绘所"封存"，以确保与灵魂世界的联系。

77　　除了对动物的描绘，抽象设计的运用也有惊人的相似之处。从南非到西班牙，所有岩刻艺术的抽象设计都大体相似，刘易斯·威廉姆斯认为，抽象设计大致与几何心理感知相对应。这一观察体现了刘易斯·威廉姆斯对神经学解释的兴趣，但在详细研究这种论证方法之前，有必要摸清其论述中的重重困难，因为观察结论依存于一些值得质疑的假设。他所说的相似点让人想起 19 世纪和 20 世纪早期的民族志学者，他们把当代小型社会视为人类社会早期阶段保存下来的活化石。因此，它们与早期史前艺术概念产生宗属联系，并成为它的现代回响，即"原始艺术"（primitive art）的某种奇异变种。② 这一观察本身并不能否定刘易斯·威廉姆斯的论述，因为即使他们的观点有令人不安的意识形态色彩，也仍然可能是正确的。然而，他对桑族岩石艺术的阐释显然不是基于第一手证据，而是基于 19 世纪 70 年代欧洲语言学家威廉·布里克（Wil-

① Lewis-Williams, *Mind in the Cave*, p. 194.
② See Palacio-Pérez, "Origins of the Concept of 'Palaeolithic Art.'"

helm Bleek）① 和露西·劳埃德（Lucy Lloyd）② 观察获得的证词，人们对此表示怀疑也无可厚非。

如同许多史前艺术的理论一样，刘易斯·威廉姆斯的研究也具有很强的推断性。正如他所承认的，推断在某种意义上是不可避免的，因为很难找到若干经验证据来支持某种阐释。尽管不断发现其他的考古数据对图像创作技术产生了宝贵的洞见，但这无法独立解释史前图像的潜在含义和功能。然而，刘易斯·威廉姆斯用来维护萨满教理论的论点最值得讨论，也最有趣。因为，他认为涉及恍惚状态（trances）和变幻意识状态的萨满巫术活动具有普遍性，因为它们是人类基本神经活动遗传的产物。这"包括神经系统进入变幻的精神状态的能力，以及在觅食群体（foraging community）③ 中可能由此产生的迷幻状态。世界各地萨满传统之间惊人地相似，除了共同的神经结构，似乎没有其他解释。"④

为了着手讨论这些图像是否是旧石器时代的巫术工具，刘易斯·威廉姆斯必须能够证明后者可以与历史上获得验证的巫术实践相对照，正是与基本神经过程的假定关系，使他能够宣称萨满巫术是一种普遍的、跨历史的现象。然后，他形成了一套关于艺术和人脑的宏观论述。他把许多现象纳入这个框架。例如，他强调洞穴绘

① 威廉·布里克（Wilhelm Bleek），1827—1875 年，德国语言学家，著作有《南非语言的比较语法研究》。他与劳埃德共同完成了伟大的项目"布里克—劳埃德档案"（The Bleek and Lloyd Archive of Ixam and kun texts），后者以精缩的形式出版，名为《布什曼民间传说样本》。——译者注
② 露西·劳埃德（Lucy Lloyd），1834—1914 年，布里克妻子洁米玛·劳埃德的姐妹，布里克语言研究的合作者和继承者。——译者注
③ 觅食群体（foraging community），他们的食物不是来自狩猎或农业，而是只食用能找到的东西，例如植物、水果、坚果，甚至动物的尸体。——作者注
④ Lewis-Williams, "Harnessing the Brain," p. 324.

78 画中抽象符号普遍存在，如条纹平行线、圆点、之字形和网格，这些符号似乎与动物形象没有任何关系，而且大多被其他学者忽略。他认为，这些都是"内视现象"（entoptic phenomenon）① 的视觉化记录，并且对于根据人类认知的普遍特征来解释岩壁意象具有至关重要的意义。

　　"内视现象"一词最初是由赫尔曼·冯·赫尔姆霍兹创造的，用来表示眼睛的物理功能所产生的视觉效果。② 刘易斯·威廉姆斯稍微修改了原意来使用它，意指视觉体验，是由大脑中的意识状态改变而产生的原始的、未经解释的知觉成像（percepts）。其中一些以文化为媒介，但在生物基础层面上，他认为，它们是神经系统发挥作用的结果，因而是普遍的。因此，旧石器时代艺术的抽象模式和形状是基本神经过程的视觉化、文字式记录（transcripts）。为了证实他的观点，刘易斯·威廉姆斯诉诸实验，当代西方人做被试，他们所体验到的现象与在欧洲西南部洞穴壁画或南非岩石艺术中所记录的内容相似。他在这个概念的基础上提出了意象的范围（a scale of imagery），从基本的神经知觉成像，到与熟悉的物体、想法和情感相关的图像，最后，到日常经验中可识别现象的偶像化表征。因此，威廉姆斯阐述的观点是旧石器时代的图像是一系列主观状态的档案——从梦到精神药物引起的恍惚景象。

---

① 内视现象（entoptic phenomenon），源自眼睛自身的视觉效果，也拼写为 entopic phenomenon，用赫尔姆霍茨的话说，"在适当的条件下，落在眼睛上的光可以使眼内的某些物体可见。这种知觉现象可以称为'内视的'"。——译者注

② See Hermann von Helmholtz, "Die entoptischen Erscheinungen," in Helmholtz, *Handbuch der Physiologischen Optik*, pp. 184–201.

一次神经革命？

刘易斯·威廉姆斯发表了一篇原创论文，并试图将其嵌入人类的神经学和认知理论中，而不是依赖于先前研究者所使用的含糊不清的、民族志式的类比。因此，他与前几章讨论的进化心理学理论家有许多共同之处。早期的评论者通过宗教和魔法仪式来解释史前艺术，但他们没能解释其出现的原因。换句话说，为什么在3.5万年到4万年前，人类会经历一个如权威评论者所说的突然降临的"创造力的大爆炸"（creative explosion）？[1] 对刘易斯·威廉姆斯来说，决定性的转变不是图像的发明，而是获得心理意象能力的进化。旧石器时代的艺术标志着人类认知和大脑的决定性演化与进步：高阶意识的发展。特别是，他认为，洞穴艺术展现了一种晚近获得的能力，用以反思和解释洞穴意识经验的意蕴。换言之，"思维主体认可自己的行为或情感"，这种认可体现了一种"人格化的、从属于过去、未来以及现在的模式"。[2] 早期人类遗迹中缺乏类似的意象表明，在洞穴绘画创作诞生之前，人类的认知处于前进化阶段。其他研究者也试图从脑科学角度对旧石器时代艺术进行分析。[3] 例如，芭芭拉·奥林斯·阿尔伯特（Barbara Olins Alpert）[4]

79

---

[1]　See Pfeiffer, *Creative Explosion*.

[2]　Lewis-Williams, *Mind in the Cave*, p.188. The passage is a quotation from Edelman, *Bright Air*, *Brilliant Fire*.

[3]　See, for example, Barbara Olins Alpert, *The Creative Ice Age Brain：Cave Art in the Light of Neuroscience* (New York：Foundation 2021, 2009).

[4]　芭芭拉·奥林斯·阿尔伯特（Barbara Olins Alpert），罗德岛设计学院史前史教师，主要研究洞穴艺术和岩画艺术。——译者注

就认为，乔维特洞穴（Chauvet cave）① 的绘画和中欧的史前雕塑形象在今天仍然能产生审美共鸣，这源于它们都是现代大脑的产物。在这一点上，尼安德特人的大脑有一个重要的区别。尼安德特人的形象最近被纠正过来，当他们作为一种原始造物在与 45000 年前来到欧洲的现代人类争夺资源时，就已经灭绝了。最近的考古发现表明，他们的文化的复杂程度在以前没有获得承认。② 甚至研究已经表明尼安德特人的音乐能力远远比取代他们的现代人更强。③

尼安德特人与现代人类的区别在于，他们虽然具有特定的智能脑区，但与现代人类不同，他们无法将各种不同脑区结合起来。④ 这种区分的前提是当前进化心理学的心智模块。⑤ 正如米森和其他人所说，虽然原始人发展了模块化智能，但现代人类的突破是能够连接不同的智能模块，而尼安德特人从未实现过这一点。⑥ 将这些不同的智能区域结合起来的能力使现代人类能够进行类比和隐喻，并赋予他们反思、获得自我意识的能力，以及丹·斯珀伯所称的"元再现"，换句话说，拥有对其他区域的心理再现进行概括的能力。⑦

---

① 乔维特（Chauvet），法国南部阿代什省的乔维特-庞克-达维科洞穴中，保存着世界上最好的洞穴具象绘画及旧时代晚期的相关考古证据。1994 年被发现以来，与西班牙的拉斯科和阿尔塔米拉洞穴并称为"史前西斯廷教堂"。——译者注

② See, for example, Finlayson, *Neanderthals and Modern Humans*; Mellars, *Neanderthal Legacy*.

③ Mithen, *Singing Neanderthals*, pp. 232–333.

④ See Mithen, *Singing Neanderthals and Prehistory of the Mind*.

⑤ A key figure in this field is Nicholas Humphrey; see his *Consciousness Regained*.

⑥ "In the Neanderthal mind social intelligence was isolated from that concerning tool-making and interaction with the natural mind.... Neanderthals had no conscious awareness of the cognitive processes they used in the domains of technical and natural history intelligence." Mithen, *Prehistory of the Mind*, p. 166.

⑦ Dan Sperber, "Metarepresentations in an Evolutionary Perspective," in Sperber, *Metarepresentations*, pp. 117–137.

至关重要的是，这种联结不同智力脑区的能力也成为艺术生产的基础，它包括技术性、交际性和象征性的认知的结合。

　　这种跨脑区的能力也被认为与萨满教的兴起有关，但在研究萨满学说（shamanic proposition）之前，必须指出，心智模块概念本身是有争议的，而且争议很大。① 具有讽刺意味的是，最重要的批评者之一恰恰是率先提出该理论的杰瑞·福多。他的反对意见是，虽然人类认知的各个层面可能是模块化的，但这远远不能说明人类的思维是完全的、"大尺度的"模块化。他认为，后一种理论无法解释"大脑如何以决定哪些模块兴奋的方式来表现事物"。② 举一个被广泛讨论的例子，莱达·科斯麦兹和约翰·图比论证了一个演化性欺骗检测模块的存在，它可测出从事社会交换（social exchange）的人什么时候做了不诚信的事情。③ 这个观点的问题是，为了发动该模块，首先需要把社交而不是其他事情设定为特定的情境。这是社交模块和测谎（cheat-detection）模块都无法自决的。同样，福多认为，与现代人类的史前祖先的心智模块相比，"一般智能"的含义是含混的，"联结"不同领域的观念到底意味着什么，也不清晰。④ 但福多的研究还不够深入，因为如果思维被认为是模块化的，那么，就没有默认的认知形式可以用来设定"作弊

80

---

① See Winkelman, "Shamanism and Cognitive Evolution."

② Fodor, *Mind Doesn't Work That Way*, p. 77.

③ Leda Cosmides and John Tooby, "Cognitive Adaptations for Social Exchange," in Barkow, Cosmides, and Tooby, *Adapted Mind*, pp. 163–228.

④ "Even if early man had modules for 'natural intelligence' and 'technical intelligence,' he couldn't have become modern man just by adding what he knew about fires to what he knew about cows. The trick is in thinking out what happens when you put the two together; you get steak au poivre by integrating knowledge bases, not by merely summing them." Fodor, "Review of Steven Mithen's The Prehistory of the Mind," in Fodor, *In Critical Condition*, p. 159.

检测"模块。因此，必须有单独的"诚信度检测"或"诚实度检测"模块，或者实际上是"反语检测"和"戏仿检测"模块，因为根据该理论，各种社会互动都与特定模块的形成和发展有关，甚至与社会互动的基本形式紧密联系，例如，根据不同的目的，眨眼（举一个被大量引用的例子）可能存在多种解释。① 任意发散和特意设定假定模块的存在是显而易见的，理论的荒谬之处也在于此，因为我们必须证明，每个模块互动形式都被赋予了某种进化优势。

　　除了对其理论预设的批评之外，刘易斯·威廉姆斯的论文作为民族志的有效性也值得怀疑。问题域集中在"萨满教"这个术语的使用。虽然它经常被认为是一种跨文化的实践，但许多人对它的有效性提出了质疑，因为虽然全球许多文化的某个历史时期可能都经历过萨满教，但这并不能证明所有文化都经历过，或者在实际经历过萨满教的文化中，他们的艺术就是关于萨满经验的。② 此外，从跨文化角度来看，萨满教可能以恍惚的经验和变幻的意识状态为基础，它们的意义必须在特定文化的神话系统和宇宙论的背景下理解。③ 除了是否可以用"萨满教"来统称各种各样的实践和信仰之外，"我们需要确定萨满教是否真的包含着被诱导的意识状态的变化。"④ 萨满实践中不仅很少有吞食或吸入药物的例子，而且一次萨满"恍惚"常常是一场表演，萨满巫师表现得像动物一样，并

---

① The meaning of a wink is famously discussed by Gilbert Ryle in "The Thinking of Thoughts：What Is 'Le Penseur' Doing?," in Ryle, *Collected Papers*, 2, pp. 480-496.

② Layton, "Shamanism, Totemism, and Rock Art," p. 179.

③ See, for example, Anne Solomon's articles "The Myth of Ritual Origins?" and "Ethnography and Method."

④ On the wider topic of the appropriation of shamanism, see Francort and Hamayon, *Concept of Shamanism*.

上演着一场场和动物之间的冲突。① 这最后一点具有重要意义，因为它削弱了旧石器时代岩刻艺术可以提供神经状态记录的观点，即　81使它确实与萨满教有关，可能只是与萨满表演存在联系。

　　在当前的讨论中，也许最紧要的论争点都与神经科学数据和思想的运用有关，因为其中存在同样的争议。很少有证据支持意识变化的模型，也没有证据可以用来描述内视现象。② 甚至有人提出，刘易斯·威廉姆斯认为具有关键意义的抽象几何图形可能只不过是涂鸦而已。③ 然而，尽管有此类反对意见，这个观点不断地吸引着追随者。④ "冰河时代"艺术展的负责人吉尔·库克（Jill Cook）⑤对萨满的论点显得很谨慎，她指出，萨满可能"与希腊神话相比较时，一样是似是而非的"，但她却毫不犹豫地采纳了更广阔的神经生理学框架。例如，关于在霍伦斯坦·斯塔德尔（Hohlenstein Stadel）⑥ 发现的著名的"狮子人"牙雕，她说这件作品的意义在于它的杂交（hybridity）形式，它"体现了一种能够想象新概念的心智，而不仅仅是再现真实的形式。……这样的大脑必须像我们今

---

① 　See Hamayon，"Idée de 'contacte directe avec les esprits.'"

② 　"Today few，if any neuropsychologists would consider phenomena produced within the eyeball to have any significant relevance to typical visual hallucinations…. The human visual system simply does not 'build' from those kind of 'bricks' and it seems a priori unlikely that any 'hallucinations' of that particular sort… would be meticulously recalled and recreated in a nonintoxicated state." Bahn，*Prehistoric Rock Art*，pp. 70–71.

③ 　See Watson，"Oodles of Doodles?"

④ 　See Watson's essays "Rock Art and the Neurovisual Bases" and "Body and the Brain."

⑤ 　吉尔·库克（Jill Cook），大英博物馆馆员（acting keeper），策划了"冰河时代艺术：现代思维的到来"艺术展，并撰写了同名书籍。——译者注

⑥ 　霍伦斯坦·斯塔德尔（Hohlenstein Stadel），德国地名，在这里发现了著名的狮人（lion-man）象牙雕塑，距今约3.5—4万年。——译者注

天的大脑一样有一个发育良好的前额叶皮层，可以展现出复杂的超级大脑活动。""人或猫的大脑的单纯的精神图像不一定需要前额叶皮层参与，但构思一个半人半兽的表象，却需要它。从早期人类以来，由神经科学家维拉亚努尔·拉玛钱德兰（Vilayanur Ramachandran）① 教授设计的普遍艺术法则就在发挥着作用。"② 把这些假定的法则先放一放，值得一提的是，霍伦斯坦因·斯塔德尔发现的小雕像所呈现的那种混合形象完全可能存在着不同的解释。例如，黑格尔在《美学讲演录》中论述了印度和埃及艺术中的杂合现象，但他认为这种现象说明他们站在理性思考的门槛上，此时理念（Idea）仍然是辩证地悬而未决的状态；自然属性和人性本质之间没有条分缕析。"因此，在有限的和绝对真理（Absolute）的混合状态中，日常生活和琐事的秩序、可理解度和稳定性仍然被完全忽视，［古印度人］尽管他们拥有丰富而大胆的构思，却陷入了一种可怕的、奇思妙想的泛滥，它从最深处、最内部延伸到眼前，以便从一个极端直接转化为另一个极端，并混淆它们。"③ 黑格尔是在一个特定的、独特的哲学框架中推演美学体系的，当然，他的观点是，霍伦斯坦的牙雕完全可以接受不同的解读，也包括不认同它是认知进化的视觉标志的观点。

82　　神经学体系的方法论局限值得更深入的研究，很明显，在现代心智经过进化飞跃之后，神经学方法对于史前艺术史无能为力。尽管"冰河时代"艺术展力图展示的是一次神经学的转变，但事实

---

① 维拉亚努尔·拉玛钱德兰（Vilayanur Ramachandran），1951 年—　，神经科学家，加州大学圣迭戈分校心理系和神经科学系教授。神经美学研究的重要先驱者之一。——译者注
② Cook, *Ice Age Art*, p. 42, 30, 17.
③ Hegel, *Aesthetics: Lectures on Fine Art*, 1, p. 335.

上却恰恰相反：从粗糙的刻痕到装饰图式的技术、审美和概念等方面逐渐圆熟，其过程非常缓慢。① 事实上，其他研究者已经描绘了数千年来具象式再现的发展历程：从粗略的绘画和雕刻到艺术杰作，甚至导致一些观察者从中识别出史前时期的艺术风格。② 神经学模型没有提供分析这些特征的框架。相反，它不过为具象式再现的出现提供了一个解释。换言之，它是为解释一个与特定进化事件密切相关的独特历史现象——现代心智的发展——而量身定做的。虽然现代心智的形成——及其结合特定智能脑区的能力——可能为圆熟的图像再现的出现提供令人信服的解释，它无法确定在随后的几千年里推动史前艺术之后的图像和形式发展的相关因素。

　　神经学解释的视野可能比这更局限，然而，它指出的许多特征都是法国和西班牙的洞穴绘画所特有的，而不是大英博物馆展出的那种动态艺术。如果这种局限被接受的话，它会让人对旧石器时代艺术是进化变迁的文献记载这一假设产生更深刻的怀疑。首先，如果这个论题真的是关于特定地域的艺术，那么它就不可能成为一个具有全人类意义的事件，而必须被解释为某种通过各种扩散过程实现传播的文化革新。不管它们可能是什么，这些过程都与全人类的大脑进化无关。其次，如果在全球范围内同时发生创造力大爆发，这同样不可能是一个具有进化意义的问题，因为分散在欧亚大陆和非洲大陆上的不同人类群体的大脑不太可能同时以同样的方式进化。事实上，如果在达尔文的框架下开展研究，考虑到不同地理分

---

① A much-commented-on analysis by Alexander Marshack has attempted to discern the complex semiotic function of incisions on bones and other artifacts. See Marshack, "Upper Paleolithic Symbol Systems." See, too, Marshack's earlier extended study, *Roots of Civilization*.

② See, for example, Leroi-Gourhan, *Préhistoire de l'art occidental*.

布和发现艺术品的地点的不同环境压力，人们会期望多样性而不是一致性。相反，如果创造力大爆发将被理解为一个进化事件，它就必须被上溯到历史的深处，直到人类离开非洲大陆之前的历史。当然，那是比洞穴图像和岩画更悠远的年代，而且很难在大脑进化和图像谱系之间找到因果关系。最后，大量考古证据表明，在全球范围内，制作和再现象征符号的起源可以追溯到公元前 30 万年。[①]乍一看，除了所讨论的记号制作（简单的切割图案、线和点）与欧洲西南部的洞穴绘画有很大不同之外，这可能使其与认知进化的联系变得似乎可信。因此，创造力大爆发的整个想法都值得怀疑，因为真正的转折关头可能发生在超过 25 万年以前的某个时期。

一门神经艺术史

艺术史学家和理论家讨论了旧石器时代艺术的起源问题，这是他们越来越欣然接受大脑发展进化观念的部分体现。特别有趣的是，神经科学发现了所谓的镜像神经元。20 世纪 90 年代的临床实验表明，观察他者行为时与执行任务时，被试猴子的大脑活动完全相同。[②] 执行和观察某特定行为似乎涉及完全相同的神经元的放电，观察者的这些神经元"映射了"执行者的神经元。这些实验结果已经用于分析两个相互关联的范畴：模仿和移情（mimesis and empathy）。大卫·弗里德伯格（David Freedberg）[③] 是这种方法的

---

① See Bednarik's essays "Pleistocene Palaeoart of Africa" and "Art Origins."

② Gallese et al., "Action Recognition in the Premotor Cortex."

③ 大卫·弗里德伯格（David Freedberg），艺术史教授，哥伦比亚大学意大利高等研究院美国分院院长，2015 年起担任伦敦大学瓦尔堡研究所所长。——译者注

重要拥护者，他与率先假定镜像神经元存在的科学家们中的一位——维托里奥·加莱塞（Vittorio Gallese）①合作研究。在关于图像反应的一项早期研究中，即《图像的力量》（*The Power of Images*），弗里德伯格注意到了一大批图像中情感性介入的不同历史形式，这种介入超越了传统美学中理想化的、无激情的、无功利的观察者。弗里德伯格的历史分析主要是经验性的，缺乏任何理论框架，后来他和加莱塞利用神经科学补充了他早期研究中所缺少的东西。他们的基本观点是移情性介入反映了镜像神经元的工作方式，即在特定情境中，"旁观者可能会发现自己自动模拟了情感表达、动作甚至再现过程中的隐含动作"②。其中的基本机制是通过观看艺术品触发的，艺术品提供了"目标导向动作的视觉化痕迹"，比如体势化的笔触③，滴画，雕塑上的指印。因此，移情是一种无意作出的具身模拟，一种也可以用来解释艺术模仿的公式。在随后的一篇文章中，他们扩展和澄清了该观点的隐含含义，加莱塞和弗里德伯格不仅重申移情是一个不由自主的过程，而且声称"如果不在具身化模仿形式中考虑镜像机制的作用，以及在视觉观察后的移情性介入，任何审美判断都是不可能的。这种过程可能是前认知的（precognitive）的，并不总是依赖于以认知和文化存量为基础的知觉。"④

84

---

① 维托里奥·加莱塞（Vittorio Gallese），帕尔马大学医学和外科学院神经科学系教授，与同事里佐拉蒂一同发现了镜像神经元。——译者注
② Freedberg and Gallese, "Motion, Emotion, and Empathy," p. 198.
③ 体势化的笔触（gestural brushstroke），精力充沛的、富于表现力的笔触，有意强调画家身体的摆动或手的运动。——译者注
④ Gallese and Freedberg, "Mirror and Canonical Neurons," p. 411.

在一篇评论弗朗茨·克莱恩（Franz Kline）①的文章中，弗里德伯格和他的合作者提供了这种方法的应用实例。该文考察了观察者在欣赏抽象表现主义（abstract expressionism）绘画时的大脑活动，并将之与观众欣赏克莱恩的"修改"版作品时的大脑活动进行了比较，在"修改"版中，画家用形式相同的简化几何变体型式代替了原作的动态的、富有表现力的笔触。他们意在验证这样一种假设："笔触是目标导向动作的可见痕迹，通过观察它，观察者大脑中相同的手势（hand gesture）再现皮层区能够被激活。"无疑，被试揭示了大脑的不同激活模式。由此，文章得出结论，克莱恩画作的观察者与他创作时激活了相同的皮层动态活动，而且"在镜像神经元②和规范神经元③激活的基础上，观察者和作品之间建立了移情关系。"④

这条研究理路有一个艺术史谱系，弗里德伯格本人对此非常清楚：阿比·瓦尔堡和海因里希·沃尔夫林等研究者曾经关注移情理

---

① 弗朗茨·克莱恩，也可译为弗朗兹·克兰或弗朗兹·克莱因（Franz Kline），1910—1962 年，美国抽象表现主义运动的主要画家之一。——译者注
② 镜像神经元：镜像神经元首次在猴子身上发现，位于猕猴的腹侧运动前皮质区（F5）。当动物实施目标导向行为时，以及当它观察到其他动物的相同行为时，这些细胞都会激活。借助功能磁共振成像技术，研究者已经在人类大脑的右下顶叶发现类似的神经元系统，并且假设镜像神经元存在于大脑的其他脑区。（Walrath R.（2011）Mirror Neurons. In：Goldstein S., Naglieri J. A.（eds）*Encyclopedia of Child Behavior and Development*. Springer, Boston, MA.）——译者注
③ 规范神经元：规范神经元是猴子腹侧运动前皮层的一类特殊的神经元，在执行动作和响应 3D 对象时会放电。（Rizzolatti G., Umiltà M. A.（2013）Canonical Neurons. In：Runehov A. L. C., Oviedo L.（eds）*Encyclopedia of Sciences and Religions*. Springer, Dordrecht.）——译者注
④ Sbriscia-Foretti et al., "ERP Modulation During Observation," p. 2, 8.

论。借鉴 19 世纪晚期理论家罗伯特·费肖尔（Robert Vischer）①、
威廉·冯特（Wilhelm Wundt）② 、古斯塔夫·费希纳（Gustav Fech-
ner）③ 和赫尔曼·冯·赫尔姆霍茨的唯物主义心理学，瓦尔堡和
沃尔夫林试图用观众的移情投射来解释审美反应。对于瓦尔堡来
说，观众的移情投射是显而易见的，因为艺术家表现运动的身体可
以唤起广泛的情感反应，而这些反应往往会削弱理性主义和无功利
性的沉思。沃尔夫林注意到，建筑型式不仅提供了一套表现性的、
身体化的（corporeal）隐喻，而且通过观众与他们自己的具身体验
进行类比，促使观众对建筑的认同感。④

　　因此，转向神经科学的研究似乎为历史更悠久的艺术史观念提
供了一个坚实的科学基础；关于移情的推测在实验室的实验中获得
证实。这无疑是许多学者对这部著作重大意义作出的阐释，事实
上，在《神经艺术史》一书中，约翰·奥尼安斯借助艺术史传统，

---

① 罗伯特·费肖尔（Robert Vischer），1847—1933 年，德国哲学家，发明了"审
　美移情"概念——Einfühlung，铁钦纳将其译为共情（empathy），后来由里普
　斯发扬光大。——译者注
② 威廉·冯特（Wilhelm Wundt），1832—1920 年，德国生理学家、哲学家、内科
　医生，现代心理学的奠基人。1879 年，他在莱比锡大学建立了心理学实验室，
　标志着心理学开始独立于其他学科，因而被称为"实验心理学之父"。——译
　者注
③ 古斯塔夫·费希纳（Gustav Fechner），1801—1887 年，德国哲学家、物理学家
　和实验心理学家。他建立了心理感觉和刺激物物理强度之间非线性关系的方程
　式：$S=K\lg R$，其中 S 是感觉强度，R 是刺激强度，K 是常数，被称为费希纳定
　律，因为它是在韦伯定律的基础上发现的，又被称为韦伯—费希纳定律；韦伯
　定律为：$\Delta I/I=K$，I 为原刺激量，$\triangle I$ 为此时的差别阈限，K 为常数。——译
　者注
④ See Aby Warburg, "Sandro Botticelli's Birth of Venus and Spring：An Examination
　of Concepts of Antiquity in the Italian Early Renaissance," in Warburg, *Renewal of
　Pagan Antiquity*, pp. 89-156；Wölfflin, "Prolegomena to a Psychology of Architec-
　ture."

85 甚至将其谱系追溯到更早的研究者那里。他与瓦尔堡有惊人相似的理路。正如加莱塞所指出的，"移情是对他人状态（行为、情绪、感觉）进行直接体验的结果，这要归功于观察者在某种身体状态下产生的具身模拟机制，在某种程度上，这种状态是与表达/体验该状态的人共同拥有的。正是观察者和被观察者精确地分享了某些共同身体状态，才有了彼此理解的直观呈现形式，我们可以将其定义为'移情化'（empathic）。"① 这种陈述反映了瓦尔堡的双关语意图，即古代的恐惧意象和创伤图像——例如，俄耳浦斯（Orpheus）② 被酒神女信徒或可怕的占星生物（astrological creatures）③ 撕裂——在观者中重新唤醒了他们创造力中潜存的原始情感状态。他认为，正是这种现象解释了为什么图像是社会记忆的有力载体。

然而，瓦尔堡从未努力解决自身的历史研究与理论立场之间的矛盾，因为他仔细记录了许多作品的原创品质被忽略遗漏、故意颠覆或升华的事例。此外，沃尔夫林认识到，移情理论能够解释的东西是有限度的。虽然他声称"我们从自己身体熟悉的表达系统来解读整个外部世界"，但他也强调，建筑绝不仅仅是原初知觉的外化问题；相反，它是一种通过风格媒介表达出的身体情感的"理念强化"。④ 他认为，风格表达了更广义的人类热望、信仰和理想，

---

① Gallese and Wojciehowski, "Mirror Neuron Mechanism," p. 3.
② 俄耳浦斯（Orpheus），古希腊宗教与神话中的音乐家、诗人和先知。——译者注
③ 占星生物（astrological creatures），夜空中的神话生物。——译者注
④ Wölfflin, *Renaissance and Baroque*, p. 77.

视觉风格与其他文化实践和概念是一致的。因此，他声称米开朗琪罗①的雕塑和建筑与托尔夸托·塔索（Torquato Tasso）②的《被解放的耶路撒冷》（Gerusalemme liberata）以及耶稣会士（Jesuits）③的宗教热情不相上下。考虑到它们需要多种形式的"感觉输入"——视觉、听觉、嗅觉和触觉，最坚定的神经艺术史家很难证明读解塔索、聆听克劳迪奥·蒙特威尔第（Claudio Monteverdi）④、观看贝尔尼尼（Bernini）⑤的《圣·德列萨》或鲁本斯（Rubens）⑥的绘画时，都涉及同样的神经过程，更不用说离开经验证据，这些活动可以复现原初创作者的神经活动了。

当然，在某种程度上，这些都是实际的障碍，但还有更多的理论上的反对意见，而且它们涉及在运用移情理论时，使用模仿的概念，因为正如詹妮弗·戈塞蒂·费伦塞（Jennifer Gosetti Ferencei）⑦所说，只有把模仿概念严格限定为经验现实的镜像的情况下，神经科学的解释才是合理的。⑧ 模仿机制在多个层面发挥作用，不仅反

①　米开朗琪罗（Michelangelo），1475—1564年，伟大的画家、雕塑家、建筑家和诗人，文艺复兴三杰之一。——译者注
②　托尔夸托·塔索（Torquato Tasso），1544—1595年，16世纪意大利诗人，以诗作《被解放的耶路撒冷》闻名。——译者注
③　耶稣会士（Jesuits），耶稣会（Society of Jesus）成员的统称。——译者注
④　克劳迪奥·蒙特威尔第（Claudio Monteverdi），1567—1643年，意大利作曲家、弦乐家和歌手。——译者注
⑤　贝尔尼尼（Bernini），1598—1680年，意大利画家、雕塑家和建筑师。意大利巴洛克艺术的最杰出的代表。——译者注
⑥　鲁本斯（Rubens），1577—1640年，弗拉芒（今比利时）画家，巴洛克艺术时期最杰出的代表。作品有《美惠三女神》《强劫留西帕斯的女儿》，等等。——译者注
⑦　詹妮弗·戈塞蒂·费伦塞（Jennifer Gosetti Ferencei），约翰·霍普金斯大学德语教授、哲学教授。——译者注
⑧　Gosetti-Ferencei, "Mimetic Dimension."

映了"实际的"的现实（不论其定义是什么），而且还反映了"现实的合理表现形式"，以及完全虚构的想象世界的理想化状态。因此，我们对艺术作品的沉浸式体验不仅局限于它们的具体特征中，而且可以超越它们，因为我们可以想象性地感受到它们如何超越自身。例如，当我们看到格吕内瓦尔德（Grünewald）① 的《伊森海姆祭坛画》(Isenheim Altarpiece，1512—1516 年）时，它描绘了十字架上基督的身体，就好像他是一个瘟疫受害者（这幅画是为一个专门照顾瘟疫患者的修道院而画的），当我们看到他布满创伤和被瘟疫侵害的身体时，我们可能不寒而栗，这会引发一种移情投射，或者会产生一种强烈的让我们远离它的愿望。但同时，基督皮肤上的伤口和麻痕唤起了瘟疫受害者和受苦的基督之间的感知认同，并升起了神圣的救赎愿景——即使只能在死后。在这幅画中，背景凄惨，草草绘就的荒凉景色延伸到远处漆黑的天空中，在基督业已被上帝抛弃的那一刻，它创造了一种强烈的形而上学的恐怖的想象空间。然而，这种绝望的景象伴随着右边的施洗者约翰，强制我们见证此刻正发生的重大事件的深刻含义——这并不是毫无意义的死亡——而在左边，圣母在她行将瘫倒时被约翰搀扶住，她不仅呈现了一位女性个体的情态，也代表了大众的悲哀。我们可以继续这样举例，但问题的关键点在于，我们观看这幅画与猕猴观看其他猕猴的动作有天壤之别，因为这不是对实际的、可观察到的动作的描绘，而是对可能的和理想的世界形态的描绘。

在辩护中，有人可能会认为移情的对象不是艺术品的内容，而是作为行动标记发挥作用的表现性特征，因此克莱恩的作品意义重

———————

① 格吕内瓦尔德（Grünewald），约 1470—1528 年，原名马蒂斯·戈特哈特，德国画家，德国最伟大的晚期哥特艺术的代表。——译者注

大。此外，加莱塞和弗里德伯格还抗议说，移情绝不是对审美反应的全部描述，而是一个至关重要的因素。然而，这些审美反应的问题是相当明显的。如果神经科学理论没有穷尽审美反应，那么就必须思考这类解释有何意义，因为观众（以及听众和读者）参与艺术作品的方式的核心层面没有被透彻思考。因此，我们对图像的部分反应可能是一种不由自主的普遍生物学机制，这是神经科学家感兴趣的。然而，作为人类文化的研究者，艺术史家和评论家可能更愿意探究这种自动性和文化塑造的理解之间的关系，并探寻不同文化之间可能会有怎样不同的反应。回到瓦尔堡无法解决的问题，他们将感兴趣的是，随着时间和地点的不同，对同一作品的反应可能会产生怎样的剧烈波动。此外，如果加莱塞和弗里德伯格确实对克莱恩的作品感兴趣，而克莱恩的作品是他的手势的视觉化积淀，那么他们最终会关注一系列狭隘的现代主义绘画和雕塑作品，而对手势表现降到最低限度的安格尔（Ingres）① 的绘画作品却无法置喙。

87

原初知觉问题

对克莱恩的讨论揭示了这样一个事实：神经艺术史有一个未经公开的来自现代主义艺术理论的知识渊源。最近，托德·克洛南（Todd Cronan）② 谈及"情感形式主义"的美学思想传统试图绕过所有文化媒介观念，以便在原初知觉（raw perception）中寻找到审

---

① 安格尔（Ingres），1780—1867 年，法国新古典主义画家的领袖，主要作品有《朱庇特与海神》（1811 年）、《大宫女》（1814 年）、《泉》（1856 年）等。——译者注

② 托德·克洛南（Todd Cronan），美国埃默里大学艺术史教授。——译者注

美反应的根基。这种执念可以充分地体现在色彩的表现性特质理论
中，马蒂斯以及他的同代野兽派画家弗拉明克（Vlaminck）① 和德
兰（Derain）② 都认为色彩能够打破再现的传统，从而具有颠覆性
的品质。③ 这种理论起源于浪漫主义哲学和诗学，但是，纯粹感觉
观念与审美体验之间的关系，以及纯粹感觉观念在 20 世纪 70 年代
的明显复兴，才是当前讨论的重点。例如，茱莉亚·克里斯蒂娃
（Julia Kristeva）④ 在分析乔托（Giotto）⑤ 的《阿雷纳礼拜堂》时，
重新唤醒了这一理念，她认为：色彩，特别是乔托对蔚蓝的运用，
以一种不调和的方式表达了身体的驱动力，这是语言无法做到
的。⑥ 克里斯蒂娃认为，颜色扰乱了符号性注意（symbol register），
因此在艺术革新中扮演着重要的角色。除了克里斯特娃，还有罗莎
琳德·克劳斯（Rosalind Krauss）⑦、伊夫—阿兰·博瓦（Yve-Alain
Bois）⑧ 和其他以这本艺术杂志为阵地的研究者，克洛南称之为

---

① 弗拉明克（Vlaminck），1876—1958 年，法国画家，野兽派的主要代表人
   物。——译者注
② 德兰（Derain），1880—1954 年，法国画家，野兽派的主要代表人物。——译
   者注
③ Cronan, *Against Affective Formalism*, pp. 56-64.
④ 茱莉亚·克里斯蒂娃（Julia Kristeva），1941 年—　，保加利亚裔法国哲学家、
   文学评论家、精神分析主义者、女权主义者，写作内容涉猎广泛，著作 30 余
   部。——译者注
⑤ 乔托（Giotto），1266—1337 年，中世纪晚期佛罗伦萨的意大利画家和建筑师。
   一般认为，他是文艺复兴第一人。——译者注
⑥ Julia Kristeva, "Giotto's Joy," in Kristeva, *Desire in Language*, pp. 210-236.
⑦ 罗莎琳·克劳斯（Rosalind Krauss），1941 年—　，美国艺术评论家、艺术理
   论家，哥伦比亚大学教授，《十月》杂志创刊人之一。——译者注
⑧ 伊夫—阿兰·博瓦（Yve-Alain Bois），1952 年—　，普林斯顿大学艺术是教
   授。——译者注

"《十月》① 美学"（*October* aesthetics）派。在他们对现代主义的解读中，充盈着对前卫派的非媒介化的情感影响力的推介。例如，对于马蒂斯的绘画作品，他们写道："观众无法长时间地注视他们那生机盎然的阿拉伯花纹和闪闪发光的色彩……观众感到被迫地在整个视野中同时观察一切，但同时又感到被迫地依靠了周边视景（peripheral vision）来完成观察，从而牺牲了对整个视野的控制。"马蒂斯（Matisse）② 演练了一种致盲美学（aesthetic of blinding），即"图形和背景（figure and ground）不断地相互抵消……我们的视觉变得模糊，因过剩而致盲"，这种体验只能解释为，他的绘画作品可以压倒人类的整体感观并直接作用于神经系统。③

　　这一立场的一个最著名代表是吉尔·德勒兹的美学理论，他分析了弗朗西斯·培根（Francis Bacon）④ 的作品，欣然接受了画家 88 对纯粹感觉暴力的执着："颜色在身体里，感觉在身体里，而不是在空气里。感觉就是绘画的内容。在画布上画的是身体，它不是以对象的形式表现出来的，而是以维持这种感觉的体验方式表现出来的。"和克劳斯以及其他人一样，德勒兹正在分析艺术中的一个特定时刻。但是，原初知觉的概念也是德勒兹美学的一个核心组成部

---

① 《十月》（*October*），是一本当代艺术、批评和理论的专业期刊，罗莎琳·克劳斯和安妮特·迈克尔逊创刊于 1976 年。伊夫—阿兰·博瓦、哈尔·福斯特、本杰明·H. D. 布赫洛、丹尼斯·霍利埃和约翰·拉奇曼等人先后加入。杂志将法国的后结构主义思想介绍到英语世界，对于重估 20 世纪初的立体主义、超现实主义、表现主义等先锋派的历史价值，起到了重要的作用。——译者注

② 马蒂斯（Matisse），1869—1954 年，法国画家、雕塑家，野兽派的领导者。——译者注

③ Bois et al., *Art Since 1900*, p. 101.

④ 弗朗西斯·培根（Francis Bacon），1909—1992 年，爱尔兰出生的英国具象画家。——译者注

分，这一点明显地体现在他的艺术评论中，艺术"立即作用于神经系统"。甚至移情理论也重新出现，因为德勒兹指出："作为一个观察者，我只有通过进入绘画，达到主观感觉和被感觉对象的统一，才能体验到感觉"。①

正如雅克·朗西埃（Jacques Rancière）② 所指出的，这种对原初感知的强调是某种传统的巅峰，"现代艺术作品的命运与纯粹的感性联系在一起，超越了有再现性的普遍信仰③图式"④。因此，朗西埃的观点与弗里德伯格、马尔格雷夫（Mallgrave）⑤ 和奥尼安等人的神经艺术史理论有着密切的联系。这些学者可能缺乏博瓦及其同侪的纯熟的修辞手法，但他们都在努力规避传统艺术史上对再现和文化媒介的运用。马尔格雷夫和奥尼安斯对神经科学研究中的一些观点大为关注，包括某些视觉体验方面的真实状况，如颜色、水平线和垂直线可以与大脑特定区域的活动（或大脑多个区域的协调活动）相联系，还包括证明了大脑的异乎寻常的可塑性的研究，由此，不同种类的刺激物和环境可能会对大脑发育产生实质性的影响。空间意识依赖于特定的神经元协作网络，因此，马尔格雷夫建议，出于专业训练和实践的原因，建筑师已经形成了极强的空间感，他们应当拥有独特的大脑类型。⑥ 马尔格雷夫根据神经科学

---

① Deleuze, *Francis Bacon*, p. 35, 34.

② 雅克·朗西埃（Jacques Rancière），1940 年— ，法国哲学家，阿尔都塞学派成员，主要著作有《图像的未来》（2007 年）、《审美无意识》（2009 年）等。——译者注

③ Doxa，表示普遍信念与流行观念的希腊词汇。——译者注

④ Rancière, "Is There a Deleuzian Aesthetics," p. 13.

⑤ 马尔格雷夫（Mallgrave），伊利诺伊理工大学建筑学院教授，主要研究建筑史和建筑理论，近作有《建筑与移情》（合著，2015 年）。——译者注

⑥ Mallgrave, *Architect's Brain*, pp. 137–138.

家萨米尔·泽基（Semir Zeki）① 的研究，建议艺术作品建立在进化适应的视知觉偏好上，以寻找环境中的典型性和恒定性。因此，马尔格雷夫认为，早期文艺复兴时期的建筑师们偏爱简单几何图形，如正方形、圆形和长方形；他还认为，他们对柏拉图型相（Platonic forms）的探索，对黄金分割的关注，都是这一知觉基本因素的不同视觉形态。②

　　马尔格雷夫认为，像蒙德里安或马列维奇这样的艺术家对原初形式持续关注，我们也可以这样理解："在寻找他们自己心目中的形式和色彩的本质时，〔他们〕如同神经科医生各显其能，来探索大脑的感知组合方式。"对视觉秩序的偏好体现了艺术家利用感知和神经意向，并对它们作出反应，而感知和神经意向是进化适应和社会训练相结合的结果。人们可以在这里观察到现代主义艺术的神经科学史轮廓，它显现出两条相互冲突的轨迹：一方面是马蒂斯的致盲美学，另一方面是蒙德里安对原初视觉模块的探寻——而对于马尔格雷夫来说，马蒂斯的模糊性和不确定性是创伤的源泉，而非快乐。艺术家不断演练异于传统却并不稳定的知觉系统，会产生一种认知加速，这同样具有神经学根源。相反，马尔格雷夫认为，当大脑面对恒定的和可预知的形式时，它会饱受疲劳和无聊的折磨，而模糊性则满足了大脑对"丰富的或强化的神经效能"的需要，

89

---

① 萨米尔·泽基（Semir Zeki），英国神经科学家，伦敦大学学院神经美学教授，神经美学的提出者与倡导者。主要著作有《内部视觉：探索艺术与大脑的关系》（1999 年）、《大脑的辉煌与悲怆：对于爱情、创造力和人类幸福的求索》（2009 年）等。——译者注

② Mallgrave, *Architect's Brain*, p. 146. Mallgrave refers to Semir Zeki's book *Inner Vision*.

来对抗疲劳和无聊。[1]

研究者很难评估"一个器官感到厌倦"意味着什么，但当它与鲁道夫·阿恩海姆（Rudolf Arnheim）[2] 使用格式塔心理学分析相似形式特征的体验相互对照时，这一观点的弱点就显而易见了。在《建筑形式的力学》一书中，阿恩海姆严谨地批评了这种对不考虑表现力、功能性或者语境的孤立特征的辨别：

> 如果这些形式意在表现一个功能性的主题，例如接受、容纳和分配，那么评估形式"自身"内部的愉悦关系之和谐性，就显得毫无意义。每个形状的特定力学原理和任何两种形状之间的特定关系都受到功能的影响。相应地，知觉表象也发生变化。当被看作是斟酒的工具时，双耳杯的颈部可能看起来优雅纤细，但当被看作是人类的颈部时，同样的大小相比之下可能看起来幽默又敦实……不同标准的相应尺寸更适合于作为头部以下的颈项，而不适宜作为通向开口的管道的功能。[3]

这并不是要把格式塔心理学作为可替换方法来推介，但是阿恩海姆已经确定了一些神经学阐释忽略的非常重要的内容：视觉的语义（the semantics of vision）。关键问题是，我们从来没有像马尔格雷夫的神经模型所建议的那样感知"线"；视觉形式是在特定的环境中遇到的；我们赋予它们文化意义和功能，而这些又反过来反馈

---

[1] Mallgrave, *Architect's Brain*, p. 146, 149.

[2] 鲁道夫·阿恩海姆（Rudolf Arnheim），1904—2007 年，生于德国，曾担任美国美学协会主席，格式塔心理学的代表，师从惠特海默和苛勒。他的研究对绘画、建筑、电影各个艺术门类的基础理论产生了重要影响。主要作品有《艺术与视知觉：创造之眼的心理学研究》（1954 年）、《视觉思维》（1969 年）、《沉思艺术教育》（1990 年）等。——译者注

[3] Arnheim, *Dynamics of Architectural Form*, p. 258.

到我们感知它们的方式中。惠特尼·戴维斯（Whitney Davis）① 在视觉（vision）和可视性（visuality）之间的关系方面也提出了类似的观点。他认为，一方面，视觉作为一种原初的生物知觉区别 90 于可视性，它包含着被调谐到"事物在生命的特定历史形式中具有的相似性，即事物在以这种生命形式构成的类比网络中所具有的可见和不可见的方面。"这种对立假定一个人可以在文化同化过程之外求助视觉大脑，但即使是马尔格雷夫也认为，大脑是通过可塑性现象在社会中形成的。因此，戴维斯说，"逻辑上，不可能完全查明可视性的神经关联（如果存在的话），特别是作为视觉脑的神经心理能力和适应的问题"，因为这是一个纯粹生物性的、非文化性的脑，即使在神经艺术史的术语中也根本不存在。②

在奥尼安斯研究中也出现了类似的困难。甚至在《神经艺术史》出版之前，奥尼安斯已进行了大量的尝试引入神经学主题的研究。例如，写到希腊庙宇时，他认为庙宇的形式结构应被视为希腊文化特有的神经模式的对象化，而这些神经模式本身就是环境影响的结果。这一设想的核心是两个相互关联的想法。首先，共同的文化习俗和语言对艺术形式的决定作用远不如支撑精神活动运行的神经结构重要。其次，希腊人的大脑是由共同的环境经验和影响直接塑造的，如同"一幅富饶的河谷风景画，两边是连绵的岩石山脉……温度、湿度、光线和雨水有节律地变化着"。在这一意象的

---

① 惠特尼·戴维斯（Whitney Davis），加州大学伯克利分校艺术史系教授，主要研究视觉文化。——译者注

② Whitney Davis, "Neurovisuality," Nonsite. org, no. 2（12 June 2011）, http：// nonsite. org/issues/issue-2/neurovisuali ty（accessed 4 June 2015）.

背后，是奥尼安斯长期以来与德国艺术地理学（Kunstgeographie）传统的接触，这种传统强调了环境常数的作用及其在艺术史上的长期性（longue durée），但他用脑科学术语改造了传统。因此，我们了解到此类案例，"大脑的基因驱动倾向于关注那些确保或威胁其生存的事物"，这意味着方阵（phalanx）是一种特殊的快乐之源，而希腊神庙石柱的水平排列，则激活了方阵式构型，它不仅仅是文化隐喻，而是习惯性神经网络的重新激活。因为"希腊人的大脑已经被特定经验——其最高欲望对象不再是人类个体，而是骑兵、步兵或舰艇的编队——所塑形。"①

奥尼安斯采用类似的方法来研究其他案例，其中包括他所说的"文艺复兴美学"，即 15 世纪人们对清晰的几何图形的偏好：直线相交成直角。他认为，这种美学是外部因素塑造了神经适应能力的结果。由此，佛罗伦萨的城市结构——"河流像运河一样笔直，四边形的罗马城中心，中世纪的外围建筑围绕着笔直的道路网"——关键在于布鲁内莱斯基发明的透视系统。随着神经网络形成了处理后退正交线的视觉体验能力，佛罗伦萨的艺术家和建筑师因此"更好地准备将现有的光学几何学理论应用于图像空间的表现"。② 这与罗马的杂乱废墟形成对比，更与威尼斯完全不同，在那里，大运河蜿蜒的曲线最有可能影响威尼斯艺术家和建筑师的神经结构。

对某些视觉形式的倾向，让人想起了巴克森德尔的"时代之

---

① John Onians，"Greek Temple and Greek Brain," in Onians, *Art*, *Culture*, *and Nature*, p. 457, 459.
② John Onians，"Greek Temple and Greek Brain," in Onians, *Art*, *Culture*, *and Nature*, p. 523, 522.

眼"（period eye）的概念，奥尼安斯把他作为同路人。① 然而，当引入这个概念时，巴克森德尔清楚地表明，视觉与几何形式协调是一种反映了佛罗伦萨商业文化中的实际交易和利益在场的塑造模式的结果。② 即使人们接受了奥尼安斯的说法，即一种环境塑形的神经结构构成了这种素养的基础，但巴克森德尔的解释却与奥尼安斯不同，他表明了为什么这些形式被赋予了重要意义，从而被后代的艺术家仿效和复制。相比之下，奥尼安斯则倾向于简化地断言艺术家试图再现某种视觉体验。除了这一观点之下的天真的现实主义假设（例如，图像是视觉体验的"抄本"），在以罗马城市规划遗产为特征的环境中走向成熟和布鲁内莱斯基在 15 世纪早期发明单点透视法之间仍然存在巨大差距。

也可能会有人问，为什么佛罗伦萨艺术家（甚至希腊建筑师）希望复制某种视觉体验，甚至认为人们可以如此量化它。对奥尼安斯来说，这样的复制本身是一种快乐的源泉，但为什么它是快乐的源泉仍然无法解释。这个相当大的疏漏重复了在达顿和希尔德布兰德的主张中已经遇到的一个问题，即唤起对遥远印象中环境的记忆的图像将成为审美欣赏的对象。在具体的艺术历史分析中，这一理论的缺陷更加明显。例如，如果佛罗伦萨时期透视法的发明与该城市独特的视觉环境相联系，那么奥尼安斯就必须证明，在其他任何地方的城镇，都无法提供一种类似的视觉体验。鉴于意大利的大量城镇保留了罗马城市规划的几何学特征，至少在这方面，佛罗伦萨

---

① Onians, *Neuroarthistory*, pp. 178-188. Onians cites two works by Baxandall that he deems to be engaged in a similar project to his own: Shadows and Enlightenment and "Fixation and Distraction."

② See Baxandall, *Painting and Experience*.

不太可能是独一无二的。即使佛罗伦萨是独一无二的，但奥尼安斯的解释只会在时间上把被解释项推后，因为彼时的问题将是佛罗伦萨为什么是这样建造的，假设不是先前的环境已经塑造了城市建设者和规划者的大脑，怎能使他们的城市最终面貌倾向于整洁的几何图形。此外，还必须解释布鲁内莱斯基的建筑理念为何如此迅速地在全意大利被采用和推广。再如，为什么其他地方的艺术家会从空间的透视表现中找到"乐趣"，而这何曾再现他们在自己的视觉环境中成长起来的任何东西？

这些问题可能有很多答案，但神经艺术史提供的解答却非常有限。因此，来自意大利其他城镇的艺术家们很可能具有不同的神经结构，尽管他们的神经系统存在差异，但他们发现了透视法的价值，并予以采纳，这表明在布鲁内莱斯基发明透视图以后，它的演变有多重原因。因此，奥尼安斯的论题面临着一个类似于史前艺术研究中遇到的问题：正如神经演化（革命）本可以为艺术的兴起提供一个合理的解释，而不是对艺术的随后发展提供解释，同样地，即使神经艺术史可以解释透视法的发明，却无法对其后的历史作出评论。

就大脑形成而言，描述出环境对于艺术的各种影响将为陈述一个更普遍的问题提供公认的好处。在此，奥尼安斯特别关注了神经可塑性（neuroplasticity），换句话说，大脑不是由一组呆板的神经网络组成的，而是永恒变化的。新的神经通路建立起来，用不着的神经通路消失了，他强调这是大脑与环境的不断交互作用造成的。如前所述，这在神经科学中已司空见惯。马尔格雷夫认为，建筑师的神经发育可能显示出与其他人不同的特定特征。类似地，奥尼安斯从神经可塑性的角度解释了艺术家和作家个体之间的差异。他认为，由于长期和不同的刺激媒介打交道，他们的大脑以各不相同的方式发育着。例如，谈到罗斯金（Ruskin）[①] 时，他声称"作为一个年轻人，罗斯金已经比他的绝大多数同龄人看到了更多的风景画和艺术品。作为一名艺术家，他已经反复测试自己对不同场景的观察技巧。因此，他的神经网络将使他越来越倾向于思考艺术与环境之间的关系。"[②]

　　这种简单化表述最显著的特点在于，虽然它借用神经科学术语，但在艺术素养的形成作用中只是一种很基本的见解。这就提出了一个显而易见的问题：用这种方式彰显罗斯金创造力和智力形成的根源，是否对理解罗斯金有更多帮助？除了传记式的、社会的和文化史的传统论述之外，这种方式对他的作品产生了什么样的洞见？即使理论电枢（theoretical armature）[③] 被接受，也无法消除这样一种怀疑，即神经网络只是用一套不同的词汇来描述已经乏味的想法。不管它在理论上是否有说服力，神经艺术史都有责任证明它产生了创新性的解释或知识。否则，它就如同累赘，给已经耳熟能详的知识增加了一层科学主义的外衣。事实上，从旧石器时代的图像到希腊神庙，神经艺术史对于艺术的描述虽有说服力，却毫无生趣。因为，在所有讨论的案例中，它仅仅提供了一个起因论。[④]

93

---

① 罗斯金（Ruskin），1819—1900 年，英国作家、诗人和艺术理论家，尤以艺术批评和社会批评而闻名。维多利亚时代英国艺术批评的引领者，一生著述丰厚，论域极广，代表作有《现代画家》等。——译者注

② Onians, *Neuroarthistory*, p. 93.

③ 理论电枢（theoretical armature），从参考第 127 页（页边码），armature 的注释。——译者注

④ Jennifer Ashton makes a similar point in "Two Problems with a Neuroaesthetic Theory."

神经美学的主张

马尔格雷夫、奥尼安斯、库克、刘易斯·威廉姆斯和其他学者的观点是对流行的神经科学结论进行有选择借用而得出的，但是，除此之外，他们还借鉴了更专业的神经美学领域的著作。一些神经美学研究者试图阐明与审美相关神经科学内容，维拉亚努尔·拉玛钱德兰和萨米尔·泽基是他们中的佼佼者。[①] 如前所述，库克借助拉玛钱德兰构想的普遍艺术法则来观察各种旧石器时代的艺术品。[②] 虽然确定了八种所谓的法则，但拉玛钱德兰特别强调了艺术调动"峰移效应"（peak shift effect）的方式——即对于和奖励相关的越来越夸张的刺激物，动物逐步作出更加稳定反应的现象。艺术以大脑的进化性神经结构的反应机制为基础，因此其本质是创造"超级刺激物"或夸张的漫画，来"刺激大脑的视觉区域"。因此，艺术创造理想的或强化的形式，而拉玛钱德兰确证了艺术实现这种强化效果（amplification）的各种途径，包括单独地使用单一视觉

[①] An important first step was made by Jean-Pierre Changeux in "Art and Neuroscience." This essay seeks to link the neurologically conditioned predispositions activated by art to the inheritance of cultural memes. Other prominent examples include Shimamura and Palmer, *Aesthetic Science*; Martindale, Locher, and Petrov, *Evolutionary and Neurocognitive Approaches*; Chatterjee, *Aesthetic Brain*; Skov et al., *Neuroaesthetics*; Starr, *Feeling Beauty*; Finger et al., *Fine Arts, Neurology, and Neuroscience*; and Zaidel, *Neuropsychology of Art*.

[②] Ramachandran first provided an exposition of these "laws" in Ramachandran and Hirstein, "Science of Art." He then popularized the idea in the 2003 Reith lectures on BBC Radio 4. See Ramachandran, "The Artful Brain," in his *Emerging Mind*, pp. 46–69. The text of the lecture is available online at http: // www. bbc. co. uk/radi04/reith2003/lec ture3. shtml（accessed 1 May 2015）.

模块或进行"对比提取"（contrast extraction）。一个典型的例子是使用线条作为强化效果的媒介；因此，"轮廓速写或素描创作出的'艺术'比全彩照片更有感染力"，因为它在大脑"注意力资源分配"的限定下工作。① 这也解释了"对比提取"的作用，换句话说，通过使用颜色、纹理、线条来增强图像中的对比度，这一切都支持强化图像效果或实现峰移效应。

我们将在适当的时候验证这些观点，但把它们与泽基的想法进 94 行比较非常必要。泽基的《内在视觉：对艺术和大脑的探索》一书的引用率很高，几乎是神经美学领域的一个标准的参照点，它提出了"艺术的功能和视觉大脑的功能是一样的，或者说，艺术的目的至少是大脑功能的延伸"②。根据这一论点，艺术是大脑认知功能的外化，同时，艺术作品的审美效果可以用一系列激活特定大脑功能的方式来衡量。

若要解释清楚艺术的原理，首先需要理解泽基对大脑功能的论述。在这一背景下，他并不泛化地讨论大脑，而是仅仅指向大脑的视知觉部分，把视觉当作认知外部世界的中心区域。从大脑对"物体和外表的恒定的、不变的、永久的和特征性的属性（大脑对于物体的分类标尺）"的关注角度，他一方面将视觉认知描述为一种大脑兴趣点之间的关系状态；另一方面，视觉认知经验揭示了一个不断变化的世界。泽基声称，大脑因此参与到一个不断抽象的过程中，将先前获得的物体信息与当前的信息进行比较，从而提炼出关于世界的本质化知识。

关键问题是这一过程能否激发艺术创作。泽基的结论是，"艺

---

① Ramachandran and Hirstein, "Science of Art," p. 17, 24.

② Zeki, *Inner Vision*, p. 1.

术的功能是大脑功能的延伸——在不断变化的世界中寻求知识"，除此之外，艺术还旨在表现"诸如物体、外表、面孔、情景的持续的、本质的和永久的特征，因此说，我们不仅仅获得了关于特定物体、面孔或状况的知识"。[1] 泽基用视觉神经系统定位研究来支撑上述功能，视神经系统的中心是初级视觉皮层（所谓的 V1 区），尽管他还描述了许多其他与视觉有关的区域，例如负责运动知觉的 V5 区。

这些观点直接哺育了当前讨论的神经艺术史，但在仔细研究它们之前，有必要探索其他各种说法。首先是泽基对恒常性（constancy）的讨论。"恒常性"旨在寻找本质，泽基在维米尔的画作中确证了这种探索。他特别强调了维米尔作品中的模糊性（ambiguity），通过这种模糊性，维米尔可以"在同一张画布上同时表达一种或多种真相，每种真相都与其他真相等效"。例如，在维米尔的《维金纳琴旁的淑女与绅士》（*Lady at the Virginals with a Gentleman*）（1662—1665 年）中，"男女之间的关系存在几种可能的真相。不可否认，他们之间有某种关系。但他是她的丈夫，还是她的情人，求婚者，或者朋友？他真的很喜欢淑女的演奏吗？还是觉得她能弹得更好？"[2] 除了这些问题，他提示我们，还有许多其他的可能性，这幅画并没有给出最终的答案。

在许多艺术史式阐释中，这种强调语义的不确定性（indeterminacy）的方法并不过时，但泽基对这种不确定性的特定含义的理解却截然不同，因为他得出的结论是，维米尔的绘画是一种理想的或"类型化"的表现方式，其艺术感染力体现了泽基所说的"情

95

---

[1] Zeki, *Inner Vision*, p. 12, 10.

[2] Zeki, *Inner Vision*, pp. 25-26.

境恒常性"（situational constancy），即关于特定情境类型的普遍理念。因此，它能够"唤起许多情境，而不止是一种……"它可以激发储存在大脑记忆中的大量往事。① 维米尔的画作大概示范了如何探索视觉认知运行机制中的恒常性。然而，泽基并不清楚审美体验与日常视觉认知之间的关系。一方面，他认为艺术是复制和促进正常的认知过程，另一方面，他又把这些认知过程对立起来。维米尔画作的特点可能在于它的含混，但在每一种视觉认知中，我们或者说"我们的大脑"，并不是停留在不确定状态；我们试图确认我们在看的内容。

泽基还列举了更多的艺术和神经过程同步的例子，其中包括立体主义。按照丹尼尔—亨利·卡恩韦勒（Daniel-Henry Kahnweiler）② 的观点，毕加索（Picasso）③ 和布拉克（Braque）④ 都在试图同时从许多不同的角度捕捉物体的外观，他认为，像《亚威农少女》（Les Demoiselles d'Avignon）、《拉小提琴的人》（Man with a Violin，1911—1912 年）这样的绘画体现了大脑对同一个人、同一情境或同一物体进行的多角度综合的模仿过程。⑤ 泽基指出：《亚威农少女》"就好像毕加索围绕着自己的表现主体走了 180 度，把自己的

---

① Zeki, *Inner Vision*, p. 29.

② 丹尼尔—亨利·卡恩韦勒（Daniel-Henry Kahnweiler），1884—1979 年，生于德国，艺术史学家、艺术收藏家，20 世纪法国最成功的艺术经销商之一。——译者注

③ 毕加索（Picasso），1881—1973 年，西班牙艺术家，20 世纪最高产、最有影响力的艺术家之一。他和乔治布拉克一起，开创了立体主义绘画流派。——译者注

④ 布拉克（Braque），1882—1963 年，法国画家，立体主义运动的领导者和主要理论家。——译者注

⑤ See Kahnweiler, *Rise of Cubism*.

印象合成为一幅图像。"① 当然，观众能够辨认出名画《拉小提琴的人》所表现的主体取决于标题的提示，这幅画始终无解。因此，泽基总结说，立体主义是一个英雄式的失败。泽基对立体主义的理解，现在是相当过时的，他并不认为，视觉认知和图像表现之间可能存在差异，这曾经道出了立体主义的精髓——现在用来解释这部作品时，却司空见惯——其所谓的"失败"的理由，在于人们难以对它进行视觉解析，而这可能正是它最成功的地方。

96　　泽基对其他一些例子的讨论也值得关注。首先，他解读了"线"在艺术家的非客观作品中的意义，如卡齐米尔·马列维奇（Kazimir Malevich）②、亚历山大·罗琴科（Alexander Rodchenko）③、彼埃·蒙德里安（Piet Mondrian）④ 和埃尔斯沃思·凯利（Ellsworth Kelly）⑤。正如泽基正确地观察到的那样，这项工作经常伴随着原教旨主义的修辞；换言之，有关艺术家经常将他们的作品描述为与寻找基本形式有关。⑥ 这种修辞借鉴了柏拉图关于理想对象的概念，并再次提出了寻找本质的问题，但是

---

① Zeki, *Inner Vision*, p. 52, citing John Golding, *Cubism: A History and Analysis* (London: Faber and Faber, 1959).

② 卡齐米尔·马列维奇（Kazimir Malevich），1878—1935 年，俄罗斯抽象主义画家，至上主义（supermatism）的奠基人，参与起草了俄国的未来主义宣言。——译者注

③ 亚历山大·罗琴科（Alexander Rodchenko），俄罗斯艺术家、雕塑家、摄影师、平面设计师，建构主义和俄式设计的奠基人。——译者注

④ 彼埃·蒙德里安（Piet Mondrian），1872—1944 年，荷兰画家，抽象几何主义的先驱，与杜斯堡共同创立了风格派。——译者注

⑤ 埃尔斯沃思·凯利（Ellsworth Kelly），1923—2015 年，美国画家、雕塑家和版画家。——译者注

⑥ See, for example, Malevich, *NonObjective World*; Mondrian, *New Art, the New Life*.

这条线的重要性吸引了泽基的注意。他问道，为什么对本质形式的追求与对线性形式的关注如此紧密？他声称，答案在于神经生物学。具体来说，他说，视觉皮层中那些对线条和线性方向有反应的部分与那些负责产生合成的复杂形式的部分是一样的。直线和直线方向也是视觉认知的基石。因此，他认为，许多艺术家将线条作为视觉词汇的基本单位，这并非偶然。因此，他们的工作是一种"应用神经生物学"。

泽基还解释了马列维奇、约瑟夫·阿尔伯斯（Josef Albers）①和阿德·莱因哈特等艺术家对正方形和长方形的偏好，因为这种偏好模仿了大脑不同视觉皮质细胞的"感受野"。泽基所说的"感受野"是指视野中足以刺激视觉细胞的部分，他指出，视觉细胞的感受野通常是正方形或长方形。考虑到视觉是由微小的长方形像素组成的，因此大脑对正方形和长方形的反应尤其灵敏。泽基太谨慎了，不可能去争论视觉结构和阿德·莱因哈特决定画红色抽象画（1952 年）之间的因果关系，但他确实断言，这样的绘画"令人钦佩地适合刺激视觉皮层的细胞，而这些细胞的特性在某种程度上是我们内在的'理念'"，补充说，"当我们看马列维奇的画时，我们大脑中许多具有上述特征的细胞都会有强烈的反应。"② 然而，这种表述方式避免了说明马列维奇或莱因哈特（或实际上是蒙德里安）的画与视觉结构之间的确切关系。考虑到单个细胞的感受野低于感知阈限，它的长方形形状在观看艺术作品时不可能有任何意义。事实上，长方形与视觉现象学的理解是否有任何关系是值得怀

---

① 约瑟夫·阿尔伯斯（Josef Albers），1888—1976 年，生于德国，美国艺术家、教育家。——译者注

② Zeki, *Inner Vision*, pp. 124–125.

疑的，因为长方形和所有形状一样，都是元素之间的关系。因此，感受野只对外部观察者有一个长方形的形状，而对感知对象来说，它是最小的视觉刺激。

97 　在展开更富有批判性的分析之前，最后需要考察一下泽基对肖像画的讨论，特别是提香的《格洛拉莫画像》（*Portrait of Gerolamo*）、《巴巴里戈》（*Barbarigo*）（现藏于伦敦国家美术馆）。在开始讨论时，泽基简评了一下肖像画。他认为，具体而言，肖像画成为西方艺术中一个重要的流派是因为"大脑将整个皮层区域用于面部识别，这本身标志着，面孔携带了大量对大脑来说是有趣和重要的信息"。① 这里引用的绘画传统是很常见的，坐着的人的身体侧向观众，斜视观赏者，他的手臂对于观众来说构成一道屏障，增强了端坐者的自信感。② 然而，泽基认为，这还不足以说明提香采用了 16 世纪肖像画的一般传统。他的肖像也捕捉到了现在人们熟悉的特质：恒常性。因为"它捕捉到了大脑记忆中傲慢和自负的本质特征，这种柏拉图式的理念或黑格尔式的概念转移到任何一张脸上，都会传达出同样的心理画像"。"它不仅传达了关于那个人的信息，而且也传达了所有具有相似特征的人的信息。"③ 提香的绘画因此具有一种理想化的典型特征，这种特征表露了视觉认知的过程。

　尽管泽基的研究是最有影响的，但这并不是神经美学中的唯一的实践方式；其他研究者也援引相似的物质材料，却得出了略微不

----

① Zeki, *Inner Vision*, p. 167.

② See, for example, Lorne Campbell, "Poses," in Campbell, *Renaissance Portraits*, pp. 69-108; Jodi Cranston, "Dialogue with the Beholder," in Cranston, *Poetics of Portraiture*, pp. 15-61.

③ Zeki, *Inner Vision*, p. 172.

同的结论。例如，赫尔穆特·莱德尔（Helmut Leder）[①] 和贝诺·贝尔克（Benno Belke）[②] 也认为，艺术表现了原型化的特征和对象，对于这些特征和对象的熟悉性是审美愉悦的源泉。[③] 然而，他们认为，这种审美体验之所以有奖赏性，是因为知觉受到了挑战，而不仅仅是肯定。拉玛钱德兰和赫斯坦（Hirstein）[④] 关注"峰移效应"，得出了这样一个结论：艺术并没有呈现经验常数，而是夸大了视知觉的典型特征。与他们不同，马丁·斯科夫（Martin Skov）[⑤] 认为艺术是独特的，因为它使用原始材料是为了"以特定的方式偏离日常对象或材料，从而激发旁观者的从陌生化到再概念化加工的认知循环。"[⑥]

这些表述虽然没有什么明显的差异，但相关研究者（泽基、斯科夫、拉玛钱德兰、莱德尔和贝尔克）却都在揭示，他们坚持的艺术观既不能被他们所提供的神经科学数据所证实，也不与之相悖。正如进化适应论所宣扬的，经验性结论所能揭示的东西存在局限性，特别是因为神经美学缺乏艺术或再现的意识。正如约翰·海

---

① 赫尔穆特·莱德尔（Helmut Leder），维也纳大学基础心理和方法研究所教授。——译者注
② 贝诺·贝尔克（Benno Belke），维也纳大学基础心理和方法研究所教授。——译者注
③ Leder and Belke, "Art and Cognition," p. 157.
④ 赫斯坦（Hirstein），艾尔姆赫斯大学哲学教授，主要从事认知科学、认知哲学和心灵哲学等方面的研究。——译者注
⑤ 马丁·斯科夫（Martin Skov），哥本哈根大学附属医院丹麦核磁研究中心教授。——译者注
⑥ Martin Skov, "Neuroaesthetic Problems: A Framework for Neuroaesthetic Research," in Skov et al., *Neuroaesthetics*, p. 16.

98　曼（John Hyman）① 所说，这一理论并没有区分一件艺术品和它所表现的对象。在拉玛钱德兰讨论 12 世纪印度帕瓦蒂（Parvati）女神雕塑的比例时，这种含糊很明显。拉玛钱德兰把她突出的半身像和夸张的臀部作为神经美学的证明，但海曼称之为"艺术的海湾救生队理论"（Baywatch theory of art），其问题在于"这个根本不是关于艺术的理论。而是一个关于为什么男人会被大胸女人吸引的理论……印度雕塑是一件艺术品，但这一事实与拉氏理论完全无关。这也可能是一个关于帕梅拉·安德森②的理论。"③

暂且不谈这种比较中的性别歧视（sexist）意味，严格地说，神经美学不是一种美学理论，神经艺术史也不是关于艺术的历史学科。批评这些作者也许并不难，因为他们的表述还不够成熟，但相当多的老练的思想家也接受了类似的想法，其中芭芭拉·玛丽亚·斯塔福德（Barbara Maria Stafford）④ 的《回声对象》（Echo Objects）试图描绘出"图像的认知运作"。与泽基、拉玛钱德兰和斯科夫相比，斯塔福德对视觉图像进行过广泛而深入的分析，她的阐述与艺术和视觉文化方面的理论家和历史学家关注的话题更为接近。她的论述包括形式复杂性、视觉性阐释、模仿、样式知觉以及视觉认知中的无意识与意识之间的关系。她的研究提供了一些微妙的和启发性的个别案例，但基本方法与泽基类似。为了挑战话语对图像的逻

---

① 约翰·海曼（John Hyman），牛津大学王后学院院士（教授），牛津大学美学教授。——译者注

② 帕米拉·安德森（Pamela Anderson），加拿大人，1967 年出生，演员、模特，主演过系列剧《海岸救生队》，以傲人的三围著称，保持着登上《花花公子》封面次数最多的纪录。——译者注

③ Hyman, "Art and Neuroscience," p. 250.

④ 芭芭拉·玛丽亚·斯塔福德（Barbara Maria Stafford），芝加哥大学资深教授。——译者注

各斯中心主义式的①特权，斯塔福德论证了视觉再现在认知层面的重要性。② 这些再现借助构图、线条、颜色等要素组织起多元的知觉过程，它不仅承担着人类认知训练方面的重要工作，而且还外化和具化了大脑神经机制。模仿依赖于镜像神经元的活动，它是模仿行为和移情投射过程的基础。对艺术作品的知觉综合了有意识的定向注意和无意识的不定向注意，这取决于大脑处理感官数据的方式。

　　然而，一些常见的问题涌现出来。一方面，斯塔福德从格恩瑟·乌克尔（Günther Uecker）③ 和安妮·威尔逊（Anne Wilson）④ 的装置到 17 世纪的会徽书⑤和卡斯帕·大卫·弗里德里希的绘画中，整理出一些个案来解释他所描述的神经运行原理。然而，由于神经科学的观点与包含着知觉的大脑运行有关，没有任何图像更适用于说明这些运行原理。为了表明所选个案特别贴切，研究者有必要提供证据——也许是 fMRI 扫描或一些其他的经验性数据——来证明是这些图像，而非其他图像表现出神经反应的显著特征。该论点还需要解释这些作品如何与其他作品区别开来，以及在哪些方面和其他作品有重大区别。

　　这也许是一个方法论上的争论，比起更基础性的问题，似乎没

---

① 逻各斯中心主义式的（logocentric），对文本，尤其是文学作品的一种结构主义的解读方法，认为语言是以理性思维为基础的，并凭借其与基本现实的潜在关系来把握意义。——译者注

② Stafford has made this argument in other books, including *Good Looking and Visual Analogy*.

③ 格恩瑟·乌克尔（Günther Uecker），德国艺术家。——译者注

④ 安妮·威尔逊（Anne Wilson），芝加哥视觉艺术家。——译者注

⑤ 欧洲文艺复兴以来的一种出版物类型，博学的娱乐活动，是沉浸在古典文化中的人文主义者的消遣。——译者注

有那么重要，却涉及在图像分析中使用神经科学理论激活知识的类型。例如，斯塔福德认为，弗里德里希的画作"激发了旁观者不断往复的、知觉性的大脑并行信息处理过程"，并且"自然特征的每一个独特方面——无论是一棵单独的橡树，被毁坏的埃尔德纳（Eldena）① 修道院或里森格伯奇（Riesengebirge）② 的一块岩石漏出地表的部分——都是由视觉大脑的不同微观部分处理的"，读者只得到了一个披着科学分析外衣的关于审美反应的描述。③ 对于那些关注弗里德里希绘画的文化和社会意义的人来说，也就是绝大多数图像历史学家和图像理论家们，很难辨别出这种理论分析激发出什么切题的真知灼见。

理论问题

迄今为止，我们的讨论集中在关于艺术史的神经科学知识及其发展状况的领域。我的基本观点是，它充其量只不过是增加了一个偏离主题的话语层；研究者用神经学的词汇重新描述了熟悉的美学概念。对于其阐释力的考验，来自神经艺术史能否促进人们对于现有"艺术—历史化的"阐释进行反思和重构。然而，存在许多从学理上反对使用神经科学的呼声，而这些反对的声音正是讨论的起点。

---

① 埃尔德纳（Eldena），德国梅克伦堡—沃波默恩州路德维希斯特—帕希姆区的一个自治市。——译者注
② 里森格伯奇（Riesengebirge），巨人山脉，卡斯帕尔·大卫·弗里德里希著名绘画作品，位于波兰、捷克和德国边界地带。捷克语作 Krkonose，德语作 Riesengebirge，波兰语作 Karkonosze，波兰人也称它为 Snow Queen。——译者注
③ Stafford, *Echo Objects*, p. 36.

神经科学的运用潜藏着一种不成熟的唯物主义的心灵理论，它已经体现为二元的心灵论和更复杂的非还原式唯物论。我们不在这里广泛地讨论有关大脑/心智同一性问题的复杂观点，对于神经哲学的生物学假设的批评意见，我们也不作全面评估。然而，从雷蒙德·塔利斯（Raymond Tallis）[1] 的观察开始，一些著名的观点确实值得评论，他着重阐述：由于观看马列维奇绘画时的某些意识体验与功能性核磁成像检测到的特定脑相关事件之间存在关联，因此两者必须是极其相近的。这是斯塔福德、泽基、奥尼安斯等研究者反复强调的一个普遍假设，但它带来的问题远远多于其所能提供的答案。由于神经活动是一个复杂的电化学过程，某些主观经验与大脑活动之间的联系是非常含混的。塔利斯提问道，"'神经活动'是传递到大脑某个部位的东西吗？或者它是大脑中几个部位发生的事情的总和？如果是，求和计算在哪里发生？意识是存在于沿着神经元的神经冲动过程中，还是存在于它到达的某个突触上？""神经活动"的定义面向多种解释方式敞开。塔利斯指出，神经冲动可以被认为是"钠离子的流入……接着是正离子的流出"，或者是"在某个特定的地方，细胞膜内、外电位差的变化"，或者是"沿着神经元运动的波"，或者说是"波到达而不是运动"。[2] 这些定义中的任意一个都对于人们理解神经美学和神经艺术史具有重要意义，但是它们还未被一一探索。

研究者尝试把神经活动和主观意识活动联系起来，也面临着其他的根本性困难。即使"神经活动"的含义已经确定，但如果说

[100]

[1]　雷蒙德·塔利斯（Raymond Tallis），1946 年—　，英国哲学家、诗人、小说家和文化批评家。——译者注

[2]　Tallis, *Aping Mankind*, p. 138. See also pp. 85–94.

神经活动与某些主观经验之间存在关联，那又意味着什么呢？即使可以检测到反复出现的神经活动模式，我们如何能确定所有被试的主观体验都是相同的？主观体验的本质的唯一外部证据来自主体的描述，但主体如何描述这种经验无疑取决于各种各样的因素，如年龄、性别、社会阶层、教育背景、文化等。

神经科学方法也犯了一个基本的分类错误，因为它把观察到的神经活动和主观经验之间的相关性与因果关系的概念融合在一起。但没有什么可以保证这种跳接的有效性；即使大家一致认为存在相关性，这种相关性的性质和意义仍需确定。避免这一错误的方法是去辩解，fMRI 扫描得到的意识体验和神经信号是同一现象的不同层面。① 但这一论断并不成立，因为意识体验和扫描中的神经信号都是表象，而"层面"（aspect）的概念是以一个外部观察者和所属物为前提的。此外，在这个模型中，没有任何东西可以证明这些假设的一个方面（fMRI 扫描所呈现的神经活动）与另一个方面存在因果关系，或者它具有某种本体的先验性。

另外，批评者们还认为某些重要的脑实验的人工环境和背景制约着实验效果。神经科学家本雅明·李贝特（Benjamin Libet）② 的一项著名实验表明，与特定动作相关的神经活动先于决定执行该动作的意识觉知长达 5 秒。③ 这一发现清晰地表明：意识是跟随在大脑运行之后的一种副现象，后者与前者存在因果关系。然而，正如塔利斯所说，这并没有像李贝特和其他人想象的那样，把自由意志

101

① See, for example, Searle, *Intentionality*.
② 本雅明·李贝特（Benjamin Libet），1916—2007 年，加利福尼亚大学生理学系研究员，人类意识研究领域的先驱科学家。——译者注
③ See Libet's articles "Unconscious Cerebral Initiative" and "Consciousness, Free Action, and the Brain."

观念产生当成一个问题，因为实验室环境与实验设定的更广泛的意向性联结之间是隔绝的——这种联结不仅包括实验前的事件和行动，而且包括被试最初参与实验时的决定，以及与这项决定有关的所有因素。①

这个问题带来了一个更大的困难，即应用于艺术和人文的神经科学方法往往以一个艺术的和文化的图像为实验对象，而它作为一系列个体化事件发生在个人的心灵/大脑中。② 这也是前面讨论过的文化进化论的一个中心命题，像梅索迪、拉兰、图比和考斯米德等人都在同样的假设下展开探讨。然而，即使人们勉强地接受了他们的唯物主义或物理主义的心灵观，这个前提可能毫不相关，因为艺术作为一种社会和公共实践，借助象征性媒介发生在个体之间的主体间性空间中——不过，这是可以设想出来的。凸显大脑活动的核磁成像的重要价值——大脑活动可能与某些精神事件有关，也可能无关——就需要对个体的大脑状态进行推测。当然，反讽的是，这种大脑状态及对它们的推测，只有通过公共话语表达才能被其他人理解。

还有一些其他理论问题，神经艺术史和神经美学研究也难以回答。在这方面，"含混"提供了一个有效的切入点。泽基认识到维米尔（Vermeer）③绘画中不确定性和含混性的重要价值，认为它源于维米尔绘画中表达的恒常性。这篇文章忽略了日常认知与绘画经验之间的一个重要区别。在日常认知中，如果我们要遵循泽基的

---

① Tallis, *Aping Mankind*, pp. 247–250. See also Tallis, *Knowing Animal*, 36ff.

② See, for example, Shimamura, *Experiencing Art*.

③ 维米尔（Vermeer），1632—1675 年，最伟大的荷兰画家之一。画作反映市民日常生活，室内光线和空间感表现别具特色，代表作品《戴珍珠耳环的少女》被誉为"北方的蒙娜丽莎"。——译者注

设想，大脑会不断地对经验进行分类（并修改其类别）；在绘画经验中，我们会因为它阻抗分类而被打动。对泽基来说，大脑被维米尔绘画所激活并从中获得快乐，因为它激活了大脑对本质（essential）的探索，但泽基没有解释为什么这不让人感到恼怒，却成为快乐的源泉。更重要的是，他没有在一般意义上区分艺术作品欣赏和视知觉。① 日常面孔识别和观看肖像画有什么不同？对于泽基来说，两者等同；在关于肖像画的讨论中，他研究了面盲（prosopagnosia）现象——由于大脑某一特定区域的损伤而无法识别面部——然后设想面盲患者将无法欣赏维米尔的《戴珍珠耳环的女孩》这样的肖像画。这一说法可能是正确的，但需要对其进行深入研究，参考各种反对意见，即根据对肖像画传统和绘画惯例的熟悉程度，欣赏者能够具备一套不同于大脑的识别肖像画的技能。

当我们欣赏维米尔的肖像画时，我们对该画带来的视觉刺激的反应与观看一张面孔时所产生的刺激完全不同。我们对这幅画的反应涉及一个复杂的情感和文化介入过程，比如，我们面前的是一幅油画肖像画、一件艺术品（具有这个词的所有含义），正是打着维米尔标签的画作，而不是一张家庭快照或一张自拍。泽基开启了一种可能性：艺术作品展现出非常特殊的体验，不料却又将其关闭。这样的批评可以推及泽基的其他研究。马列维奇绘画中的线条绝不仅仅是平面上的线条。它是现代主义或前卫抽象艺术品的一部分，而不是西方艺术传统中的具象作品，这一事实塑造了人们对它的感知方式。惠特尼·戴维斯最近援引理查德·沃尔海姆的研究，强调了我们从未轻易地看到过的却能够感知到的立体性（aspectual na-

① Paolo Legrenzi and Carlo Umiltà make a similar criticism in *Neuromania*.

ture）；我们把物体、线条、表面等要素看作是某种东西，这种"看作"在艺术作品中变得倍加复杂；在这里，我们处理的是由文化编码而成的艺术品和图像，它们纠缠在一个复杂的期待视野和价值网络之中。① 这也是为什么 20 世纪上半叶非客观性绘画中的一条线绝不仅仅是一条线，它是一种活力和革命的视觉象征，或者是一种展现出准柏拉图式秩序和永恒的视觉象征，或者代表着男性气质（垂直时）或女性气质（水平时），或者代表着速度或稳定性，还有可能它实际上是许多其他事物的一种象征符号。

对于这种批评，他们可能这样回应：神经美学和神经艺术史只是对这些美学范畴的神经运行机制感兴趣。我已经指出，这种关切的作用可能极其有限，但无论如何，神经学批评并不是那么容易反驳的，因为泽基对恒常性作出了至关重要的描述。在对视觉认知的研究中，大脑能够合成不同的视觉体验，并发挥主导作用，从而构建一个抽象的外部世界模型。然而，我们从不只是"比较"两个物体、表面、记忆或刺激，并得出结论。在第三种比较（tertium comparationis）的基础上来确认可供比较的相关层面。即使我们真的领会了泽基寻找大脑恒常性的重要性，我们仍然要面对视知觉的三维本质，以及要比较哪些侧面不是由图像给出的，而是由观察者的兴趣决定的。

对此，有人可能会说，其中一些反对意见是某种过时的人文主义对艺术理念的依恋。相反，神经科学和神经美学证明了，在欣赏

---

① Davis notes, "In seeing man-made artifacts, we do not only recognize the objects simpliciter... we also tend to apprehend their configurative, stylistic, representational and cultural aspects." Davis, *General Theory of Visual Culture*, p. 36. Davis borrowed this idea from Wollheim, *Painting as an Art*.

艺术时，某些普遍的神经机制被调动起来，这恰好诠释了艺术的认知重要性。很明显，对艺术的审美反应确实运用了某些共通的能力，但康德以来的思维传统一直致力于清晰地阐述人们实现共通能力的独特方式，以便区分审美的和其他类型的经验。神经美学没有提供相应的解释，而且它也没有展现出把艺术当作一种文化活动的旨趣，人们可能会问泽基和其他神经美学研究者究竟为何而研究艺术。从神经生物学的角度来说，艺术毫无特别之处，所以观看人行天桥和欣赏布里奇特·赖利（Bridget Riley）① 的绘画没有区别。神经科学的解释也无法为艺术作品的评判和鉴赏提供依据。这里有必要引用珍妮弗·阿什顿（Jennifer Ashton）② 的批评意见，它总结了神经美学的基本难题：

> 如果我们旨在对任何艺术作品的意义进行描述，那么就要严格关注何种类型的情感、本能或身体的触发点触动了它的创作者，或者说，作品在接受者身上触发了什么样的反应，使我们以某种方式把注意力集中在信息输入和输出上。比起任何其他作品，这种方式根本无法激发我们对给定作品产生更浓厚兴趣——出于这个原因，艺术与其他可能产生相反结果的东西不同。当某些社会信息使我焦虑，让我充满爱或厌恶时候，如果我关心大脑的运行状态，那么就无法弄清楚，为什么一部礼仪小说（或一首诗或一幅画）会成为比中学学生更受欢迎的研究对象。③

① 布里奇特·赖利（Bridget Riley），1931 年— ，英国画家，欧普艺术的主要倡导者。——译者注
② 珍妮弗·阿什顿（Jennifer Ashton），伊利诺伊大学芝加哥分校英语教授。——译者注
③ Ashton, "Two Problems with a Neuroaesthetic Theory."

在此，我们可以看到进化论的风景画理论也存在同样的弱点，它无法为不同的风景画之间的批评性鉴赏区分提供支持。正如阿什顿所说，激发我们对其中一幅画或另一幅画的兴趣的是它所呈现的特定形式，即"社会信息"或视知觉被解析出来的特定方式。

神经美学的支持者认为艺术家演绎了一门应用神经生物学，但除了某些认知和艺术作品形式之间的模糊类比之外，这一论断从未得到解释。泽基声称他并没有建立起艺术和大脑之间某种因果关系（这是一种奇怪的自我否定，因为在主体方面，他认为大脑是艺术作品的起因），但他提出了大脑运行过程和艺术形式之间不大成熟的机械相似性。如果不存在因果关系，人们恐怕很难理解其研究有什么意义。当考虑到具体案例时，这一点就很明显了。例如，他认为莱因哈特的绘画《红色抽象》（*Red Abstract*）反映并类似于感受野的结构。假设他并没有表明，莱因哈特能够在某种程度上"看到"自己的视觉结构，或者能够以某种方式辨别出构成自己视野的单个像素，这就留下了两种可能性：要么是某种自主性（automatism）在起作用，不管莱因哈特的意识主体如何（无论"意识主体"意味着什么），大脑还是在画布上呈现自己，要么仅仅是有一种奇怪的相似性，它确实可能只是一时的兴趣，但并不成为任何独到的见解。

本章首先讨论了关于西欧史前艺术的功能和意义的争论，考察了运用神经科学理论和数据，对洞穴和岩石艺术进行萨满式解读的不同方式。关于史前洞穴绘画的具体争论导致神经科学观点在视觉艺术分析中更为广泛的应用。这种方法推动了艺术研究领域的一次重大的、崭新的发展。然而，几乎这项研究的每一个方面都受到批评，包括随意使用"萨满教"，以及为支持其理论主张而罗列的神经数据的可靠性。仔细考察这些说法的准确性固然重要，这里主要关切的是这种神经科学话语的价值，特别是倡导者们声称已经开拓了研究视阈的深度。本书的分析表明，未如神经美学和神经艺术史的支持者所愿，他们的任何进展都相当有限，且大多数情况下难以捉摸。在西班牙南部、法国西南部和摩拉维亚南部的洞穴中，对于动物和人类复杂的具象化再现可能是 4 万年前认知革命的标志。然而，一旦人们开始描绘这些再现的历史发展过程，神经学理论就不
105 如人们熟知的技术分析方法。它缺乏概念化的基本框架，无法区分单个对象和图像之间的细微差别，这就需要在文化认同和再现的形成过程中的第一阶段来分析和研究史前艺术。

　　当应用到更晚近的研究中时，神经艺术史的局限性暴露无遗。由于无法解释艺术的文化生产、消费和流通，它只不过提供了一个附加的关联度不大的艺术作品评论层。然而，神经艺术史的失败不应被视为人文科学完全不可通约的论据。它确实清楚地表明，不同的研究领域有不同的具体目标、价值追求和远景目的。如果不考虑这些差异因素，就会步文中提及的研究者的后尘，明显构建出那种粗俗和浅薄的交叉学科。

第四章

自组织进化

作为一个系统

人们常常认为，进化论提供了一个家族谱系的模型，它们主要关注自然选择对物种的历时性修正。综合进化论形成于 20 世纪三四十年代，人们通常认为其核心观点在于对外部环境、基因型和基因型的表型表达之间因果关系的理解。选择的单位是单个有机体，但演化却发生在种群水平上，因此通过衡量基因型的和表型的变异分布可以判断物种的发展。

这个模型的无数次尝试支持着人们将达尔文理论应用于艺术。在某些案例中，研究者曾经聚焦于由进化而来的推定性认知品质，据称这些认知品质决定了欣赏者对艺术的反应。因此，达顿、马尔格雷夫、平克和其他人推测，对艺术的反应是如何被进化认知遗传特征所塑造和制约的。对其他研究者来说，艺术的社会适应功能可以增强人类的社会互动，从而给特定社会群体提供竞争优势，这一点至关重要。还有一些人认为，进化论有助于开启人们对于艺术如何调动深层的生物冲动和进化冲动的觉知。其中，最鲜明的观点认为艺术与人类的"性"之间存在着密切联系；审美偏好与性生殖及确定未来伴侣的"适宜度"有关。

然而，这并不是唯一的进化论观点。另一个重要的变体根植于系统论，强调有机体是一个自我调节的系统。生物学家洪贝托·马图拉纳（Humberto Maturana）[1] 和弗朗西斯科·瓦雷拉（Francesco Varela）[2] 的工作与这个方向联系最紧密，他们创造了"自动生殖"（autopoiesis）一词[3]，用来指代自平衡的"生命组织活动"。马图拉纳和瓦雷拉将生命系统描述为"相互作用的许多单位……以能量新陈代谢为特征，成长和内部分子复制都是一个封闭的因果循环过程"，他们认为，进化变异和选择是生物系统内部运行的结果，而非与外部环境相互作用的结果。[4]

早在他们之前的几十年，有机体已经被描述为一个活的系统；系统思维与生物学相互关联的想法最早由米哈伊洛·梅萨罗维奇（Mihajlo Mesarović）[5] 于 1968 年提出，同年，哲学家路德维希·冯·贝塔朗菲（Ludwig von Bertalanffy）发表了闻名至今的一般系统论。[6] 贝塔朗菲认为："有机体……是一个处于（准）稳态的开

---

[1] 洪贝托·马图拉纳（Humberto Maturana），1928 年—　，智利生物学家。——译者注

[2] 弗朗西斯科·瓦雷拉，Francesco Varela，智利生物学家，巴黎理工学院国家科学研究中心的研究主任、认知科学和认识论教授。与马图拉纳合著《知识树：人类理解的生物学根基》（1992 年）、《自动繁殖与认知：生命的实现》（1980 年），与汤普森、罗施合著《具身认知：认知科学与人类经验》等。——译者注

[3] "自动生殖"（autopoiesis），也译为自动繁殖、自动创生，指一个能够自我复制和自我维持的系统。1972 年，智利生物学家洪贝托·马图拉纳和弗朗西斯科·瓦雷拉创造了这个术语，用来描述活细胞自我维持的化学活动。此后，这一概念也被应用到系统论和社会学领域。——译者注

[4] Maturana and Varela, *Autopoiesis and Cognition*, p. 9.

[5] 米哈伊洛·梅萨罗维奇（Mihajlo Mesarović），1928 年—　，美国俄亥俄州凯斯西储大学教授，系统论的先驱。——作者注

[6] See Mesarović, *Systems Theory and Biology*; Bertalanffy, *General Systems Theory*.

放系统，在物质构成和能量不断变化的情况下，其复杂的数量关系维持恒定，其中物质不断地在机体和外部环境之间运动。"① 系统生物学从此成为一个公认的领域，包括对分子和细胞水平上的组织特性研究，以及从神经系统到动物社会系统的更大规模的现象研究。② 其对当前讨论的重大意义在于，贝塔朗菲及以后的系统理论家试图将它的研究范围从生物学扩展到文化研究。同时，他们制定了一个竞争性的进化模型，批判达尔文及其追随者给自然选择和适应所赋予的重要作用。尽管他们承认自然选择是一个重要因素，但并不是唯一因素；相反，我们必须把有机体作为一个系统看待，并考虑其内部运行状况，而这未必取决于它们与外部环境的关系。正如贝塔朗菲所指出的，"刺激（即某种外部条件的变化）不会导致一个内部惰性系统中的加工过程；它只会调节一个自活跃系统中的运行"。以变异和选择为核心理念的进化思想仍占主流，但与综合理论相比，生物系统的"内稳式运转"（homeostatic functioning），而不是对外部环境的适应，驱动着选择。一个生物体处于动平衡状态，它适应"外部干扰"和遗传变异的表型后果的能力是其系统自组织和调节本性的结果。③ 转到对艺术和文化的分析，这种方法意味着一种文化与艺术自主的理论，该问题迄今仍是达尔文学说中有争议的焦点。

108

马图拉纳和瓦雷拉强调自主性，批判了适应性。他们认为，所有的有机系统都是已经"适应的"，因为它们作为一个系统存在和运行着，而不是僵死的。因此，"不同的进化系统只会在各自发生

---

① Bertalanffy, *General Systems Theory*, p. 121.
② See, for example, Maly, *Systems Biology*; *Capra and Luisi, Systems View of Life*.
③ Bertalanffy, *General Systems Theory*, p. 209, 131.

的区域里彼此区别……而不［在］他们是否适应。"① 在《知识之树》一书对生物系统进行的通俗描述中，他们重申了这一观点。他们在书中写道："只要某个生物不解体，它就是适应其环境的……它的适应前件是一个恒定体。"因此，演化仅仅是"一种保持身份和繁殖能力"的结果；马图拉纳和瓦雷拉也论争是否可能存在不同程度的适应能力，即某些有机体能够比其他有机体更好地适应环境。② 要么一个有机体自身是稳定的、适应的，否则的话，它就解体了。与这一解释相联系的是一种认识论立场，他们认为系统与环境（它的"认知领域"）的相互作用不是固定的，而是由系统定义的，它从身处其中的环境划出自己的边界。因此，"它的认知域必然与实现其自生成的特定方式有关。"③

这些思想是系统论的中心原则，自动生殖系统与其环境相互作用，但这种相互作用的性质是由系统的内部组织决定的。④ 许多生物学家已经探讨了进化论的重要性，其中最突出的是鲁珀特·里德尔（Rupert Riedl）⑤ 和弗兰兹·伍克提斯（Franz Wuketits）⑥。⑦

---

① Maturana and Varela, *Autopoiesis and Cognition*, p. 105.

② Maturana and Varela, *Tree of Knowledge*, p. 114, 117.

③ Maturana and Varela, *Autopoiesis and Cognition*, p. 119.

④ See, for example, Mingers, *Self Producing Systems*.

⑤ 鲁珀特·里德尔（Rupert Riedl），1925—2005 年，奥地利动物学家。主要著作有《生命机体的秩序：进化的系统分析》(1978 年)、《知识生物学：理性的进化论基础》(1984 年) 等。他的研究对神经科学研究者如迈克尔·加扎尼加（Michael Gazzaniga）、安东尼奥·达马西奥（Antonio Damasio）和维拉亚努尔·拉玛钱德兰（Vilayanur S. Ramachandran）的思考产生了深远影响。——译者注

⑥ 弗兰兹·伍克提斯（Franz Wuketits），1955—2018 年，奥地利生物学家。——译者注

⑦ See Riedl, *Ordnungen des Lebendigen and Riedls Kulturgeschichte der Evolutionstheorie*；Wuketits, *Grundriss der Evolutionstheorie and Evolutionary Epistemology*.

正如伍克提斯曾争论过的，必须通过强调他界定的"内部选择"来对抗对环境造成的外部选择压力的依赖。选择不仅"来自生物体外部（外部选择），生物体内的监管、反馈和控制机制对其也有选择性的影响，且后者常常是决定性的。"①伍克提斯特别感兴趣的是认知的进化，他不认同认知进步仅仅是它们应对外部环境挑战的更高级的适应能力，他的观点是，有机体根据其内部的系统操作从环境中选择信息："有机体内的信息处理以有机体与其环境之间的相互作用为前提……适应能力不是由环境决定的，而是由生物系统本身决定的。"②

系统的概念

除了告诉我们将系统论应用于艺术理解的雄心之外，这种重新构建进化论方法的尝试对于当前的研究来说可能是无关紧要的。正如他的著作《一般系统论》（*General System Theory*）的标题所表明的，贝塔朗菲关心的是把系统理论的范围扩大到生物学之外，并将其发展成为一种普遍的文化理论。其中包括对艺术的研究，因为他看到了他和某些艺术史学家的作品的相似之处，包括阿洛伊斯·李格尔。贝塔朗菲将李格尔的《罗马晚期的工艺美术》（*Late Roman Art Industry*）描述为一部"非常有学问却枯燥乏味的论文"，但他强调了这部作品的重要性，因为他认为自己强调的对概念范畴的系统约束（system-bound）本质与李格尔作为文化约束的审美命令的

---

① Wuketits，*Grundriss der Evolutionstheorie*，pp. 136–137.

② Wuketits，*Evolutionary Epistemology*，pp. 94–95.

"艺术意志"概念之间存在密切关系。① 然而，尽管书中的论点具有启发性，但《一般系统论》除了勾勒出一般系统论的轮廓之外，没有什么具体贡献。它无法回答一些基本问题，例如，文化的内部运作包括什么？如果一个系统是基于元素之间的交互作用，那么基本元素是什么？然而，其他人已经构建了更详细的描述；贝塔朗菲的同代人格雷戈里·贝特森进行了一次比较重要的尝试。贝特森通过在新几内亚的人类学田野考察建立了自己的声誉，在他职业生涯的后期，他发展出一门文化控制论，或可称之为"心灵生态学"，将所有生物都视为某个单一心智系统（mental system）的一部分。② 贝特森认为"心智"不是指意识思维，而是一个自我修正的控制系统的信息处理过程（定义为一种"制造差异的差异"），这个系统可以存在于计算机、人类思考或生物机能之中。③ 对贝特森来说，活着的人体是一个复杂的自动整合系统。他扩展了这种观念，把艺术领域也包括在内，称之为通过媒介转换来交流意义的系统。④ 贝特森致力于生物系统的模型，因而也对进化的适应观念持批评态度，他重复了一个现在众所周知的论点："正在进行的进化过程不能只由连续的外部适应性基因型的变化引起。"⑤ 相反，对

---

① Bertalanffy, *General Systems Theory*, p. 232. It is notable, too, that some of Bertalanffy's earliest publications were on art-historical topics. See his review of *Das Ornamentwerk*, by Theodor Bossert, and his review of *Die Krisis der Geisteswissenschaften*, by Josef Strzygowski.

② The major essays are published in Bateson, *Steps to an Ecology of Mind*.

③ As Bateson notes, "if we desire to understand the mental aspect of any biological event, we must take into account the system—that is, the network of closed circuits, within which that biological event is determined." Ibid., p. 317.

④ Bateson, "Style, Grace, and Information in Primitive Art," ibid., p. 145.

⑤ Bateson, "The Role of Somatic Change in Evolution," ibid., p. 350.

于伍克提斯、瓦雷拉和马图拉纳来说，生物体的内部组织是最重要的。

尽管广受赞誉，贝特森还是没能形成一个合乎逻辑的理论落脚点。① 许多其他领域的学者探讨了系统论对理解社会和文化实践的可能性。也许其中最重要的社会理论家是塔尔科特·帕森斯（Talcott Parsons）②，他的行为理论关注的是人类行为的结构和系统功能。③ 但对社会系统的研究，首先开始于德国社会学家尼克拉斯·卢曼。卢曼的研究之所以特别有意义，是因为他为系统理论提供了更深刻的概念，包括对社会系统及其要素的基本运行方式的界定。他还研究了进化论作为一个理论分析术语的意义和功能，并且最关键的是他针对当前的情势，撰写了大量关于艺术的文章。④ 他旁征博引了包括埃德蒙·胡塞尔（Edmund Husserl）⑤、数学家乔治·斯宾塞—布朗（George Spencer-Brown）⑥、贝塔朗菲、马图拉纳和瓦雷拉在内的各学科的专家，自认为是塔尔科特·帕森斯的继承人，而他的社会系统理论被认为是与批判理论的传统背道而

110

---

① Noel G. Charlton provides an analysis of Bateson's work in Understanding Gregory Bateson.

② 塔尔科特·帕森斯（Talcott Parsons），1902—1979 年，美国著名社会学家，结构功能主义的主要代表。主要作品有《社会行动的结构》等。——译者注

③ See Parsons, *Structure of Social Action*.

④ The major text in this regard is Luhmann, *Art as a Social System*, but Luhmann also wrote numerous shorter essays, published in Luhmann, *Schriften zu Kunst und Literatur*.

⑤ 埃德蒙·胡塞尔（Edmund Husserl），1859—1938 年，20 世纪著名的奥地利哲学家，现象学的创始人。主要作品有《作为严格科学的哲学》（1910 年）、《纯粹现象学和现象学哲学的观念》（1913 年）等，他的全部手稿保存在比利时鲁汶大学。——译者注

⑥ 乔治·斯宾塞—布朗（George Spencer-Brown），英国数学家、哲学家。代表著作有《形式的规律》等。——译者注

驰的。

卢曼最早在 1971 年与哈贝马斯联合出版了一部著作《社会理论或社会技术：系统研究能实现什么》，由此声名鹊起。① 在 20 世纪 60 年代末和 70 年代初，系统的研究仍然主要面向组织性、行政性和技术性的系统。这是贝塔朗菲的《一般系统论》以及诺伯特·维纳（Norbert Wiener）② 等社会控制论的主要倡导者的著作的主要关注点。③ 对于沉浸在系统思维中的艺术家和艺术评论家来说，情况也是如此。例如，美国评论家杰克·伯纳姆（Jack Burnham）④ 在其关于当代艺术的著作中就强调了这样一个事实：晚近的现代社会不再以物质对象为目标，而是以组织方式为导向，以最大限度地提高组织效率和效用为工具性导向。⑤ 这一点在军事规划和五角大楼决策机构的系统思维的兴起中是显而易见的，但最重要的是，它在计算机对日常生活的渗透中得到了具体的体现。计算机预示着一场深刻的社会和文化变革，它也影响着艺术。伯纳姆指

---

① Habermas and Luhmann, *Theorie der Gesellschaft oder Sozialtechnologie*; Habermas, "Excursus on Niklas Luhmann's Appropriation of the Philosophy of the Subject Through Systems Theory," in Habermas, *Philosophical Discourse of Modernity*, pp. 368–385; Habermas, "The Development of Systems Theory," in Habermas, *Theory of Communicative Action*, pp. 235–282. See, too, the extensive engagement with Luhmann's account of evolution in Habermas, "Zum Thema." This is a response to Luhmann's essay "Evolution und Geschichte," in the same issue of the journal.

② 诺伯特·维纳（Norbert Wiener），1894—1964 年，美国数学家、哲学家，被认为是控制论的鼻祖。——译者注

③ See, for example, Wiener, *Human Use of Human Beings*.

④ 杰克·伯纳姆（Jack Burnham），1931—2019 年，美国艺术批评家、艺术史家。——译者注

⑤ See Jack Burnham, "Systems Esthetics," in Burnham, *Great Western Salt Works*, pp. 15–25; and Burnham, "Real Time Systems," ibid., pp. 27–38. Burnham's account is outlined in Halsall, *Systems of Art*, pp. 99–126.

出："计算机最深刻的美学意蕴是，我们被迫摒弃关于艺术与现实的古典观念，那些观念坚持认为人站在现实之外是为了观察现实，而在艺术中，则要求有画框和雕塑基座。艺术可以从日常环境中分离出来的观念是一种文化定势，也是科学客观性的理想。计算机可能将通过融合观察者与被观察者、融合'内部'与'外部'来取消对这种幻觉的需要。"① 卢曼和伯纳姆是同代人，比起计算机技术的具体影响，他更加关心在系统思维的基础上更新社会理论等更大的项目，并对法律、宗教、爱情、大众传媒、风险，当然还有艺术和文学等各种各样的系统现象进行了专门的理论描述。② 卢曼的关注焦点之一是现代性的本质。他内心有一条公理，即社会系统论主要是一种对现代性的解释，并认为在功能上它不同于前现代社会早期的区隔式或分级式的社会形态，那时甚至不存在什么社会系统。

111

卢曼对综合达尔文主义者（synthetic Darwinist）的进化观进行了一些耳熟能详的批评。然而，与前面讨论的大多数研究者不同，他将进化作为他的核心概念。事实上，他的系统理论被认为主要是用于理解社会系统的进化论，其中包括艺术。他的主要作品《艺术作为一种社会制度》关注的是现代艺术制度的出现，他主张，"对艺术的描述、新文化观念的出现、艺术作为文化的教化方式，必须理解为进化的结果。"③ 在详细研究这一问题之前，有必要探

① Burnham, "Aesthetics of Intelligent Systems," p. 103. For a critical discussion of Burnham, see Skrebowski, "All Systems Go."

② In addition to *Art as Social System*, see Luhmann, *Risk*：*A Sociological Theory*；*Love as Passion*；*Reality of the Mass Media*；*Law as a Social System*；and Systems *Theory of Religion*.

③ Luhmann, *Art as a Social System*, p. 213.

索卢曼的一般社会系统理论，因为这一理论与进化概念密切相关。

社会系统的概念

按照卢曼的说法，生物系统由电信号、化学交互作用和能量交换组成，而社会系统则由交际构成，特别是个体间的交际。"社会是一个意义构成系统"，它的基础不是社会主体，而是它们之间的循环交际网络。① 一个社会系统的运作应该被视为"事件集合而已。它们不能持久，也不能改变。它们在同一瞬间出现和消失，所需的时间不超过一个要素履行功能所需的时间。"此外，一个社会系统除了在要素事件层面上，没有现实可言。卢曼认为，这取决于"社会系统要素的持续分解、要素间交流的瞬时性本质以及一种无所不在的熵②"。③ 因此，与强调制度或结构对个体社会行为起决定作用的社会理论相比，卢曼坚持把基本的交际事件放在首位。④

这些事件与人类行为主体的有意识行为是解耦的（uncoupled）⑤，这种不耦合源于人类意识是一个独立的系统——心理系统（psychic systems）"位于所有社会系统之外"——因而，唯有通过交流，每

---

① Luhmann, *Theory of Society*, p. 21.
② 熵：entropy，热力学的重要概念，和压力、温度、体积一样，是热力学的一个基本参数，但不易被察觉，"不可逆性"是熵的核心要义。
③ Luhmann, *Art as a Social System*, p. 49.
④ Luhmann, *Social Systems*, p. 49.
⑤ 解耦的：uncoupled，解耦就是用数学方法将两种运动分离开来处理问题，常用解耦方法就是忽略或简化对所研究问题影响较小的一种运动，只分析主要的运动。——译者注

个个体才能成为社会系统的参与者。① 这并不意味着个体与社会毫无关联，社会和心理系统已经共同进化，相互依赖。实际上，正是因为心理系统与社会系统是分离的，因而产生了一种交际的冲动。正如卢曼所说，"因为闭环运行锁住了通往其他人的内在生命、想象和思想的大门，其他人就把我们囚禁起来，成为一个永恒的谜。这就是为什么其他人的经验比任何自然经验都要珍贵。"② 然而，无论是人类，还是他们的大脑，或者他们有意识的头脑，都无法相互沟通。"只有交际行为才能实现沟通"，交际是在与其他交际行为的循环关系中生成的。③ 因此，沟通永远不是进入内在自我的一扇窗户，因此总是对破坏、误解和怀疑敞开大门。这将一个中心主题导入了卢曼的作品之中，即意义的失败或中断，因为"一旦卷入交际，就永远无法回到清白灵魂的天堂……真诚（sincerity）本身是不可交流的，由于交流它变得不再真诚……因此，交际活动释放出一种破坏性的、普遍的、不可补救的怀疑。"④ 在这方面，卢曼和他的作品评论者都注意到了他与雅克·德里达思想的相似之处，尽管两者视角略有不同，他们都发现了大他者（Other）意义和呈现是有问题的。⑤

　　这种疑虑不仅是出于大他者保持封闭状态的事实；它也与卢曼思想体系中"意义"（meaning）的概念有关。卢曼借鉴了克劳德·

---

① Luhmann, *Social Systems*, p. 265.
② Luhmann, *Art as a Social System*, p. 13.
③ Luhmann, *Theories of Distinction*, p. 169.
④ Luhmann, *Social Systems*, p. 150.
⑤ Luhmann, "Deconstruction as Second Order Observing," *New Literary History* 24, no. 4 (1993), pp. 763-782; Andrew Koch, "Niklas Luhmann, Jacques Derrida, and the Politics of Epistemological Closure," in Koch, *Poststructuralism and the Politics of Method* (Lanham, Md.: Lexington Books, 2007), pp. 43-62.

香农（Claude Shannon）① 和沃伦·韦弗（Warren Weaver）② 的交际理论，用一个非常具体的定义，将"意义"界定为对其他可能性的一种过剩注解（a surplus of references）。换句话说，一个含义丰富的客体占据着注意力的中心，但同时，所有其他可能性（以及它们的否定方面）都被标示为一种方向，一个经验性的"等等"，正如卢曼所描述的那样。因为潜存的方向总是不仅仅包含着任何时刻的某种具体可能，所以必须作出选择；因此，对卢曼来说，意义的结构催生出下一个步骤、下一个选择，但同时这意味着意义永远无法确定。引用卢曼的表述，"意义给实际经验或行动赋予了冗余的可能性"，结果导致"意义只能通过引用某些其他意义来获得实际的现实（actual reality）。"③ 事实上，总是有其他的可能性导向一个更深刻的主题：未然性和偶然性。一个不同的意义总是可以备选的，这一事实潜在影响着卢曼对艺术的理解，因为"艺术作品指引着旁观者的觉知朝向它不可能出现的地方。如果注意力被吸引到诗歌的构建方式上，那仅仅是因为它们看起来不太可能实现。"正是这种不安驱动着交流，因为人们必须作出一个选择，即使选择的范围介于简单的肯定和否定之间。事实上，即使是后者也是意义参照系的一部分。否定只是选择的各种可能性之一，没有任何更高级的意味，因为"意义总是指涉意义，绝不染指其他东西。由此，附着于意义的系统永远不能以摆脱意义的方式来体

113

---

① 克劳德·香农（Claude Shannon），1916—2001年，美国数学家、电气工程师和密码学家，被称为"信息论之父"。——译者注
② 沃伦·韦弗（Warren Weaver），1894—1978年，美国科学家、数学家和科学管理者。——译者注
③ See the extended discussion in Luhmann, *Social Systems*, pp. 59–102（quotations on p. 60, 61）.

验或行动。"① 因而，无意义是一种特殊类型的意义，因为对意义
的否定总是含义丰富的。

　　这是卢曼的"意义"理论给"选择"赋予的主要作用，并使
得进化论成为一个中心议题。对于大多数社会理论家来说，卢曼最
主要关切的问题之一是社会如何生产和复制自己，他用进化论来制
定解决方案，在进化论中存在变异（由可能性视界提供的过剩注
解）、选择及平衡（特定选择的重复）。然而，在使用这一类比时，
卢曼也明显不完全相信许多社会科学家（特别是社会达尔文主义
者）所阐述的进化论，即关于起源的理论。相反，在重复使用
"变异—选择—平衡"这三位一体的术语时，卢曼提出了进化论的
任务：解释选择和平衡是如何发生的。具体来说，"对于历史的进
化论式的理论分析……建立在某个问题的特定理论公式上……以便
解释当一个连续的，而非零星的、反复中断的交际活动得到保障的
情况下，某个高水平的结构性复合体是如何发展的。"与未然性
（improbability）主题相关，这意味着进化论以及系统论的任务，总
的来说就是解释不可能的事情如何变得越来越可能。这个理论是通
过探索系统内的循环交互作用来实现的，这种交互作用逐渐对存在
于其他系统的偶然可能性施加越来越多的限制。因此，即使是最有
筹谋的行动——例如艺术作品的创作——都是对世界进行专断式
"切割"的开始，但随着作品开始成形，进一步的选择逐渐"收
紧"作品，并且采取下一步行动时，创作者的自由就更加受到限
制。② 以上论述让我们想起经典进化论中的路径依赖（path de-

---

① Luhmann, *Art as a Social System*, p. 126, 62.

② Luhmann, *Art as a Social System*, p. 213, 216.

pendency）的观念。在路径依赖中，潜在的变异范围受到基因组或有机体的前置状态的限制。

卢曼批判了作为历史分析术语的进化论，这明显地表现在他对两种方法论之间的关系的论述中。① 然而历史是关于因果解释和时间序列的，"进化论描述了许多个体化运行过程中，时时刻刻在进行自我复制的系统……所有这些都发生在当下和同时存在的世界里……这样一个系统不需要历史。"② 社会文化进化论没有解释起源问题，也没有对"社会变化的'特定'历史过程的因果规律"作出断言。相反，进化应该被看作是系统中变革的一种形式，它主要取决于变异、选择和平衡的功能分野，然后通过各种不同的机制加以监督和组合。③

我已经阐明用进化论方法解释历史现象是一种错误的尝试，卢曼恰好提供了佐证。事实上，他明确地质疑了进化论是一种起源论，因为"作为进化的结果，变异假设一种先验状态，它非常稳定足以消纳变异。"④ 除了进化论设想的时间范围不容易纳入艺术史家的历史框架之外，卢曼在这里暗示，从进化的角度来看待历史（和艺术史）就是误解进化的意图。因为"进化论的这一流派最关心的是解释在长期停滞或渐进增长后突然爆发的不连续性和结构变化。"⑤ 例如，进化论可以解释旧石器时代创造力的勃兴，但不能解释视觉艺术随后的发展，因为这超出了它的范围。

与其他系统理论家一样，卢曼对适应的观念持批评态度。与史

---

① See Luhmann, "Evolution und Geschichte."
② Luhmann, *Theory of Society*, p. 343.
③ Luhmann, "Evolution und Geschichte," p. 288, 286.
④ Luhmann, "Evolution und Geschichte," p. 236.
⑤ Luhmann, *Art as a Social System*, p. 218.

蒂芬·杰伊·古尔德的观点相呼应，他认为无数变异根本没有适应功能。此外，显然"适应的"形式与其他似乎毫无变化的形式可以共存："有些生物显然可以在数百万年内保持不变，而其他生物则在适应环境压力的过程中进化，这也令人恼火。"他认为，进化论必须提供一个解释，即为什么有些有机体不受环境选择压力的影响，而其他有机体的进化却受到环境驱动。借助适应，自然选择理论也不能解释表面看起来"不良适应"的形式和实践的出现。这里关键的一点是，"不良适应"可以用它们在所属系统运行中的作用来解释："因此，不能指望进化能稳步改善幸存者的适应能力……只要系统的自动生殖不被中断，就可能出现越来越多的大胆的不适应。"事实上，卢曼援引一些昆虫产生了对滴滴涕①的抗药性，认为一些"适应"似乎发生在环境压力出现之前，事实证明它们非常适合应对环境压力。②

　　以上，系统论的基本前提成为批评达尔文进化论的理论基础，即系统是由它们的自生成活动构成的，当它们与环境相互作用时，这种相互作用的性质（卢曼称之为"异质参照"）由它们内部运行而决定。③ 因此，他认为"艺术的进化是它自身的成就。这既不是外部干预造成的，也不是个别艺术家的自发创造力，更不是各种达尔文主义理论所假定的社会环境作出的一种'自然选择'。"④ 尽

115

---

① DDT，化学名为双对氯苯基三氯乙烷，有机氯类杀虫剂。——译者注
② Luhmann, *Theory of Society*, p. 268, 269.
③ As Luhmann states in *Social Systems*（pp. 349-350），"The primary question then becomes: With which semantics does the system determine the distinction between system and environment, and how does this semantics affect the processes of information processing and what necessities of adaptation appear in consequence against the backdrop of the system?"
④ Luhmann, *Art as a Social System*, p. 235.

管卢曼对此做了更详细的阐述，但是自贝塔朗菲以来，这一立场已经为人熟知。一个系统的环境可能是其他系统，一个特定系统可能与其他系统（例如，法律与政治系统之间）相互作用，这种现象被系统论描述为"结构耦合"（structural coupling）①，但这种耦合可能对系统内部运行带来的变化将由系统本身决定。因此，心理系统和社会系统在结构上是耦合的，但意识对交际没有施加任何作用。②

现代性与艺术体系的进化

进化论的概念是卢曼思想的核心。③ 然而，由于他批判适应性，强调系统自动生成活动的作用，区分进化过程和历史，这都与先前的进化论研究有着根本区别。关键问题是进化论运用于具体艺术问题时，有何意义？进化论在卢曼的艺术理论中发挥什么作用？

为了回答这个问题，首先必须将卢曼的社会系统理论视为一种现代性理论，并在更开阔的理论视野中考察艺术系统的地位。他的基本论点是，现代社会由许多功能分化的系统组成，如艺术、教育、科学、政治和法律。这些功能分化系统从先前的分层欧洲社会中产生，是一种功能化的、组织化的现代性。与作为交际系统的社会系统论相一致，功能主要是一个语义术语。卢曼具体表述为："一个功能就是一个比较的焦点。它标示出一个问题……以这样一

---

① 结构耦合（structural coupling），两个系统之间相互作用的关系。——译者注
② Luhmann, *Theory of Society*, p. 57.
③ See in particular the chapters "Evolution," in *Theory of Society*, pp. 251–358, and "Evolution," in *Art as a Social System*, pp. 211–243.

种方式，可以比较多种解决方案，并且问题仍然向更深入选择和替换保持开放。"① 换言之，每个社会系统都有一个特定的主题——卢曼称之为"代码"（code）——它提供了一个有条理的交际网络。代码约束着选择过程，防止交际活动变成随机的过程，从而实现结构性价值。

既然艺术是现代社会的一种制度，一个至关重要的问题是，它 116 如何区别于其他制度。卢曼的回答是，艺术通过把有意义的交际问题主题化，特别是把意识知觉的非交际领域和社会交际领域的关系主题化，来实现自己和其他制度之间的区分。为了做到这一点，"艺术利用知觉在自身外在化活动的层面上抓住意识。因此，艺术的功能在于将原则上不可交流的东西——即感知——整合到交流网络中。"最直接的是，它涉及知觉的干扰，因为在正常情况下，知觉是在视觉经济学原则的基础上运行的，常常"忽略视野中的某些事物。看即是忽略。"艺术将知觉引向被忽略的对象，因为"一旦我们被警告，我们就开始注意"。虽然这一说法似乎与视觉艺术关系最密切，但也适用于文学，文学中的文字即是媒介。因此，在诗歌中，内涵控制着外延，诗歌并不通过语词命题进行交流，而是"借助于词语形式的相互限定性注释的修饰结构"。具体是通过意义、声音和节奏的组合来实现的，其中文字的感官感受性起着核心作用。通过这种方式，文学"旨在破坏自动化和延迟理解"。② 因此，在对意义的自动模式的成功破坏的过程中，再现技巧在其自身中成为终点。

卢曼对艺术的解释主要是一种现代性艺术理论，它围绕偶然事

---

① Luhmann, *Art as a Social System*, p. 138.

② Luhmann, *Art as a Social System*, p. 139, 141, 23, 25.

件展开。所有的社会制度都是有条件的，但现代性和现代艺术的鲜明特征是对自身条件的反映。这种取向在卢曼的新价值观中也很明显。他认为，艺术系统仅仅重复先前的交际活动是不够的；如果这样，它只会分解为"关于艺术质量和价格、艺术家私生活和个人成败的一般社会交际活动"①。相反，新交际和艺术上的新东西必须被生产出来，它们不仅传递自身信息，而且能传达与其他交际和艺术品相关的信息。尽管直到 20 世纪，这种自我反映才成为艺术的决定性特征，但据卢曼估计，18 世纪和 19 世纪已经有许多先兆，引导了艺术作为功能分化系统的出现。浪漫主义提供了一个有

117 力的证据，他认为，对意识和交际的不一致性的关注可以从象征化的浪漫主义哲学中找到，也可以在格鲁吉亚的花花公子（Georgian dandy）② 和现代派的唯美主义者的自我审美化中寻到踪迹。③ 书信体小说也是这一原则的一个重要例证，因为它呈现了"写作可以作为一种表现'缺席'的形式"，从而使话语与说话者的在场之间实现耦合，成为说话者的直接真相的来源。书信体小说因此呈现出"无法与理性结合的转瞬情感"，凸出了心灵和社会系统的不一致性。这种现象象征性地呈现在书面通信这类公共媒介中。④ 在对双重现实的浪漫迷恋中，偶然事件的前景（the foregrounding of contingency） 是可见的，即假定现实中可能存在另外一种情况，而这一

---

① Luhmann, *Art as a Social System*, p. 50.

② 格鲁吉亚的花花公子（Georgian dandy），特别重视外表、文雅言辞和悠闲爱好的人，通常与英国国王乔治四世（1820—1830 年）统治时期有关。——作者注

③ See Luhmann, "Weltkunst," p. 7.

④ Luhmann, "Redescription of 'Romantic Art,'" p. 514.

点在多潘格尔（doppelgänger）① 的形象中得到了表现，从中"知情的读者可以推断，作者把自己分成了两个不同的角色（personae），彼此交流。正如施莱格尔所说：'没有人能了解自己，除非他既是自己又是另一个人'……在这种情况下，一个人可以利用同一性的消解，将自我反省的困难和失败表现为一种自我沟通问题。"②

　　虚构（fiction）对艺术和文学的重要性也是卢曼理论的一个重要方面。虚构不仅仅给世界增添新东西，它与现实有着非常特殊的关系，因为，"每一个修正某物的决定都会转移人们的视线……并吸引人们对可能已完成的或者将要进入视野的事物的注意。"③ 换句话说，虚构吸引了人们注意到被放逐之物，因而，"艺术表明了潜在视野无法穷尽，进而它打开了与现实之间的没有束缚的距离。"④ 卢曼特别声称："艺术的想象界提供了一个观察点，从那里可以将其他事物确定为现实。如果没有这些不同的标记，世界将会平淡无奇。只有当'在那儿的'现实与虚构的现实相区别时，一方才能从对方的角度来观察它。"⑤ 然而，这比艺术仅仅给现实提供想象替代品的想法更危险，因为这种虚构性和双重性与艺术的社会功能密切相连：

　　艺术系统作为一个榜样型的范例在自己的领域里完成交往活动，它展示出事物的本来面目。它在社会开始区分单个功能

① 多潘格尔（doppelgänger），指的是任何在身体上或者行为上与另一个人相似的人。——译者注
② Luhmann, *Art as a Social System*, p. 287.
③ Luhmann, "Weltkunst," p. 14.
④ Luhmann, *Theory of Society*, p. 210.
⑤ Luhmann, *Art as a Social System*, p. 142.

系统时，以及放弃这些系统而自主地自我调节时，显示了交往活动的状态。艺术生动诠释了某种情势："未来"无法获得"过去"的担保，变得不可预测。操作性的闭合、偶然性的解放、自组织机体、多重语境、自我描述的超复杂性，或者可以更简单、更准确地表述为：多元主义、相对主义、历史主义——所有这些趋势只不过为现代性的结构性命运提供了不同的剖面图。①

这种双重性也有其他后果。由于意义是由现实和非现实的可能性之间的差异所驱动的，因此意义结构中包含了双重现实。此外，"因为每一个方向都包含着双重可能，世界就会逐渐变得无穷大和无穷小。在现代世界观中，这似乎表现为对所有外部边界的扬弃，和对所有元素、所有点位的消解，而那些元素和点位也可能是消解停止的地方"②——因此，现代人全神贯注于崇高这一范畴，认为它是主体的紊乱点。这种对偶然性的主题化与前现代艺术的对立，后者把世界及其表现形式视为既定事实。卢曼认为，文艺复兴时期的透视法具体呈现了更古老的本体论，因为布鲁内莱斯基的发明（invention）仅仅是为了复制观众通常如何看待世界，"这是一种（不可见的）引诱他们这样做的手段。"③ 直到后来，透视法本身才成为被关注的对象，具有自我觉知（self-aware）的形象，正如

---

① Luhmann, *Art as a Social System*, p. 309. As David Roberts has noted, the functional role of art lies in its "capacity to symbolize the conditions and consequences of functional differentiation on the level of society." Roberts, "Paradox Preserved," p. 65.

② Luhmann, *Art as a Social System*, p. 90.

③ Luhmann, "Weltkunst," p. 9.

维克多·斯托伊奇塔（Victor Stoichita）① 所说，前景透视是一种技巧。这里与第一章中关于透视法的讨论有相似之处。第一章强调了透视成为一个自主系统的具体路径；即使它最初映射出知觉——这是一个备受争议的观点——但后来它为感知其他东西提供了机会。

在讨论艺术时，卢曼运用了许多具体的历史案例，但由于他只分析结构变化和不连续性，因而不能将他的作品当作历史社会学著作看待。这与他的进化论观念是一致的。因此，《艺术作为一种社会制度》的目的并不在于梳理18世纪以来的有关艺术和文学的社会史，而在于解释艺术制度的出现，其中包括，具体的艺术和文学作品在更深层次的制度变迁中，发挥的指示器作用。卢曼运用进化论的时候出现了一些悬而未决的紧张和矛盾，这有待进一步分析。一个特别的因素使他对不一致性的指摘保持接纳的态度，那就是他对所谓的前适应优势（pre-adaptive advances），或者说是对艺术的社会系统出现的触发条件的讨论。装饰作为艺术系统出现的前兆具有特殊的意义："可以说，一种习惯模式呼唤着变异。一个小小的改变就产生了后果；它需要深入详细的阐述和补充，否则它必定因为不适宜而被消除——而这在无数或成功或失败的尝试中反复发生，这些尝试也可能建立一种传统或使之灭亡。"甚至在自主艺术的概念出现之前，卢曼认为，围绕着"我该怎么做？"这个问题，装饰需要一个递归的自我观察过程，这不能借助环境来回答，而与以下事实有关："艺术品需要在无外部导向的情况下抉择何者适合

119

---

① 维克多·斯托伊奇塔（Victor Stoichita），瑞士弗里堡大学艺术史教授。——译者注

（美丽）？何者不适合（丑陋）？"卢曼还从更为传统的社会学角度解释了艺术制度的兴起。他认为，中世纪欧洲的分层社会有利于发展出功能分化的艺术，那时候的艺术家社会地位获得提高。此外，15世纪意大利半岛上法院（rival courts）和城邦之间的对立竞争，以及新教与天主教（Protestantism and Catholicism）的分离，改变了艺术与宗教真理之间的关系，从而有利于艺术世界的崛起，使之与教会分道扬镳，不再屈从于教会。①

尽管他全然否认历史解释，但以上阐释似乎都来自历史层面，这正是重重问题的一个开端。卢曼声称，他并不提供艺术系统起源的因果关系，而仅仅是确认了它的有利条件。但人们尚未清楚"有利条件"到底是什么意思，这些条件是如何更容易使艺术系统出现的？为什么这些条件而不是其他条件是有利的？他的理论没有回答这些问题，有时似乎仅仅提供了某些普遍的社会文化现象和艺术系统定型之间的关联性评论。

这可能使我们想起萨林斯对进化论的批评，因为卢曼的解释似乎只确认了可能性和可能性的极限。此外，他没有指出各种有利条件之间的关系。例如，尚未清楚其中哪一项比其他任何一项更为意义重大并具有决定价值。这显然限制了其方法的解释力，也很难确定系统论如何为一个熟悉的学科提供新的理解方式。例如，文艺复兴时期的社会分层性质使艺术得以兴起，尽管所用术语不同，却不过是艺术史上的老生常谈。② 他列出的许多其他因素，也同样期待在文艺复兴和后文艺复兴艺术的规范性总体研究中表现出特色。

① Luhmann, *Art as a Social System*, p. 227, 154, 237.
② See, for example, Martin Warnke, *The Court Artist: On the Ancestry of the Modern Artist*, Cambridge: Cambridge University Press, 1993.

还有其他难题。卢曼凭借强大的二元逻辑对系统理论和历史发展作出区分，一个系统要么存在，要么不存在，这与先前对"适应"的更广泛的批判有关：要么系统是适应的，并且在运行中，要么它因不适应而终止。正如卢曼所说，"自主性不允许折中或者分阶；不存在相对状态，不存在'差不多'的自主系统。系统要么生产它的元素，要么不生产。"① 它可以进化，重新划定自身的边界（从而重新定义它的环境），或者经历结构变化，即代码和程序的变化，但是一个系统不可能存在中间或过渡阶段。卢曼坚持系统与非系统的绝对区别。这种区分有严格性和一致性，它回顾了伍克提斯和瓦雷拉关于"适应"的评论，但鉴于卢曼对各种"前适应"进展的仔细探索，提出了一个明确的问题：在什么阶段上，人们可以把艺术说成是一个完全自主的社会系统？在什么临界点上，这些前适应发展融合成一个正常运作的系统？如何区分使艺术自主的各种有利社会因素和艺术系统本身？这不仅仅是修辞问题，还触及了系统论作为可行的历史分析概念框架的核心要义。卢曼没有给出任何提示来说明如何回答这些问题。他在不同场合表示，艺术系统的兴起发生在"1800 年左右"，与浪漫主义有关，但他没有识别出任何构成决定性突破的因素。

康德的《判断力批判》(1790 年) 的出版可能是一个候选项，它不仅符合卢曼的时间预设，而且在审美判断和纯粹的、实践的理性之间作出了至关重要的概念区分。卢曼确实认为德国美学的传统为艺术自主性提供了一个重要的理论阐释，但他也同样重视哈奇生

①　Luhmann, *Art as a Social System*, p. 157.

120

（Hutcheson）① 和夏夫兹伯里（Shaftesbury）② 的前批判美学。③ 此外，由于这一体系主要是借助艺术作品运作的，康德的《判断力批判》无法回答其中奥秘。当艺术作品被确认为一个自主艺术系统的支点上的元素和产品时，问题变得更加模糊不清。例如，卡拉瓦乔或丁托列托（Tintoretto）④ 的绘画按理说是艺术自我觉知（art's self-awareness）的例证。艺术自我觉知成为该体系的一个重要特征，因为它们不仅描绘宗教真理，而且质询描绘宗教真理的艺术方法。然而，同样地，他们可能仅仅被视为先兆，因为他们的艺术目标仍然屈从于揭示宗教真理。为了确定它们在结构上的归属，有必要提供一种启发式方法来区分它们工作的这两个方面。我们可以举出这样一个例子，他们是与艺术实践的脉络格格不入的杰出艺术家，谈论一个艺术系统还为时过早，因为艺术的许多其他特征都植根于意大利文艺复兴时期平静的分层社会。同时，由于从来没有完全清晰的断点，这样的解决方案将表明系统的识别依赖于定量演算。基于这样的观点，只有恰好在艺术表达的临界量（critical mass）发生时，艺术系统（或某种系统）才会出现。我们也可以探寻植根于其他地方的艺术品的状况。目前尚不清楚如何对欧洲各

---

① 哈奇生（Hutcheson），1694—1746 年，苏格兰哲学家，苏格兰启蒙运动的奠基人。——译者注

② 夏夫兹伯里（Shaftesbury），1671—1716 年，英国伦理学家、美学家。——译者注

③ See Francis Hutcheson, *An Inquiry Concerning Beauty*, *Order*, *Harmony*, *Design* (1725)(The Hague：Martinus Nijhoff, 1973)；and Anthony Ashley Cooper, Earl of Shaftesbury, *Characteristics of Men*, *Manners*, *Opinions*, *Times* (1711), ed. Lawrence E. Klein (Cambridge：Cambridge University Press, 2000).

④ 丁托列托（Tintoretto），1518—1594 年，意大利画家，文艺复兴运动的主要代表。——译者注

地的地方教堂中的无数祭坛画进行归类，这些祭坛画一直被视为对圣徒、圣母或基督的虔诚描绘，它们的动机都不是自主艺术所关切的。按照卢曼论证的逻辑，它们被新兴的社会艺术系统抛在身后，变得与社会无关——这是一个非常值得怀疑的结论，因为它依赖于社会发展的隐含目的意象（teleological image）。

强调系统与其出现之前的状态的绝对差异，是对达尔文进化论观念的重大背离。达尔文把进化描述为一个连续变化的进程，在这个过程中，随着时间的推移，小规模变化可以实现大规模的累积效应，而卢曼坚持认为，不能把系统的出现理解为这样一个过程的结果。基于这样考虑，他的思想与奈尔斯·埃尔德雷奇（Niles Eldredge）① 和斯蒂芬·杰伊·古尔德的生物学著作存在一定的相似性，他们提出了间断平衡（punctuated equilibria）② 的概念，把进化想象成偶尔会经历迅疾破坏性变化的阶段——突变说③（saltationism）。④ 但是也有一些重要的区别，因为古尔德主要关注的是演进变化的节奏，而在卢曼的描述中却隐含着某些变化无法与进化框架兼容。系统在进化，但导致某个系统出现的过程却不受进化的控制，因为它处于任何单个系统的运行范围之外。卢曼没有说明这个过程是什么。从这个意义上说，他的理论受累于其他社会学家和文化学者的

---

① 奈尔斯·埃尔德雷奇（Niles Eldredge），1943 年— ，美国生物学家、古生物学家，1972 年与斯蒂芬·杰伊·古尔德（Stephen Jay Gould）一起提出了间断平衡理论。——译者注
② 间断平衡（punctuated equilibria），进化论术语，在化石记录中，谱系中长期的微小变化与短暂的相对快速的变化交织在一起。——译者注
③ 突变说（saltationism），生物学术语，一种关于突变导致新物种崛起的理论。——译者注
④ See Eldredge and Gould，"Punctuated Equilibria."

缺陷，包括福柯（Foucault）① 和布尔迪厄（Bourdieu）②，他们认为历史变化是一种范式的断裂和替代。③ 一个更有成效的比照点可能是托马斯·库恩（Thomas Kuhn）④ 的范式转换（paradigm shift）概念。大多数批判性的关注点都集中在科学史上被滥用的"范式"概念上，但这里的关键问题是，库恩认为：当达到某个临界点时，范式的转变是在内部激发的。因此，作为"日常"科学的一部分，无论有多少辅助理论被召唤来支撑现存的知识体，被收集起来的经验性见解和观察的堆积体都无法与现有的范式兼容。⑤ 这一理论提出了进化的变异、选择和平衡与系统变化的准进化过程（para-evolutionary process）关联起来的可能性，例如，变异的绝对数量可能会压倒系统的选择和再平衡的能力。但卢曼并没有探索这个选项，他对进化的解释因此被悬而未决的缺陷所削弱。

最后一个基本问题需要批判性的质询：选择的性质。卢曼把他的系统理论建立在变异和选择的进化论支柱上。社会系统通过大量的交际活动产生各种各样的形式，其中，许多可能是微不足道的，但如果重复选择，其中一些可能会改变艺术系统的结构。卢曼拒绝适应，这严重限制了其方法的解释力。他毫不含糊地说："艺术的进化……不可能是外部干预造成的——既不是艺术家个体的自发创

---

① 福柯（Foucault），1926—1984 年，法国著名哲学家、历史学家，主要作品有《疯癫与文明》《词与物》等。——译者注
② 布尔迪厄（Bourdieu），1930—2002 年，法国著名的社会学家、人类学家、哲学家，主要作品有《区隔：对品味判断的社会批判》等。——译者注
③ See, for example, Foucault, *Order of Things*; Bourdieu, *Rules of Art*.
④ 托马斯·库恩（Thomas Kuhn），1922—1996 年，美国物理学家、历史学家和哲学家。主要作品有《科学革命的结构》等。——译者注
⑤ See Kuhn, *Structure of Scientific Revolutions*.

造，也不是社会环境的某种'自然选择'。"① 这种不妥协立场导致了对解释的还原，即存在着各种选择，没有一个理论解释清楚为什么某些变异可能被选中，而非其他。

卢曼对"适应"持批判态度，这确保了他免受先前讨论过的各种对文化适应理论的批评，但他的替代方案没有考虑到（以因果关系方式？）某些契机比其他契机更重要的各种因缘要素。正如约翰·明格斯（John Mingers）② 所说，"从分析角度看，交际激发交际是一回事，但从实际操作层面看，交际需要人们采取特定的行动，并作出特定的选择。"③ 因为人们在不同的系统之间规定着联系，所以特定选择的原因可能在系统本身之外。因此，艺术作品的制作可能有许多宗教的、道德的、审美的和政治的原因；此外，它们还可能是由心理系统的某些运行规律（个体主体的人格和心理倾向）造成的。关键在于，创作它们的原因不在系统自身的运行之中。也许有人反对明格斯试图捍卫的恰是卢曼想要抛弃的这个哲学主题。但卢曼理论的一致性的代价是，他坚持系统论并不是为了提供因果解释，而是它提供了一种实证主义备案，即在任何社会系统的无数变异中都存在选择，但缺乏任何深度的分析。

系统论与艺术分析

123

截至目前，我一直聚焦于卢曼。在艺术系统理论的分析领域

---

① Luhmann, *Art as a Social System*, p. 235.

② 约翰·明格斯（John Mingers），肯特大学肯特商学院教授。主要研究领域为软系统方法论（soft system methodology）、调查方法、文献计量学、现象学等。——译者注

③ Mingers, "Can Social Systems Be Autopoietic?," p. 290.

里，把他当做理论上最成熟的代表人物。然而，也不乏可与之比肩的尝试者，其中许多都来自文学理论和批评界，但也有一些更直接地关注视觉艺术。① 最雄心勃勃的是比特·维斯（Beat Wyss）②，他描绘了艺术系统发生的图式化提纲，重申了卢曼的许多基本思想。维斯将视觉符号归纳为三叠发展史（a threefold history）——宗教象征（cultic symbol）、修辞符号（rhetorical icon）、机械索引（mechanical index）——并试图将这一历史过程映射到艺术作为一个自主的社会系统的出现上。维斯认为，当艺术发展成为一种具有自我意识的传统，并且其自身主要参照标准——艺术的网络——优先于它呈现神圣启示和真理的功能的时候，它就开始存在了。从艺术家概念的出现、行会制度的衰落以及风格自觉的兴起中，这种转变的标识可以得到确认。他认为，这种新的自我意识的第一个例子是 12 世纪初拜占庭艺术的形象涌入欧洲。"从拜占庭到拜占庭主义的这一步使人们有可能把图像看作形象"；它们的他异性（alterity）驱使人们产生了艺术性差异的意识，因此"获得一种外来的绘画公式代表着艺术体系的起源"。③ 维斯与卢曼的解释略有差异，他设定的艺术系统出现的时间比卢曼早了一个半世纪，他的其他例证也不尽相同，但在总纲当中，基本叙述是相同的，尽管包含了汉

---

① Systems theory gained a particular hold in literary theory and criticism in the 1990s in Germany. See, for example, Schmidt, *Selbstorganisation des Sozialsystems*; Werber, *Literatur als System*; Plumpe, *Epochen moderner Literatur*; and Schmidt, *Histories and Discourses*.

② 比特·维斯（Beat Wyss），主要著作有《黑格尔的艺术史与现代性批判》（1999年）。——译者注

③ Wyss, *Vom Bild zum Kunstsystem*, p. 125.

斯·贝尔廷（Hans Belting）① 的再现史观念。② 维斯勾画了一个规避传统艺术史的新的历史分期方法。虽然文艺复兴时期仍然保留了艺术风景画的一个重要特征，但他认为文艺复兴缺乏人们通常附加给它的划时代意义，因为艺术体系只是在此后的相当长的时间里才完全出现，而其促成因素可以追溯到大约 150 年前。

　　基蒂·齐尔曼斯（Kitty Zijlmans）③ 也考察了系统论的艺术史意义，特别是对于重新思考艺术史的结构原则的潜在价值。④ 齐尔曼斯聚焦于这个事实：在卢曼的交际理论中，每一个社会系统都是通过特定的二元交往代码来识别的，这些代码带有正、负两套术语，一起驱动着交往活动。因此，经济系统围绕着支付/不支付这一交往主题，法律系统围绕着正义/非正义，艺术系统围绕着美/丑。⑤ 最后一个区分并非退缩到问题重重的形式主义，它只是卢曼的简洁注释：艺术体系围绕着审美二元体而不是道德二元体来构建的。齐尔曼斯强调代码的二元结构，但通过参考其他二元对立——如高与低、文明与原始、具象与非具象、艺术与媚俗——在引导艺术系统内的交流方面发挥同样重要作用的方式，来放大代码

124

---

① 汉斯·贝尔廷（Hans Belting），德国艺术史家，先后担任海德堡大学、慕尼黑大学艺术史教授。主要著作有《艺术史的终结?》（1987 年）、《现代主义之后的艺术史》（2003 年）等。——译者注

② In particular, Belting's *Likeness and Presence*.

③ 基蒂·齐尔曼斯（Kitty Zijlmans），在莱顿大学文化学科研究所从事研究工作，主要研究领域为艺术、文化研究、视觉文化等。——译者注

④ See Zijlmans, "Kunstgeschichte als Systemtheorie," in *Gesichtspunkte: Kunstgeschichte Heute*, ed. Marlite Halbertsma and Kitty Zijlmans (Berlin: Reimer, 1993), pp. 251-278; and Zijlmans, "Kunstgeschichte der modernen Kunst."

⑤ See Luhmann, "Self-Organization: Coding and Programming," in *Art as a Social System*, pp. 185-210.

的二元结构。① 齐尔曼斯的关键价值在于，通过风格转换（或者实际上通过其他定义不明确的社会政治标准）来代替有问题的分期，一个系统理论方法可以围绕在任何特定时代起作用的二元划分来组织艺术活动。

其他评论者则特别侧重于系统论对于理解现代艺术的意义。文化理论家大卫·克里格（David Krieger）② 认为，随着现代艺术的兴起，艺术系统的自主生成是显而易见的，因为艺术不再代表其他东西；它不再"指向艺术作品之外的某个主体"。③ 相反，在一篇引人注目的格林伯格式（Greenbergian）④ 解读中，克里格认为，艺术在面对某一媒介或"系统"的能力方面，指向了它反映的可能性的极限。⑤ 因此，"绘画、雕塑、音乐和诗歌表达了它们各自系统的潜力。"⑥ 继卢曼对新系统价值化（valorization）之后，克里格还认为，艺术的系统理论功能在于创造新的形式："在西方文化中，信息生产被称为'创造'或'创新'。在我们的文化中，有一种新的文化分娩，即把孕育新奇事物的任务分配给特定的社会领

---

① Zijlmans, "Kunstgeschichte der modernen Kunst," pp. 67-68.

② 大卫·克里格（David Krieger），瑞士卢塞恩交流与领导研究所所长。——译者注

③ Krieger, "Kunst als Kommunikation," p. 68.

④ 格林伯格式，Greenbergian。格林伯格（Greenberg），1909—1994 年，美国现代艺术批评家，抽象表现主义的主要推动者，最早地积极评价了波洛克的绘画。他强调艺术门类的"纯粹性"，"从每一种艺术的特殊效果中排除任何可能从别的艺术媒介中借来的或经由别的艺术媒介而获得的任何效果"（陈平：《西方艺术史学史》），主要作品有《艺术与文化》《自制美学：关于艺术与趣味的观察》（Homemade Esthetics: Observation on Arts and Taste）等。——译者注

⑤ See, in particular, Clement Greenberg, "Towards a Newer Laocoon" (1940), in Art in Theory 1900—2000, ed. Charles Harrison and Paul Wood (Oxford: Blackwell, 1993), pp. 562-568.

⑥ Krieger, "Kunst als Kommunikation," p. 69.

域。这一领域被称为'艺术'。"① 在信息社会中，艺术的中心目的是身份的转换，反之，身份政治（identity politics）不可避免地与艺术系统结合在一起。克里格认为，这一主张得到了证实，因为身份已经被动态的行为方式所组构，取代了一个以直接的、充分的和稳定的自我呈现式主体为标志的世界。② 最近，弗朗西斯·哈尔绍尔（Francis Halsall）③ 指出了系统论与阿瑟·丹托和乔治·迪基的艺术界的观念之间的相似之处。④ 根据这一论点，丹托对现代艺术界（包括艺术品、艺术家、经销商、画廊、评论家和博物馆）的实践和制度网络的描述与艺术系统之间有着紧密的亲缘联系。⑤ 丹托运用黑格尔哲学讨论沃霍尔（Warhol）⑥ 的《布里洛盒子》（Brillo boxes）成为高引用的文章，他认为沃霍尔是把艺术融入艺术哲学的重要代表，这促使人们将他与卢曼强调艺术的交往功能优先于其物质属性的观点相比较。⑦ 然而，哈尔绍尔指出，一次系统理论分析也可以渗透在对艺术作品的形式和图像特征的解读中。借鉴卢 125

---

① Krieger，"Kunst als Kommunikation，" p. 67.

② "The postmodern human is an orphaned subject of reflection，which，deprived of self-possession，desperately tries to go behind itself and，ultimately，to present itself performatively." Krieger，*Kommunikationssystem Kunst*，p. 151.

③ 弗朗西斯·哈尔绍尔（Francis Halsall），都柏林国际艺术与设计学院近现代艺术理论与艺术史讲师（2008 年），主要著作有《艺术系统：艺术、历史与系统论》（2008 年）、《批判性共同体与审美实践》（合著，2011 年）等。——译者注

④ "The postmodern human is an orphaned subject of reflection，which，deprived of self-possession，desperately tries to go behind itself and，ultimately，to present itself performatively." Krieger，*Kommunikationssystem Kunst*，p. 151.

⑤ See Danto，"Artworld."

⑥ 沃霍尔（Warhol），1928—1987 年，美国艺术家，波普艺术的领导者。——译者注

⑦ Arthur Danto，"Approaching the End of Art，" in Danto，*State of the Art*，pp. 202-220.

曼对偶然性在艺术系统理论定义中作用的强调，哈尔绍尔考察了杰克逊·波洛克（Jackson Pollock）① 的滴画（drip painting）是如何体现这种偶然性的，因为"作品本身的特征是流动的而不是静止的，含混的而不是确定的"，它提出一种挑战，"必须面对一件不仅没有明确含义的艺术品，而且它也没有为确定任何此类含义而提出任何单纯且明晰的策略，而我们却要构建出有意义的内容。"②

萨宾·坎普曼（Sabine Kampmann）③ 最近的一部著作探讨了艺术与主体性的关系，她是艺术理论与批评领域的系统论的主要倡导者之一。④ 围绕克里斯汀·博尔坦斯基（Christian Boltanski）⑤、伊娃和阿黛尔（Eva and Adele）⑥、马库斯·吕佩尔茨（Markus Lüpertz）⑦ 和皮皮洛蒂·里斯特（Pipilotti Rist）⑧，坎普曼在卢曼的大系统理论的背景下，研究了这些艺术家针对"作者本质"提出的特殊思考，包括她将"艺术家形象"塑造为艺术系统的一项

---

① 杰克逊·波洛克（Jackson Pollock），1912—1956年，美国艺术家，以点滴画闻名，抽象表现主义的领袖。——译者注

② Halsall, *Systems of Art*, p. 128.

③ 萨宾·坎普曼（Sabine Kampmann），波鸿大学艺术史研究所教授，主要研究艺术、视觉文化等领域。——译者注

④ Sabine Kampmann, *Künstler sein: Systemtheoretische Beobachtungen von Autorschaft* (Munich: Wilhelm Fink, 2006).

⑤ 克里斯汀·博尔坦斯基（Christian Boltanski），1944年— ，法国雕塑家、摄影师、画家、制片人，以装置艺术而闻名。——译者注

⑥ 伊娃和阿黛尔（Eva and Adele），1989年以来一直活跃的德国夫妻艺术家。他们的工作即是表演：他们自称是来自未来的雌雄同体双胞胎，看上去一模一样（剃光头、穿裙子、化浓妆）。其中一个是男人，另一个是女人，但他们从不透露自己的真实身份。——译者注

⑦ 马库斯·吕佩尔茨（Markus Lüpertz），1941年— ，当代德国画家、雕塑家、作家、艺术教育家、爵士乐钢琴演奏家。——译者注

⑧ 皮皮洛蒂·里斯特（Pipilotti Rist），1962年— ，当代瑞士视觉艺术家，主要从事视频、电影和移动影像创作。——译者注

功能。例如，博尔坦斯基对显性虚构记忆的描述，使人们对记忆的可靠性以及对人格特征（personal identity）① 的概念都提出了疑问。除了性别认同外，伊娃和阿黛尔还质疑公共表演的自我和私人体验领域之间的区别。

这些解读表明了艺术和个人主观身份在当代实践中受到盘问的程度，因而人们只能赞同坎普曼的判断。然而，虽然她提出了一个卢曼主义的作者理论的大纲，但她的详细解读没有使他们的重要观点与她的宽泛的理论框架产生关联。他们也不需要这样做。她的观点在传统符号学、女权主义或文化唯物主义的阅读中不会显得格格不入。这一评述指出了艺术系统理论分析浪潮中一个更广泛的问题：使用系统理论似乎没有带来什么不同；相反，它主要提供了一个多余的理论术语层。这个问题在维斯的研究中很明显。用系统论的术语表述，它重复了当前艺术史上的正统观念，即艺术和审美价值观念的出现使艺术摆脱了它的神学角色，与之相伴，具有自我意识的独立艺术家职业的兴起，以及对典范之作的隽永含义的高度重视。同样地，哈尔绍尔对艺术系统的分析重复着艺术世界的现有理论，却没有显著地扩展，尽管他对波洛克作品所呈现的阐释性难题的生动描述可能是贴切的，但仍无法说明系统论提供了其他方法无法提供的大量解释。

理论问题

126

系统论批评主要集中在语用问题（pragmatic issues）上，但尽管极其复杂，卢曼的思想也受到了一些激烈的理论批评。尤尔根·

————————————

① 人格特征（personal identity），一个人独一无二的人格特征。

哈贝马斯（Jürgen Habermas）① 是最尖锐的批评者之一，对他来说，卢曼提供的不过是对官僚理性和程序的意识形态辩护。② 众所周知，哈贝马斯使用两种形象来描述卢曼的方法，第一种是"行政当局之间的官方文件流"，第二种是"鲁滨孙漂流记中的封装起来的单体意识"。③ 哈贝马斯提到行政当局意在影射卢曼早期公务员生涯，但这一形象远不止于针对他个人的嘲讽，因为在哈贝马斯看来，卢曼强调理性的功能基础（被认为是在任何一个系统的范围内的交往），使他丧失识别其要旨的能力，即理性已成为压迫性的"手段—意图"推理工具（means-ends reasoning）——自 1944 年阿多诺和霍克海默发表《启蒙辩证法》以来，对理性的批判已成为批判理论的基石。此外，哈贝马斯认为，交往外在于心理系统的看法严重限制了系统论的分析能力，这种观点认为"语言符号的功绩随着表达、抽象和概括前语言意识过程和意义联系而被耗尽"④。系统论已经不能解释主体通过语言实现社会化的过程，也没有工具来分析交往之间——关于语言表达的有效性，或意义与符号方面的主体间共享语境的有效性——的一致或冲突。哈贝马斯还认为，卢曼的原子化交往形象（由无数个体的转瞬即逝的事件组成）使其无法适应更高层次的交往和话语形式，其中最重要的舞台是公共领域。最后，由于交往仅仅由它在维持单个系统中的作用来定义的，因此无法用

① 尤尔根·哈贝马斯（Jürgen Habermas），1929 年— ，德国当代最重要的哲学家、社会学家之一，法兰克福学派的代表人物。主要著作有《公共领域的结构转型》（1962 年）、《交往行为理论》（1981 年）等。——译者注
② Habermas, "Der systemtheoretische Begriff der Ideologie und Systemtheorie als neue Form der Ideologie," in Habermas and Luhmann, *Theorie der Gesellschaft*, p. 267.
③ Habermas, *Philosophical Discourse of Modernity*, p. 378.
④ Habermas, *Philosophical Discourse of Modernity*, p. 380.

超越其功能性作用的方式来评价话语（意识形态）。

系统论的捍卫者可能认为，卢曼和哈贝马斯的立场毫不相干，以至于哈贝马斯的批评显得无关紧要。① 对卢曼来说，他对理想的言说情境或话语伦理怀有乌托邦式想象，具现了对某个消逝的中心充满挥之不去的渴望，而这个中心在一个多元语境的世界里已经站不住脚了。然而，哈贝马斯的批评仍然保持着牵引力，尤其是在面对人文学科使用系统论的时候。系统论可能因其概念体系的严谨性和普遍性而具有吸引力，但它拒绝采用规范立场（normative position），这就限制了它作为解释方法的重要作用。② 与女权主义、马克思主义或后殖民主义相比——它们不仅包括分析方法，而且包括对文艺经典生成过程的干预——系统论无法促成对该领域本质的辩论。对象选择是一个与系统论无关的问题，因此系统理论的方法把文化经典视为既定事实。如前所述，除了卢曼自己的作品中显然毫无异议地接受了艺术史的正统观念，对象选择还体现在日益增长的系统理论方法对于艺术和文学的分析，通常也都集中在公认的经典作品上。卢曼本人接受这些规范，导致一些观察人士——特别是弗雷德里克·詹姆逊（Fredric Jameson）③ ——指摘他不过是资本主义现代性的一个辩护者。④ 因此，尽管《艺术作为一个社会系统》

---

127

① See, for example, Leydesdorff, "Luhmann, Habermas, and the Theory."

② See Holub, "Luhmann's Progeny."

③ 弗雷德里克·詹姆逊（Fredric Jameson），1934 年— ，美国文学批评家、马克思主义政治理论家，主要著作有《马克思主义与形式》(1971 年)、《晚期资本主义的文化逻辑》(1991 年) 等。——译者注

④ As Jameson notes, "Luhmann's concept can deal adequately neither with its antagonistic contradiction—the possibility of some system radically different from capitalist modernity—nor with its non-antagonistic contradiction—the coming into existence of a stage of capitalism that is no longer 'modern' in the traditional ways." Jameson, *Singular Modernity*, p. 94.

涵盖了从艺术、音乐、建筑和文学史中提取的大量令人印象深刻的典范之作，但它们已成经典，这部历史分析著作的价值在于能够将它们从分类归纳的角度纳入艺术史。尽管尽其所能，卢曼只不过对一些熟悉的主题提供了"重新描述"。实际上，卢曼公开指出他的作品正是提供了这样一种认同。如果系统论站得住脚，至少需要分析其目的和价值。①

这种缺陷类似于艺术的进化论阐释中一个更普遍的基本难题。很可能是面部识别有着深刻的进化起源，对风景画的反应取决于对更新世最佳环境的返祖记忆，或者事实上，抽象的几何绘画刺激了神经网络，但承认这些对解释单个图像和手工艺品的意涵毫无帮助。这就是为什么进化论者要么依赖于传统的理解和解释，要么认同各种各样的"远端"起源的普遍关联，但仅此而已。这一失败反映了进化论的抽象性质，并让人想起哈贝马斯的抱怨，即"源于自然科学的理论电枢②离日常经验太远，以至于不适合以特异的方式将情智遥远的（distantiating）自然理论的自我描述导入生活世界。"③ 试图用系统论的视角来看待文艺史，这种观察有着更深层次的关联性，因为它显露出进化论的艺术与文化史工程中更为广泛的问题。

有人可能会反对说，这样的批评是错位的，卢曼的目的不提供他们所要求的经验性洞见。然而，他们毕竟揭示了系统论作为历史分析话语的弱点。坎普曼和维斯的研究清楚地说明了这一点。另一

---

① Luhmann，"Redescription of 'Romantic Art.'"
② 电枢（Armature），物理学术语，通过磁场运动产生电压的线圈，也可以译为转子、支架。此处将自然科学理论比喻为电枢，意为支撑自然科学运转的理论系统。——译者注
③ Habermas，*Philosophical Discourse of Modernity*，p. 384.

方面，完全抛弃卢曼也不免草率。我们来回顾他的自主概念及其与　128
意义理论的关系。乍一看，该概念似乎非常形式化，鉴于卢曼强调
艺术在破坏感知和意义方面的作用，它与一种高峰现代主义的艺术
概念相关联。然而，在进一步的考察中，他的意义理论分析了自主
性不会轻易被克服的原因。经过对激浪派（fluxus）① 实验性表演
艺术、成品（readymades）使用和达达主义反艺术纲领主张的解
读，他认为，正是这些实践打破了艺术范畴的限制，违背了它们作
为艺术实践的合法地位。这就产生了新的解释契机，例如，人们重
新认识到达达主义或建构主义未能取消艺术范畴。② 以达达主义为
例，从特里斯坦·扎拉（Tristan Tzara）③ 1921 年进入《文学》
（Littérature）杂志，以及他从苏黎世的政治实践表演转向审美诗学
中，可以见证这一点。同样地，建构主义在瑙姆·加博（Naum
Gabo）④ 和本·尼克尔森（Ben Nicholson）⑤ 的手中蜕变为一种美

---

① 激浪派，fluxus，来自拉丁语，译为"流动，涌动"，"流动的，液态的"。它
　诞生于 20 世纪 60 年代，是一个松散的国际性艺术组织，倡导现场艺术（living
　art）、反艺术（anti-art）、非艺术现实（non art reality），倡导可以被所有人、
　而非批评家、半吊子或专业人士所领悟的艺术。创始人是 George Maciunas，由
　来自不同领域运用不同媒介的艺术家、作曲家、设计师组成，如杰克逊·麦
　克·劳、拉蒙特·杨、乔治·布雷希特、艾尔·汉森、迪克·希金斯、约瑟
　夫·博伊斯、小野洋子、白南准等推动了这个流派的艺术创作活动。——译
　者注
② The discussion here builds on the argument in my article "Social Theory and the Au-
　tonomy of Art：The Case of Niklas Luhmann," in *Aesthetic and Artistic Autonomy*,
　ed. Owen Hulatt（New York：Continuum，2013），pp. 217-240.
③ 特里斯坦·扎拉（Tristan Tzara），1896—1963 年，罗马尼亚和法国先锋诗人、
　作家、表演艺术家、电影导演、作曲家。——译者注
④ 瑙姆·加博（Naum Gabo），1890—1977 年，俄国建构主义雕塑家，动觉艺术
　（kinetic art）的先驱。——译者注
⑤ 本·尼克尔森（Ben Nicholson），1894—1982 年，英国抽象画、风景画和静物
　画画家。——译者注

学风格。在这类批判者看来，这些例子在革命和战时先锋派激进视野中实现了转向，对于系统论来说，这证实了"反艺术"作为艺术系统运作的地位，而不是对其激进的背离。对艺术和意义的否定被锁定在系统的二元代码中（艺术对抗非艺术），在将非艺术定义为大众文化的形式时，只执行了任何系统的一个标准程序，即在自身运行和在环境中的运行之间划出一个界限。20 世纪 60 年代的艺术家们对杜尚（Duchamp）① 的接续性复兴——谓之"杜尚效应"——也支持了这一理解，因为它表明达达主义在艺术系统建构自身历史时发挥了多大作用。②

迈克尔·阿舍（Michael Asher）③、汉斯·哈克（Hans Haacke）④和安德里亚·弗雷泽（Andrea Fraser）⑤ 等艺术家呈现了制度批判（institutional critique）⑥ 的最新形式，其遭遇也可以与上文案例相互对照。正如弗雷泽所承认的那样，这类批评本身业已制度化；它已经成为当代艺术界公认的组成部分，并由热衷于展示其进取性自

① 杜尚（Duchamp），1887—1968 年，法国艺术家，现代实验艺术的先锋，达达主义、立体主义和概念艺术的主要代表，代表作品有《下楼的裸女·2 号》（1912 年）、《泉》（1917 年）等。——译者注

② On the revisiting of Duchamp, see Buskirk and Nixon, *Duchamp Effect*.

③ 迈克尔·阿舍（Michael Asher），1943—2012 年，美国概念艺术家。——译者注

④ 汉斯·哈克（Hans Haacke），1936 年— ，艺术家，生于德国，现工作于美国。——译者注

⑤ 安德里亚·弗雷泽（Andrea Fraser），美国表演艺术家，现为加州大学艺术系教授，因其在制度批判领域的工作而闻名。——译者注

⑥ 制度批判（institutional critique），主要目的在于系统性地探究艺术机构（博物馆、画廊等）的运作方式，与迈克尔·阿舍、马塞尔·恩特瑟斯、丹尼尔·布伦、安德里亚·弗雷泽、约翰·奈特、弗雷德·威尔逊和汉斯·哈克等艺术家的工作密切相关。制度批判是对艺术的各种制度机构和惯例的一种评论形式，也是与艺术制度彻底分离。因此，制度批判试图让人们看到艺术的历史和社会建构中的内部和外部、公共和私人之间的界限。——译者注

我批评资质的美术馆推动和资助。① 一个获得政治认可的分析方式，可能会把这解读为一个系统自愈的例子，这些艺术品也易于商品化，包括弗雷泽本人的表演。与之对照，系统理论解读法却反而会认为制度批判起源于艺术系统自身的逻辑。从这个意义上说，制度批判只能是一种系统内在固有的批判。

　　所有这些都悖论式地表明，正是艺术作为一个自主系统的稳定性或持久性，而不是外部力量的入侵，才解释了先锋派的失败。这种反直觉推理（counterintuitive reasoning）的另一个例子体现在卢曼对艺术市场的解读中。在他看来，商品化非但没有取消艺术的自主性，反而强化了它。事实上，卢曼认为，艺术市场的兴起是差异化系统中出现的众多"有利条件"之一。当植根于分层社会的传统赞助人模式让位于斡旋者（鉴赏家、经销商）进行的远程赞助形式时，艺术市场应运而生，由此"市场收益率成为艺术家声誉的象征性等价物。"市场价值"取代了口头推荐……取代了艺术家与赞助人之间进行的冗长的个人谈判，后者总是包含着非理性的价值观，如贵族式的慷慨和艺术家声誉的象征含义。"随着不同作品市场价格的不断拉开，艺术品的金融炒作逐步升温，这却进一步驱动了艺术自主性；艺术品作为一种商品的出现包含着很高的风险，其中包括复制品和赝品的泛滥，以及艺术品投资所带来的风险，这就要求有能够区分真品和赝品的专家，由他们对艺术品作出定性判断，并能识别出大师级的作品（不同于那些艺术感较弱的艺术家的作品）。因此，"赞助人不再以社会地位和贵族式慷慨来定义自

129

①　See Andrea Fraser, "From the Critique of Institutions to an Institution of Critique," in Welchman, *Institutional Critique and After*, pp. 123–136.

己，而是以自己的专业知识，即专属判断能力为基础。"① 艺术市场造成的金融风险随后在艺术界内部消化（或者用卢曼的术语来说，艺术系统和经济系统之间的特殊关系，重新介入艺术系统），例如，通过将艺术批评从普遍认同的标准中拔锚而出。通过对经济运行的艺术化再编码（recoding），艺术系统维持着自身的自主性。

系统理论的方法也为齐格蒙特·鲍曼（Zygmunt Bauman）② 所说的艺术的"耗尽"（using up）③ ——当代艺术的夸张的短暂性——提供了新的视角。当代艺术在某个系统中依赖于"高度张扬的、嘉年华式的"展览，一种越来越倾向于"短暂的、深度注意才察觉到的"感觉。④ 鲍曼重申了对商品化影响艺术的攻讦——格林伯格已经阐述过的情感弱化问题——他关注的艺术短暂性，似乎已经使时尚和消费主义的逻辑内化为当代艺术的组成部分。相比之下，卢曼式解读则表明，艺术的加速是艺术系统自主进化的一种功能，而不是晚期资本主义消费文化对艺术的共同选择。系统论反对拉什（Lash）⑤ 和厄里（Urry）⑥ 的有影响力的主张，即"从有
130 组织的向无组织的资本主义转变过程中，资本主义经济的各种主体

---

① Luhmann, *Art as a Social System*, p. 163, 164.
② 齐格蒙特·鲍曼（Zygmunt Bauman），生于波兰，生活于英国，著名的社会学家、哲学家。主要著作有《现代性与大屠杀》(1989 年)、《流动的现代性》(2000 年)、《共同体：在不安的世界寻找安全》(2001 年) 等。——译者注
③ 耗尽（using up），消耗某物直到耗尽为止，例如耗尽能量。这里用的是比喻的意思。换言之，是一种人们关注新艺术作品并迅速转向下一个作品的观赏方式。——译者注
④ Bauman, "On Art, Death, and Postmodernity," p. 21.
⑤ 拉什（Lash Scott），1945 年— ，伦敦大学金斯密斯学院社会学和文化研究教授，主要作品有《组织化资本主义的终结》(与约翰·厄里合著，1987 年) 等。——译者注
⑥ 厄里（John Urry），1946—2016 年，英国社会学家。——译者注

和客体……以更快的定向速度……循环，［而且］客体和文化工艺品变得可以随手丢弃和意义耗尽"，他们反对这种"用后即弃"（disposability）是系统本身的某种功能。①

系统论指明了传统进化论及其与历史的假定关系的要害。由于起源问题缺乏确凿假设的引导，对艺术和美学实践的进化论解释已被证明是问题重重的，无法超越对生物和文化现象之间的抽象和未分化的关系的审视。卢曼从个体系统运作的角度出发重新定义进化论，绕开了对适应论推断的批判性关注，这些推断已经成为本研究其他部分所检视对象的主要特征。然而，仍有许多悬而未决的问题。格雷戈里·贝特森对信息的定义——一次造就了一个差异的差异——已经广为人知，卢曼经常引用它。② 卢曼的系统理论可能会提出，事实上，它是否真正地造就了不同？尽管他的作品在概念上和修辞上都很出色，但《艺术作为一个社会系统》就像他发表的许多关于艺术的论文一样，在扩展、挑战或修正现有的艺术史分析领域几乎毫无作为。其原因是多种多样的，从卢曼坚持拒绝批判理论的规范性框架到其思想的抽象性，都是症结所在。关键问题是，虽然艺术和文化的系统理论方法的倡导者已经宣布了它的革命意义，但仍须接受批评，即它几乎毫无实质性改变。事实上，人们疑忌系统论对当代艺术理解的干预，认为它只不过是被动地接受现状，而系统论者却狐疑地将先锋批评当作空洞的抗议姿态，而予以摒弃。

---

① Lash and Urry, *Economies of Signs and Space*, pp. 2–3.
② Bateson, *Steps to an Ecology of Mind*, p. 459.

131

结　论

论多元文化探究

　　1995 年，丹尼尔·丹尼特（Daniel Dennett）① 在论及达尔文主义的著名论战作品《达尔文的危险思想》中，将进化论比作一种无处不在的 "酸"（acid）："它侵蚀了几乎所有的传统概念，随后留下了一种革命性的世界观，大多数旧的 '地标式' 观念仍然可以辨认，但已经发生了根本变化。"② 丹尼特认为，达尔文的理论不仅拆除了旧的生物等级制，还对理解人类存在的各个方面也产生重要影响。从认知和知觉到语言和伦理，这些变化广泛地发生着。他认为，如果人类的生物构成是自然选择和性别选择的结果，那么由是推之，文化实践本身就是进化的产物。丹尼特界定了社会生物学中的 "贪婪的还原论"——认为人类行为和文化的所有方面都可以直接追溯到它们的生物性和适应性功能——并对之持批评态度。③ 实际上，他尖锐地反驳了社会生物学家的错误倾向：臆断

---

① 丹尼尔·丹尼特（Daniel Dennett），1942 年—　，美国哲学家、作家、认知科学家，重点研究领域在心灵哲学、科学哲学和生物哲学。——译者注

② Dennett, *Darwin's Dangerous Idea*, p. 63.

③ Dennett, *Darwin's Dangerous Idea*, pp. 467–480.

显而易见的文化共性必有遗传和进化的根源。① 然而，尽管丹尼特对进化理论的使用持谨慎态度，但他与社会生物学的目标相似，即构建一个包含生物域和文化域的关于人类的自然主义描述。他认为，除非人们诉之于一种站不住脚的二元论，并在心灵和身体之间做出严格的本体论划分，否则除了在包含人类生物学的框架内审视心灵及其活动（文化生活和社会生活），人们别无选择。

　　本书一直在关注构建这样一个框架的各种尝试。它们的出发点是威尔逊的"融通"计划，威尔逊用这种方法跨越将自然科学从艺术和人文科学中分离出来的制度性和知识性鸿沟。总的来说，这可能是个值得称道的目标，但当我们更仔细地检视个中细节时，就会发现问题重重。首先，呼吁融通导致无所不包，但偏偏排除了不同学科之间平等的对话。相反，进化论最热心的倡导者所施展的修辞表明，他们决心掌握知识场域，使其他领域从属于它的怀抱。这可以在爱德华·斯林格兰德（Edward Slingerland）② 的断言中获得确证："人文学科在更广阔的人类知识域中的地位有点像今天的朝鲜人：长期生活在戒备森严的孤立环境中，他们将更难以适应和了解全球化时代的当今世界。"③ 斯林格兰德的著作题为《科学为人文科学提供了什么》，但这看似无冒犯之意的书名实则掩盖了他对这一命题的积极拥护："科学"（这里指的是新达尔文主义）应该

132

---

① "Showing that a particular type of human behaviour is ubiquitous in widely separated human cultures goes no way at all towards showing that there is a genetic predisposition for that particular behaviour. So far as I know, in every culture known to anthropologists the hunters throw their spears pointy-endfirst, but this obviously doesn't establish that there is a pointy-end-first gene." Ibid., p. 486.

② 爱德华·斯林格兰德（Edward Slingerland），英属哥伦比亚大学教授。——译者注

③ Slingerland, *What Science Offers the Humanities*, p. 300.

取代人文科学研究。他认为，后者由"神秘主义"维系——一种站不住脚的心身二元论的意识形态——而且它的践行者被一种怨恨所驱使，这种怨恨对进化论和生物科学的先进主张持防御性态度。其他"融通"论观点的拥趸则更加直言不讳。史蒂文·平克也许是进化心理学最著名的普及者，他在谈到文学研究时曾经说："这个领域忠于这样的教条：心灵是一块白板，所有人都关切社会建设，这使得人们的注意力集中在文化和历史特殊性上，从而消弭了小说中超越时间和空间的深层共鸣。进而，出于各种缘故，人文科学不信任自然科学——更普遍地说，自然科学旨在探索可验证的假设和积淀的客观知识——使自身陷入了潮流主义、蒙昧主义和狭隘主义的泥潭中。"①

对于任何希望拒绝平克的描述的人来说，一个尴尬的事实是，人文学科中一些达尔文主义的反对者恰好是这种立场的例证。30年前，作家兼文学评论家大卫·霍尔布鲁克（David Holbrook）②做过一次人文领域中达尔文主义理论的研究总结。他说："我想借用科学曾经威胁和否定过我的措辞：我想讨论'高级事物'，诸如秩序、和谐、方向、原初意识、智力、奋斗、原创力、成就和目标，以及它们在自然中的变化曲线。"③ 霍尔布鲁克的这种愿望无助于应对进化论范式的挑战，只会加剧斯林格兰德和平克等作家的怀疑，认定人文学科无法回应他们设定的问题。此外，新达尔文主义的拥趸对科学研究的意识形态基础以及它们自身所处的位置视而

---

① Pinker, "Toward a Consilient Study of Literature," p. 163.

② 大卫·霍尔布鲁克（David Holbrook），1923—2011年，英国诗人、作家和学者。——译者注

③ Holbrook, *Evolution and the Humanities*, p. 205.

不见，因此这种反对意见不太可能获得支持，因为它本身依赖于一　133
种建构主义的认识论，而这种认识论被新达尔文主义的拥趸们明确
视为"标准的社会科学模型"。

毫无疑问，尽管平克、斯林格兰德、威尔逊和其他人是在非常
典型的坚持一种有问题的、非自我批判的（un-self-critical）科学和
知识的意识形态，但仅仅指出这一点无关痛痒，因为他们已经打消
了人们作出这种评价的理由。因此，新达尔文主义的批评者们必须
严肃地立论，必须考虑他们自己的术语是否站得住脚，而且至关重
要的是，必须检视他们能否兑现自己的主张——"人文主义"研
究是种赘余。我在此正努力提供这样的解析：找出新达尔文主义立
场的内在逻辑缺陷。具体地说，我一直试图证明进化论美学建基于
自相矛盾的审美经验观，把假定的祖先更新世环境作为人类本性的
零点位置，仿佛在这 250 万年里的所有人类历史都是某种肤浅的、
文化的叠加，仿佛进化在那时已经突然停下来。新达尔文主义者将
艺术和审美反应能力视为一种进化的、适应的行为，但他们的工作
理念是弱化的进化理论，专注于自然选择，忽视了达尔文关于性选
择的讨论。

即使艺术作为适应的观念已被接受，道金斯关于时间滞后
（temporal lag）的论点仍提出了另一种可能：审美冲动是某种适应
的表达，这种适应可能起源于完全不同的（非审美的）表型。反
过来，这又带来许多问题，例如：即使进化论理论内部，对于艺术
的所谓适应性起源，什么样的猜测是有根据的？完全对立的适应功
能可以用同等的力量进行争论，因为没有证据支持其中任何一种，
甚至很难判断什么可以算作论据。再者，正如达尔文和许多其他人
所观察到的那样，从鸟鸣到人类艺术创作，许多审美行为都从活动

本身发展出自己的推动力，并演化成纯粹乐趣，而无关其假定的适应性起源。提出这一论点的，不仅有进化论模型的反对者，还有那些试图将进化过程与原始的达尔文学说区分开来的进化理论家。对于像卢曼这样的系统生物学家和理论家来说，这种备选方案可以在艺术系统的自动繁殖（autopoietic）① 运行中找到。迈克尔·托马塞洛则强调了"棘轮"效应，即文化学习和传播使认知能力和认知技能的实现与一度存在的假定适应压力无关。

134　　　适应主义原则是达尔文主义艺术观的核心，它也没有解释为什么一幅描绘一个曾经有利于生存的环境图像（比如一幅风景画）应该成为审美愉悦的对象。即使审美行为的起源可以追溯到性冲动和性选择的驱动力——作为高引例证的凉亭鸟表明了这种关系——这离认定两者之间存在同一性还有很长的路要走。进化论美学完全忽略了审美判断的规范性（normative）维度，正如安东尼·奥赫尔所言，"与缺乏特殊行为反应相反，如果人们认为雌孔雀没有对华丽尾巴作出反应，就算是犯了判断错误，这是毫无意义的。"② 正是在这种差异中，审美领域和进化程式性反应——对某些表型表达的反应——之间的关键区分得以确定。当然，这并不是要否认一方可能从另一方找到自身的起源，但进化论美学倡导者们把争论焦点放在了二者关系中有待详细分析之处。即使艺术的起源依赖于一种或多种能力的生物性进化，它能从中脱颖而出的原因，它是如何以及何时产生的，包括它为什么被赋予某种力量并具有规范作用，都是偶然的历史事实，而不是生物学事实。生物学和进化论必须让

———————————

① 自动繁殖（autopoietic），参见注释"自动生殖"（autopoiesis），第 107 页（页边码），注释③。

② O'Hear, *Beyond Evolution*, p. 185.

位于其他解释，其原因恰在此处。①

本书所考察的理论最顽固的弱点在于其解释的局限性。这些局限性有多个方面，但首先涉及"远距解释"的使用，换句话说，是确定最终原因和起源。进化论美学和神经美学都致力于从艺术的起源、进化功能或审美行为背后的神经过程来识别起源的原因。由此，史蒂芬·平克认为，仅仅因为甜食给人快乐，所以人们喜爱它，这种解释是不够的。其实，人类吃甜食是因为灵长类动物是在"富含水果的植物生态系统"中进化而来的，由于糖能提供能量，因而有助于繁殖。② 换句话说，人们吃甜食是因为他们的进化需要（want）。如果我们进一步查考逻辑关系，该论点显然相当愚昧：人们为了繁殖后代而吃甜食！这解释毫无意义，不仅是循环论证，而且任何支持人体生物学的化学过程都可以这样说，比如呼吸或饮水。

人们常常认为，进化论的解释是还原性的，因为它们总是试图用同样的基础生物功能来解释文化实践。然而，如果把"还原性"理解为用一套术语替换另一套术语的话，在许多方面，它们还不够"还原性"。因为它们不提供替代现有分析框架的解释，只是创建了一个额外的描述性圈层。在关于艺术的适应性功能——或者在艺术作品的特定的形式视觉特征激活的或者被激活的神经过程中——的争论中，这显而易见。在认知进化发展——即所谓的创造性思维的发展——早于艺术创作或使具象反映成为可能的论争中，这也非常明显。人们可以接受这样的命题，同时也认识到，它们并没有提

①　See Faye, *After Postmodernism*, p. 42.
②　Pinker, "Toward a Consilient Study of Literature," p. 170.

供足够的证据来取代斯林格兰德、奥尼安斯、威尔逊和其他人所倡导的那种人文科学"范式"。对神经环路和进化性起源的确证只不过描述了艺术和审美经验的物质基础。[1] 在卢曼的著作中，这也是一个问题，人们熟知的社会历史现象由系统进化理论来架构，后者提供了抽象和一般的对应关系，但无论如何不会取代现有的论述。正如丹尼尔·菲格（Daniel Feige）[2] 轻描淡写地陈述道：艺术中的爱植根于对一位称心伴侣的渴望，即使这是真的，这种观念的"价值对于艺术理论来说，如同所有艺术雕塑都是由原子构成的论点一样。"[3] 根据艺术进化理论的返祖路径，我们对所有艺术作品或文学文本的反应（以及最初激发他们创作的过程）最终可以用遗传进化的认知倾向的存量来解释，这种认知倾向在任何地方都是一样的。这个结论把特殊性还原为一套共通的无差别的无关紧要的东西。

人们不是第一次提出这样的批评；在 20 世纪 60 年代末，人们对塔尔科特·帕森斯试图将社会学和进化论相结合的做法也有类似的担忧。[4] 事实上，对卢曼而言，进化论是社会学理论的核心，他认识到这种抽象的概论的局限性，并承认"任何理论都未曾触及实质。那既不是它的意义，也不是它的目的"。然后他试图避开他的批

---

[1]　See O'Hear, *Beyond Evolution*, p. 189.

[2]　丹尼尔·菲格（Daniel Feige），斯图加特国家艺术学院哲学和美学教授。——译者注

[3]　Feige, "Kunst als Produkt," p. 29.

[4]　As John Peel argues, evolutionary theory "is profoundly anti-historical, for it aims to show us universal mechanisms of change, rather than the individual historical configurations out of which change comes about. Changes are called forth by an ill-defined environment rather than produced by men's evaluations and purposes in an environment." Peel, "Spencer and the Neo-Evolutionists," pp. 183–184.

评者，并断言："因此讨论历史与任何理论的关系都造成错置……其基础在于理论的价值应源自解决实质性问题的能力。"① 这为使用"理论"提供了重要的限定条件，并且，鉴于卢曼个人著作的抽象化和概括化倾向，这样说是完全可以理解的。但是，当涉及艺术和文化的分析时，这种断言并没有果断地解决常见的批评；实际上，它提出了一个关于（一般意义上的）"理论"——尤其是进化理论——的意义和目的的进一步的深层问题。与米勒等人一样，卢曼的著作对具体的艺术实践进行了"重新描述"，但这并未带来对其深刻意涵的重新思考，也不会改变它们在公共知识图景中的地位。至少，卢曼确实承认进化论不能取代具体的历史（和艺术史）分析。而其他人的研究却缺乏这种谨慎态度，他们把进化论——以认知批评、进化心理学或世系进化研究为伪装的——看作是艺术研究的新的重要的洞见之源泉。但他们的主张仍然有待证明，而不仅仅是主观断言，如果他们要树立其观点，进化论的倡导者们需要开发出更成熟老到和更精确校准的概念工具。

一些学者一直将新达尔文主义视为通往世界艺术研究新范式的道路，奉之为全球性的理论框架的基础，在这个框架中人们可以进行有意义的跨文化比较，并确定共同的价值观念和实践路径。研究者以这种方式将其描述为实现人类团结的工程，俨如一个魅力十足的事业。然而，在许多案例中，其拥趸一直试图拒绝承认文化差异，往往对差异持尖锐的新保守主义式的敌意。考虑到进化论的核心目标首先在于解释为何生物如此纷繁多样，这无异于一种莫大的讽刺。进化论的多样性问题也涉及方法论和认识论，并且强调新达尔文主义关于人文科

136

---

① Luhmann, "Evolution und Geschichte," p. 284.

学的方法存在内在矛盾——特别是在认知兴趣和知识形式的多元化方面，尽管本书中讨论的许多进化理论家似乎没有意识到这一事实。丹尼特本人也承认"科学"思想（不管人们如何定义"科学"）是人类进化的产物。换言之，从进化的角度来看，这是一种具有适应性的有利发展。然而，鉴于进化论的核心目标是解释（事实上是赞颂）生命的多样性，这也必然意味着，丹尼特、斯林格兰德、道金斯等人所痴迷的那种科学思想本身只是众多进化而来的可能的认知适应中的一种。然而，如果那样的话，其他认知模式——如诗性思维，或人文科学的解释性思虑——在逻辑上也必须被视为对特定环境和语境的适应，因为许多进化论学者都认为诗歌和艺术具有适应功能。继续生物学和进化论的类比，我们可以说，在人类认知的生态系统中，不同种类的思维方法占据着各种各样的"生态位"（niches）。即使就进化论本身而言，其"科学"方法也应仅仅被视为一种根据特定环境和利益而进化出来的适应能力，而并非一种比所谓的朝鲜式的人文科学（用斯林格兰德的比喻来说）更具适应性的主宰者话语方式。

因此，进化论的认识论必须进行一些自我反省，这是一个熟悉的认识论论争，但生物美学、神经艺术史和进化美学的倡导者对此兴趣不大。无论如何，他们不大乐于争论他们很少接触的人文科学的洞见，他们也以"融通"的名义来看待拥有异己认知兴趣的学者，质疑他人的合法性或权利。正如哈贝马斯在讨论实证主义时提醒我们的那样，此时辩论变了味道，成为一种知识压迫。在《知识与人类利益》（*Knowledge and Human Interests*）一书中，哈贝马斯批判了实证主义将知识变成方法的还原论；犯这种错误者忽视了认识论质询的目的和性质。因此，"实证主义把对'科学'本身的信仰进行教条化，主观地推行保护禁令，力图使科学探究免受认识论质询和自我反省。"哈贝马斯补充道，实证主义"与科学主义同气连枝，也就是说，知识的意义由科学实践来界定，因此可以通过对科学程序的方法论分析得到充分的解释。"①

当然，这些话源自一个完全不同的语境，即 20 世纪 60 年代德国社会学理论家之间的实证主义之争。② 然而，哈贝马斯此处的评论是恰当的，因为他们发现的问题与新达尔文主义的艺术和美学理论具有同样的特征，新达尔文主义者的科学知识观念和对科学方法信仰都没有经过检验。那么，也许会有人问，新达尔文主义的理论对普遍文化和特定艺术的研究提供了什么？哈贝马斯又一次恰当地提出了这个问题："如何才能抓住个性化生命结构（individuated life-structure）的意义，并且必然在一般范畴中再现出来？"③ 生物科学知识中的一般和普遍规律如何影响我们介入那些可以激发我们艺术趣味的图像和工艺品？如我们所见，该问题反复出现、悬而未决，本书已经检视了各种探索模式。事实上，这些模式无法为这个问题提供充分的解答，倡导者们似乎没有觉察到它的相关性，显然仅满足于对他们感知的人类状况的抽象概括。

在不同阐述者之间的争论中，进化论方法的某些缺陷逐渐凸显。本书一再指出，新达尔文主义的艺术和美学理论实际上没有为艺术理论或审美经验的讨论留有一席之地。艺术被视为视觉刺激或数据，用康德的术语来说，在审美反应和程式化行为之间，在美丽（the beautiful）和纯粹适宜（the merely agreeable）之间，完全没有

---

① Habermas, *Knowledge and Human Interests*, p. 67.

② The key texts are published in Adorno et al., *Positivist Dispute in German Sociology*.

③ Habermas, *Knowledge and Human Interests*, p. 160.

区别。观看者如何在艺术作品之间作出定性判断——甚至已经成为达尔文主义理论界争论的主题——仍然毫无依据。一方面，史蒂芬·平克已经欣然接纳了达尔文主义方法的逻辑结果，导致了文化"贫民窟"的诞生，即拒绝使用质化区分，且认为没有哪一种实践或工艺品更值得关注。① 这让某些进化论的文化理论家感到不适；约瑟夫·卡罗尔就是其中一位，他曾指摘平克缺乏审美敏感性（aesthetic insensitivity）。② 然而，平克逻辑严谨，卡罗尔等人则不然。因为，平克声称进化论没有衡量或评估审美选择的有效路径，事实确实如此；对维米尔、阿德·莱因哈特、康斯特布尔或希腊方阵的偏好是主观武断的，而且这种偏好的物质基础从未被分析过。③

当面对元典问题及其争议时，平克更直率一些，因而有些肤浅的魅力，因为他的观点认为所谓元典并不重要。对艺术和文化进行适度的"科学"研究，可以消除审美偏好的主观性。但深度检视就会揭示出这一立场的缺陷。现有的审美秩序（aesthetic hierarchies）未经审视，而进化论的观点不仅没有投下一个乐于接受批判的眼光；它也没有为任何类型的目标选择提供依据。然而，即使最热情的元典问题批评家，也会在价值判断的基础上，作出审美区分并择取作品（艺术、文学、音乐）进行批判性关注，尽管这些判断挑战着普遍规范。他们认为艺术的范畴是有意义的，即使它是在社会政治的而不是美学的定义上。对于平克等人，以及进化论的各种变

---

① See Pinker, "Toward a Consilient Study of Literature."

② See Carroll, "Pinker's Cheesecake for the Mind."

③ Jon Adams makes a similar point in relation to Carroll's interest in Jane Austen See Adams, "Value Judgments and Functional Roles."

体的倡导者们，艺术范畴缺乏功能作用，完全如同他们写作中流露出的那样。

其目标选择如此难于确定（underdetermined），这就让我们明白为什么老练的艺术批评家、文学批评家和文化批评家会荒谬地作出极端简单的、极其可笑的断言，而这与众所周知的确认偏见（confirmation bias）① 现象有关。确认偏误的定义是："为确认自己的信念或假设，而去寻找、解释、偏爱和回忆某些信息的倾向，同时对其他可能性的考虑过少，以致失衡"，这是进化论方法的一个反复出现的特征。② 拥趸者们选择实例来诠释理论观点，由于缺乏有效的评估机制，因此其重要性无法赢得认可。也许，正是文化进化论中存在的这一基本结构缺陷，导致了倡导者们的信心与其立场正确性之间极度错置。他们没有自我怀疑，因为没有什么可以挑战他们的观点。然而，与此同时，批评家们需要保持高度的谦卑，因为这个问题在人文科学中同样普遍存在。当一位艺术史学家赞许地引用加娅特里·斯皮瓦克（Gayatri Spivak）③ 的断言："是我们提出的问题创造了探索领域，而不是某些材料体决定了需要向它提出些什么问题"，他正在经历类似的情形。④ 这种观点在许多场合被

139

---

① 确认偏见（confirmation bias），心理学术语，人们倾向于寻找、阐释、偏好和回忆以前的信息，来确证先在的信念或假设，而不考虑备选方案的可能性。确认偏差会导致对个人信念的过度自信，并且在面对相反的证据时能够维持或加强固有信念。——译者注

② Scott Plous, *The Psychology of Judgment and Decision Making* (New York: McGraw-Hill, 1993), p. 233.

③ 加娅特里·斯皮瓦克（Gayatri Spivak），1942 年—　，印度学者、文学理论家和女权主义批评家，把德里达的思想翻译并介绍到英语世界。——译者注

④ Gayatri Chakravorty Spivak, comment in a Harvard lecture, quoted in Solum, *Women, Patronage, and Salvation*, p. 9.

赞许地引用，诠释了大卫·鲍德威尔（David Bordwell）[1] 所说的"自上而下的探究"（top-down inquiry）。鲍德威尔的主要兴趣是电影，他指的是对文化文本进行理论驱动的解释（theoretically driven interpretation），即某种特定理论的"应用"，他指出这种学术方法存在的诸多问题。不仅很少有理论方法阐明"应用"它们意味着什么，而且在这项工作中，对于提出的主张进行辩护的程序也存在问题。鲍德威尔断言："一个单独的案例不能建立一个理论。""当理论向下投射到数据资料时，后者就成为一个说明性的例子。结果可能会产生修辞效力，就像各种生动的例子一样，但由于源自数据的理论未定性（under-determination）[2]，单一例证并不是特别有力的证据。"理论驱动解释（theory-driven interpretations）的功能不是使其理论信条（及其含义）接受批判性审查，而是确认自己；相反，鲍德威尔指出："从没有公开的解释能证明候选理论（candidate theory）是错的。"[3]

鲍德威尔的评论是对特定论题——20世纪90年代中期，占主导地位的精神分析电影理论——的批判性回应，也与他的认知电影批评项目有关。它们大约提出于20年前，与现在的讨论似乎关联不大。然而，鲍德威尔很自然地谈及许多当代艺术批评，或达尔文美学和进化论艺术史，它们同样寻求确凿的例子，而不是那些可

---

[1]　大卫·鲍德威尔（David Bordwell），1947 年——　，美国电影理论家和电影史学家，主要作品包括与哲学美学家卡罗尔合编的《后理论：重建电影研究》（1996 年）等十多卷电影理论著作，重要作品选编在《电影诗学》（2007 年）一书中。——译者注

[2]　未定性，或非决定论，英文为 Under-determination，一般写作 underdetermination，科技哲学术语，指现有证据不足以确定人们应当对该证据应当报以何种信念。——译者注

[3]　Bordwell，"Contemporary Film Theory," p. 19, 26.

以"验证"或挑战理论和方法论假设的图像和物体。可能会有人反对，我依赖一种还原的过于经验式探究的概念——一种基于对假设进行检验的方法，而且这种方法在应用于人文科学时问题很大。但是人文科学——包括艺术批评和艺术史——都有自己的论证规程，在逻辑推理和证据方面，也有自己的元典规则。当这些规则缺位或受到忽视时，教条会神不知、鬼不觉地取代推理和经验证据，就像本书的主题所讨论的进化论的理论化过程一样。

既然本书采用了驳论风格，我便顺理成章地得出如下结论：新 140 达尔文主义的路径没有什么价值。当然，它们引发了深切的忧虑，本书试图阐明，草草宣布新的"融通"时，最令人担忧的是什么。然而，保持建设性的态度非常重要，因为与新达尔文主义交锋，仍然可能会有重要的收获。探究它们，需要了解其来龙去脉。早在 19 世纪 90 年代，阿洛伊斯·李格尔等人就认识到进化论对于理解艺术史分期具有重要意义。从黑格尔发展而来，艺术史走向了由年代和单一政治地理空间进行概念化的艺术史，李格尔在《风格问题》(*Problems of Style*) 一书中引入了渐进变化模式，描绘出阿坎瑟斯叶图案的跨历史和空间演化过程。这项工作的经验不仅限于记载下一系列形式更迭，而且导致了对文化弥散和跨文化借用的本质的更广泛推测。李格尔的分析的意义不在于明确揭示了一个内行才懂的微不足道的话题，而在于它成为那个更宏大主张的基础——希腊古典艺术与罗马帝国晚期艺术、伊斯兰世界的艺术之间的关系。尽管公元前 5 世纪至公元前 8 世纪之间发生了大规模的政治动乱，但《风格问题》一书表明，在某种程度上，存在着显著的连续性模式。因此，李格尔可以被视为后世研究的鼻祖，包括最近的特赫拉尼、科拉德和申南的研究，这些研究再次回到了艺术和文化谱系的分析中。李格尔的目的是要指出，如果它们的时光之旅能被漫溯，那么那些看似迥然不同的艺术形式之间可能存在遗传关系。

李格尔的方法被他的学生马克斯·德沃夏克所仿效，但后来德沃夏克开始支持另一种观点，强调艺术史上的不连续性和断裂性，以及经过几个世纪的中断后可能重新出现遥相呼应的联系。在艺术史家中，后一种观点后来获得了关键性的主导地位，但达尔文的方法并没有被通透地质询，也没有被认为那么令人不满，而是被随手抛弃，取而代之的是，呼吁划时代文化和政治复兴观念的立场。在艺术史家们乐于参与到库恩式的范式转变的讨论时，深思福柯式知识体系的破裂，或者赞同布迪厄式场域的革命性继承的时候，这一点显而易见。因此，当汉斯·贝尔廷在 1983 年出版《艺术史的终结?》时，第一个肤浅的反应是将其视为同时出版的后现代主义理论著作的同类读物。① 但实际上，伴随着艺术史的线性叙事已经终结，贝尔廷更关心自瓦萨里以来现代主义对传统历史编纂学的影响，也不可能产生线性艺术史叙事的这一幕。他认为，现代主义的出现标志着一种重大突破：人们不可能写出一部单一的艺术史。这种比喻——强调历史的“音顿”（caesuras）② 而不是连续性——已经占了上风。由此产生了一种有趣的智力气候晴雨表，这可以在对阿比·瓦尔堡不断变化的解释中找到。当恩斯特·贡布里希在 20世纪 60 年代和 70 年代评论瓦尔堡的时候，毫不犹豫地将他视为进化论艺术史的代表。在贡布里希看来，瓦尔堡广泛引用了达尔文，因而这毋庸置疑。然而，乔治·迪迪·于贝尔曼提出了当今

① Belting's *End of the History of Art was first published as Das End der Kunstgeschichte* in 1983.
② Caesuras，caesura 的复数形式，指诗行中的停顿。——译者注

的流行观点，他把瓦尔堡塑造成文艺复兴和古典传统的史学家，一位"不纯粹"时间的、历史的空间不连续性的理论家。[①]

正如亚历山大·内格尔（Alexander Nagel）[②] 和克里斯托弗·伍德（Christopher Wood）[③] 最近所言，这种"错置的文艺复兴"（anachronic Renaissance）的观点为思考历史时间的形态提供了重要的新方法，而且它比艺术史的线性模型有某些明显的优势，正如贝尔廷指出的，线性模式已经难以立足。但这也是一种政治选择，使特定的修辞合法化，诠释了鲍德威尔描述的自上而下的探究方法。因此，这种方法同样面临着确认偏误的风险，本书所检视的进化论艺术理论的案例都是鲜明的例证。因此，具有讽刺意味的是，进化范式以其最老练的形式表明，关于历史发展连续性和非连续性的顶层主张，具有可以接受经验审查的各种路径。随着时间的推移，小规模的递增转换和变化会产生重大差异。特赫拉尼和科拉德的研究提出了连续性和不连续性的多样化模式都可能存在，这表明传统的文化传播结构即使面临外部政治动荡，也具有复原能力（resilience）。当然，人们很容易批评这类研究的主观性；突厥斯坦（Turkestan）[④] 地毯图案的选择是主观的，正如李格尔最终决定写一部阿坎瑟斯图案的历史一样。然而，这种决定性无论如何仍然允

---

① See Didi-Huberman, *Image survivante*.

② 亚历山大·内格尔（Alexander Nagel），纽约美术学院文艺复兴时期艺术史教授。著作有《文艺复兴艺术的辩争》（2011 年）等，与伍德合著了《错置的文艺复兴》（2010 年）。——译者注

③ 克里斯托弗·伍德（Christopher Wood），耶鲁大学艺术史系教授，著作有《艺术史学史》（2019 年）等。——译者注

④ 突厥斯坦（Turkestan），古代地缘名词，亚洲中部的一个地区，包括中国、俄罗斯、蒙古、哈萨克斯坦、乌兹别克斯坦、土库曼斯坦、塔吉克斯坦、吉尔吉斯斯坦、阿富汗等国的部分领土。——译者注

许意外发生。事实上，此类分析的缺点不在结果，而在于从他们立场生成的各种主张。定量数据和方法的严格使用本身并不能使它们更"科学"（无论那意味着什么）或更严谨，因为它们依赖于方法本身还没有给出的参数。同样，这些研究结果是达成某个目标的一种手段，唯有置于包含其他定量和定性数据在内的更广泛的语境中，才显现出重大意义。

142　　当然，这里有一个隐含的认识论需要阐明。人们先入为主地认为，不管是有意识还是无意的，大多数艺术史学家都致力于某种形式的建构主义。世界——包含艺术在内——并不是由等待被发现或被描述的成品组成的，请特别注意，艺术史学家们以复杂的社会文化抽象概念为研究对象，如"再现""文艺复兴""现代主义""先锋派""赞助人"等等。然而，与此同时，此类创生概念及其在建构世界中的使用并不是专断的律令，如一些极端反现实主义的理论所表明的那样。哲学家迈克尔·达米特（Michael Dummett）① 说道："虽然我们不再接受符合论（correspondence theory）②，但我们仍是彻底的现实主义者"，因为我们含蓄地假定："对于任何陈述，都必须有因为它或它的否定是真值而存在的东西。"此外，根据达米特的表述——"我们的研究使以前不存在的东西成为存在，但它们成为什么，不是我们创造的。"③ 换言之，关于艺术及其他文化

---

① 迈克尔·达米特（Michael Dummett），1925—2011 年，英国哲学家，牛津大学逻辑学教授，以阐释弗雷格而闻名，对于语言、逻辑、数学和形而上学有独到贡献。——译者注

② 符合论（correspondence theory），即符合论真理观（correspondence theory of truth），真理观的一种，可以上溯到亚里士多德，分析哲学家经常讨论的哲学范畴，他们认为一个陈述的真与假仅取决于其与世界的关系，以及它是否准确的描述了（即符合了）那个世界。——译者注

③ Dummett, *Truth and Other Enigmas*, p. 14, 18.

实践的言论，可以擦亮世界，但不能任性地强加给世界，即使对于像达米特一样的反现实主义者，也是如此。

无论是在人文科学还是在自然科学领域，关键在于研究对象是屈从，还是抵制我们对它们的解读。与进化论美学和艺术史的批判性交锋使各种忧虑得以缓解，这些忧虑涉及人文科学的论证、证据、证明的程序和规程。我们可以理直气壮地驳斥新达尔文主义艺术和文化理论的言过其实的主张，它宣扬的科学性远远达不到"融通论"倡导者的信仰标准。然而，批判性反思揭示出，艺术史家和理论家断言的依据往往同样容易受到批评，而且原因并非完全不同。尽管我们持有保留意见，也许这里所考察的进化模型还存在缺陷，它们却可以提出并使用一些来自学科规范框架之外的方法，使艺术史中的现存假设和价值观能够接受质疑和经验检验。这并不是为了迎合人文科学与自然科学之间的对话而言不由衷地说出的善意的陈词滥调，而是致敬进化论艺术理论所提出的仍待解决的那些问题及其影响。

参考文献

Abiodun, Rowland. *Yoruba Art and Language: Seeking the African in African Art*. Cambridge: Cambridge University Press, 2014.

Adams, Jon. "Value Judgments and Functional Roles: Carroll's Quarrel with Pinker." In *The Evolution of Literature: Legacies of Darwin in European Cultures*, edited by Nicholas Saul and Simon J. James, pp. 155–170. Leiden: Brill, 2011.

Adorno, Theodor, Hans Albert, Ralf Dahrendorf, Jürgen Habermas, Harald Pilot, and Karl Popper. *The Positivist Dispute in German Sociology*. Translated by Glyn Adey and David Frisby. London: Heinemann, 1976.

Alcock, John. *The Triumph of Sociobiology*. Oxford: Oxford University Press, 2001.

Allen, Grant. *Evolution in Italian Art*. London: Grant Richards, 1908.

———. *Physiological Aesthetics*. New York: Appleton, 1877.

Ansell-Pearson, Keith. *Germinal Life: The Difference and Repetition of Deleuze*. London: Routledge, 1999. Appleton, Jay. The Experience of Landscape. Chichester: Wiley, 1996.

Arnheim, Rudolf. *The Dynamics of Architectural Form.* Berkeley: University of California Press, 1975.

Ashton, Jennifer. "Two Problems with a Neuroaesthetic Theory ofInterpretation." NonSite. org, no. 2 (12 June 2011). Accessed 29 May 2015.

http: //nonsite. org/category/issues /issue-2.

Attenborough, David. The Tribal Eye. Sevenpart BBC documentary, written and presented by David Attenborough, first broadcast 27 May 1975.

Aunger, Robert, ed. *Darwinizing Culture: The Status of Memetics as a Science.* Oxford: Oxford University Press, 2000.

Avital, Eytan, and Eva Jablonka. *Animal Traditions: Behavioural Inheritance in Evolution.* Cambridge: Cambridge University Press, 2000.

Bahn, Paul. *The Cambridge History of Prehistoric Art.* Cambridge: Cambridge University Press, 1998.

———. *Prehistoric Rock Art: Polemics and Progress.* Cambridge: Cambridge University Press, 2010.

Baines, John. *Visual and Written Culture in Ancient Egypt.* Oxford: Oxford University Press, 2007.

Bakhtin, Mikhail, and Pavel Medvedev. *The Formal Method in Literary Scholarship.* Baltimore: Johns Hopkins University Press, 1978.

Balfour, Henry. *The Evolution of Decorative Art: An Essay upon Its Origin and Development as Illustrated by the Art of Modern Races of Mankind.* London: Rivington, Percival, 1893.

Barkow, Jerome H., Leda Cosmides, and John Tooby, eds. *The Adapted Mind: Evolutionary Psychology and the Generation of Culture.* New York: Oxford University Press, 1992.

Bataille, Georges. *Lascaux, or The Birth of Art.* Milan: Skira, 1955.

Bateson, Gregory. *Steps to an Ecology of Mind: Collected Essays in Anthropology.* Chicago: University of Chicago Press, 2000.

Bauman, Zygmunt. "On Art, Death, and Postmodernity and What They Do to Each Other." In *Fresh Cream: Contemporary Art in Culture*, edited by Iwona Blazwick, 20–23. London: Phaidon Press, 2000.

Baxandall, Michael. "Fixation and Distraction: The Nail in Braque's *Violin and Pitcher* (1910)." In *Sight and Insight: Essays on Art and Culture in Honour of E. H. Gombrich at Eighty-Five*, edited by John Onians, 399–415. London: Phaidon Press, 1994.

———. *Painting and Experience in Fifteenth-Century Italy.* Oxford: Clarendon Press, 1972.

———. *Patterns of Intention: On the Historical Explanation of Pictures.* New Haven: Yale University Press, 1985.

———. *Shadows and Enlightenment.* New Haven: Yale University Press, 1995.

Bednarik, Robert G. "Art Origins." *Anthropos* 89 (1994): 169–80.

———. "Pleistocene Palaeoart of Africa." *Arts* 2 (2013): 6–34.

Belting, Hans. *An Anthropology of Images: Picture, Medium,*

Body. Translated by Thomas Dunlap. Princeton: Princeton University Press, 2014.

————. *The End of the History of Art?* Translated by Christopher Wood. Chicago: University of Chicago Press, 1987.

————. *Florence and Baghdad: Renaissance Art and Arab Science.* Translated by Deborah Lucas Schneider.

Cambridge, Mass.: Harvard University Press, 2011.

————. *Likeness and Presence: A History of the Image Before the Era of Art.* Translated by Edmund Jephcott. Chicago: University of Chicago Press, 1993.

Belting, Hans, and Andrea Buddensieg, eds. *The Global Contemporary and the Rise of New Art Worlds.* Cambridge, Mass.: MIT Press, 2013.

Berghaus, Günter, ed. *New Perspectives on Prehistoric Art.* Westport, Conn.: Greenwood, 2004.

Bertalanffy, Ludwig von. *General Systems Theory: Foundations, Development, Applications.* New York: George Braziller, 1968.

————. Review of *Das Ornamentwerk*, by Helmut Theodor Bossert. *Zeitschrift für Ästhetik und allgemeine Kunstwissenschaft* 22 (1928): 505-6.

————. Review of *Die Krisis der Geisteswissenschaften*, by Josef Strzygowski. *Zeitschrift für Ästhetik und allgemeine Kunstwissenschaft* 22 (1928): 213-20.

Blackmore, Susan J. *The Meme Machine.* Oxford: Oxford University Press, 1999.

Blackwell, Antoinette. *The Sexes Throughout Nature.* New York：G. P. Putnam's Sons, 1875.

Bloch, Ernst. "A Philosophical View of the Detective Novel." Translated by Roswitha Mueller and Stephen Thamann. *Discourse* 2 (1980)：32–52.

Bloch, Maurice. "A Well-Disposed Social Anthropologist's Problems with Memes." In *Darwinizing Culture：The Status of Memetics as a Science*, edited by Robert Aunger, 189–203. Oxford：Oxford University Press, 2000.

Blocker, H. Gene. "Non-Western Aesthetics as a Colonial Invention." *Journal of Aesthetic Education* 35, no. 4 (2001)：3–13.

Bois, Yve-Alain, Benjamin Buchloh, Hal Foster, and Rosalind Krauss. *Art Since 1900：Modernism, Antimodernism, Postmodernism.* London：Thames and Hudson, 2004.

Bordwell, David. "Contemporary Film Theory and the Vicissitudes of Grand Theory." In *Post-Theory：Reconstructing Film Studies*, edited by David Bordwell and Noel Carroll, 3–36. Madison：University of Wisconsin Press, 1996.

Bork, Robert. "Pros and Cons of Stratigraphic Models in Art History." *Res* 40 (2001)：177–87.

Bourdieu, Pierre. *The Rules of Art：Genesis and Structure of the Literary Field.* Translated by Susan Emanuel. Stanford：Stanford University Press, 1995.

Boyd, Brian. "Art and Evolution：The Avant-Garde as Test Case；Spiegelmann in *The Narrative Corpse.*" In *Evolution, Literature, and*

Film: *A Reader*, edited by Brian Boyd, Joseph Carroll, and Jonathan Gottschall, 433−56. New York: Columbia University Press, 2010.

————. *On the Origin of Stories*: *Evolution*, *Cognition*, *and Fiction*. Cambridge, Mass.: Harvard University Press, 2010.

Boyd, Brian, Joseph Carroll, and Jonathan Gottschall, eds. *Evolution*, *Literature*, *and Film*: *A Reader*. New York: Columbia University Press, 2010.

Boyd, Robert, and Peter Richerson. *Culture and the Evolutionary Process*. Chicago: University of Chicago Press, 1985.

————. *The Origin and Evolution of Cultures*. New York: Oxford University Press, 2005.

Boyer, Pascal. "From Studious Irrelevancy to Consilient Knowledge: Modes of Scholarship and Cultural Anthropology." In *Creating Consilience*: *Integrating the Sciences and the Humanities*, edited by Edward Slingerland and Mark Collard, 113−28. Oxford: Oxford University Press, 2012.

————. *The Naturalness of Religious Ideas*: *A Cognitive Theory of Religion*. Berkeley: University of California Press, 1994.

Bradley, Richard. *Image and Audience*: *Rethinking Prehistoric Art*. Oxford: Oxford University Press, 2009.

Brandon, Robert. *Adaptation and Environment*. Princeton: Princeton University Press, 1990.

Breuil, L'Abbé. *Four Hundred Centuries of Cave Art*. Translated by Mary Boyle. Montignac: Centre d'Etudes et de Documentation Préhistoriques, 1952.

Brodie, Richard. *Virus of the Mind: The Revolutionary New Science of the Meme and How It Can Help You.* London: Hay House, 2009.

Brubaker, Leslie. *Inventing Byzantine Iconoclasm.* Bristol: Bristol Classical Press, 2012.

Bryson, Norman. *Vision and Painting: The Logic of the Gaze.* London: Macmillan, 1981.

Burke, Peter. *The Italian Renaissance: Culture and Society.* Cambridge: Polity Press, 1987.

Burnham, Jack. "The Aesthetics of Intelligent Systems." In *The Future of Art*, edited by Edward Fry, 95 – 122. New York: Viking Press, 1970.

———. *Great Western Salt Works: Essays on the Meaning of Post-formalist Art.* New York: George Braziller, 1973.

———. *Software: Information Technology, Its New Meaning for Art.* New York: Jewish Museum, 1970.

Buskirk, Martha, and Mignon Nixon, eds. *The Duchamp Effect.* Cambridge, Mass.: MIT Press, 1996.

Buss, David. *The Evolution of Desire: Strategies of Human Mating.* New York: Basic Books, 1994.

Cahill, James. *The Painter's Practice: How Artists Lived and Worked in Traditional China.* New York: Columbia University Press, 1995.

Campbell, Lorne. *Renaissance Portraits: European Portrait Painting in the Fourteenth, Fifteenth, and Sixteenth Centuries.* New Haven: Yale University Press, 1990.

Capra, Fritjof, and Pier Luigi Luisi. *The Systems View of Life: A Unifying Vision*. Cambridge: Cambridge University Press, 2014.

Carrier, David. *A World Art History and Its Objects*. University Park: Pennsylvania State University Press, 2008.

Carroll, Joseph. *Literary Darwinism: Evolution, Human Nature, and Literature*. New York: Routledge, 2003.

———. *Reading Human Nature: Literary Darwinism in Theory and Practice*. Albany: SUNY Press, 2011.

———. "Steven Pinker's Cheesecake for the Mind." *Philosophy and Literature* 22 (1998): 478–85.

———. "Theory, Anti-Theory, and Empirical Criticism." In *Biopoetics: Evolutionary Explorations in the Arts*, edited by Brett Cooke and Frederick Turner, 139–54. St. Paul: Paragon House, 1999.

Cartailhac, Émile. "La grotte d'Altamira, Espagne: Mea culpa d'un sceptique." *L'anthropologie* 13 (1902): 348–54.

Cavalli-Sforza, Luigi Luca, and Marcus Feldman. *Cultural Transmission and Evolution: A Quantitative Approach*. Princeton: Princeton University Press, 1981.

Chakrabarty, Dipesh. *Provincializing Europe: Postcolonial Thought and Historical Difference*. Princeton: Princeton University Press, 2000.

Changeux, Jean-Pierre. "Art and Neuroscience." *Leonardo* 27, no. 3 (1994): 189–201.

Charlton, Noel G. *Understanding Gregory Bateson: Mind, Beauty, and the Sacred*. Albany: SUNY Press, 2008.

Chatterjee, Anjal. *The Aesthetic Brain: How We Evolved to Desire*

Beauty and Enjoy Art. New York: Oxford University Press, 2013.

———. "Neuroaesthetics: A Coming of Age Story." *Journal of Cognitive Neuroscience* 23, no. 1 (2010): 53–62.

Clark, Xenos. "Animal Music: Its Nature and Origin." *American Naturalist* 13, no. 4 (1879): 209–23.

Clottes, Jean, and David Lewis-Williams. *The Shamans of Prehistory*. New York: Abrams, 1998.

Collard, Mark, and Stephen J. Shennan. "Ethnogenesis Versus Phylogenesis in Prehistoric Culture Change: A Case Study Using European Neolithic Pottery and Biological Phylogenetic Techniques." In *Archaeogenetics: DNA and the Population Prehistory of Europe*, edited by Colin Renfrew and Katie Boyle, 89–97. Cambridge: McDonald Institute for Archaeological Research, 2000.

Collard, Mark, Stephen J. Shennan, and Jamshid Tehrani. "Branching, Blending, and the Evolution of Cultural Similarities and Differences Among Human Populations." *Evolution and Human Behaviour* 27 (2006): 169–84.

Collins, Christopher. *Paleopoetics: The Evolution of the Preliterate Imagination*. New York: Columbia University Press, 2013.

Cook, Jill. *Ice Age Art: Arrival of the Modern Mind*. London: British Museum, 2013. Exhibition catalogue.

Coombes, Annie. *Reinventing Africa: Museums, Material Culture, and Popular Imagination in Late Victorian and Edwardian England*. New Haven: Yale University Press, 1997.

Courajod, Louis. *Louis Courajod: Leçons professées à l'École du*

Louvre（*1887 – 1896*）. Edited by Henry André and Michel André. 3 vols. Paris：Alphonse Picard et Fils，1899–1903.

Cranston，Jodi. *The Poetics of Portraiture in the Italian Renaissance.* Cambridge：Cambridge University Press，2000.

Crary，Jonathan. *Techniques of the Observer：On Vision and Modernity in the Nineteenth Century.* Cambridge，Mass.：MIT Press，1992.

Cronan，Todd. *Against Affective Formalism：Matisse，Bergson，Modernism.* Minneapolis：University of Minnesota Press，2013.

Crowther，Paul. *Art and Embodiment：From Aesthetics to Self-Consciousness.* Oxford：Clarendon Press，1993.

———. "More Than Ornament：The Significance of Riegl." *Art History* 17，no. 3（1994）：482–93.

Cumming，Laura. "Ice Age Art：Arrival of the Modern Mind—Review." *Guardian Online*，9 February 2013. Accessed 10 June 2016. https：//www. theguardian. com/ artanddesign/2013/feb/10/ice – age–art–british–museum–review.

Daly，Martin，and Margo Wilson. *The Truth About Cinderella：A Darwinian View of Parental Love.* London：Weidenfeld and Nicolson，1998.

Damme，Wilfried van，and Kitty Zijlmans. "Art History in a Global Frame：World Art Studies." In *Art History and Visual Studies in Europe：Transnational Discourses and National Frameworks*，edited by Matthew Rampley，Thierry Lenain，Hubert Locher，Andrea Pinotti，Charlotte Schoell-Glass，and Kitty Zijlmans，231–46. Leiden：Brill，2012.

Danto, Arthur. *After the End of Art: Contemporary Art and the Pale of History.* Princeton: Princeton University Press, 1998.

————. "The Artworld." *Journal of Philosophy* 61 (1964): 571–84.

————. *The State of the Art.* New York: Simon and Schuster, 1987.

Darwin, Charles. *The Descent of Man, and Selection in Relation to Sex.* 2nd ed., 1879. Harmondsworth: Penguin, 2004.

————. *The Expression of Emotions in Animals and Man.* London: John Murray, 1872.

————. *On the Origin of Species.* 1859. Harmondsworth: Penguin, 1982.

————. *On the Various Contrivances by Which British and Foreign Orchids Are Fertilised by Insects and the Good Effects of Intercrossing.* London: John Murray, 1862.

————. *The Voyage of the Beagle: Charles Darwin's Journal of Researches.* 1839. Harmondsworth: Penguin, 1989.

Davidson, Donald. "On the Very Idea of a Conceptual Scheme." In Davidson, *Inquiries into Truth and Interpretation*, 183–98. Oxford: Blackwell, 1984.

Davies, Stephen. *The Artful Species: Aesthetics, Art, and Evolution.* Oxford: Oxford University Press, 2012.

————. "Ellen Dissanayake's Evolutionary Aesthetic." *Evolutionary Biology* 20 (2005): 291–304.

Davis, Whitney. *A General Theory of Visual Culture.* Princeton:

Princeton University Press, 2011.

Dawkins, Richard. *The Extended Phenotype: The Long Reach of the Gene.* Oxford: Oxford University Press, 1982.

———. *The Selfish Gene.* 2nd ed. Oxford: Oxford University Press, 1989.

Deleuze, Gilles. *Francis Bacon: The Logic of Sensation.* Translated by Daniel W. Smith. London: Continuum, 2003.

Deleuze, Gilles, and Félix Guattari. *A Thousand Plateaus: Capitalism and Schizophrenia.* Translated by Brian Massumi. London: Athlone Press, 1988.

Delmarcel, Guy, ed. *Flemish Tapestry Weavers Abroad: Emigration and the Founding of Manufactories in Europe.* Louvain: Louvain University Press, 2002.

Dennett, Daniel. *Darwin's Dangerous Idea: Evolution and the Meanings of Life.* Harmondsworth: Penguin, 1995.

———. "Memes and the Exploitation of Imagination." *Journal of Aesthetics and Art Criticism* 48, no. 2 (1990): 127–35.

Diamond, Jared. *Collapse: How Societies Choose to Fail or Survive.* Harmondsworth: Penguin, 2011.

———. *Guns, Germs, and Steel: The Fates of Human Societies.* New York: W. W. Norton, 1997.

———. *The Rise and Fall of the Third Chimpanzee: How Our Animal Heritage Affects the Way We Live.* London: Vintage Books, 1992.

Didi-Huberman, Georges. "Artistic Survival: Panofsky vs. Warburg and the Exorcism of Impure Time." *Common Knowledge* 9, no. 2

(2003): 273-85.

————. *L'image survivante: Histoire de l'art et temps des fantômes selon Aby Warburg.* Paris: Éditions de Minuit, 2002.

————. "The Surviving Image: Aby Warburg and Tylorian Anthropology." *Oxford Art Journal* 25, no. 1 (2002): 61-69.

Dijkstra, Marjolein Efting. *The Animal Substitute: An Ethnological Perspective on the Origin of Image-Making and Art.* Delft: Eburon, 2010.

Dissanayake, Ellen. *Art and Intimacy: How the Arts Began.* Seattle: University of Washington Press, 2000.

————. "The Arts After Darwin. Does Art Have an Origin and Adaptive Function?" In *World Art Studies: Exploring Concepts and Approaches*, edited by Kitty Zijlmans and Wilfried van Damme, 241-63. Amsterdam: Valiz, 2008.

————. *Homo Aestheticus: Where Art Comes from and Why.* New York: Free Press, 1992.

Distin, Kate. *The Selfish Meme: A Critical Reassessment.* Cambridge: Cambridge University Press, 2005.

Dummett, Michael. *Truth and Other Enigmas.* Cambridge, Mass.: Harvard University Press, 1978.

Dutton, Denis. *The Art Instinct: Beauty, Pleasure, and Human Evolution.* Oxford: Oxford University Press, 2009.

Dvořák, Max. *The History of Art as the History of Ideas.* Translated by John Hardy. London: Routledge and Kegan Paul, 1984.

————. "Das Rätsel der Kunst der Brüder Van Eyck." *Jahrbuch der Kunsthistorischen Sammlungen des Allerhöchsten Kaiserhauses* 24 (1904): 161–317.

Easterlin, Nancy. *A Biocultural Approach to Literary Theory and Interpretation*. Baltimore: Johns Hopkins University Press, 2012.

Edelman, Gerald. *Bright Air, Brilliant Fire: On the Matter of the Mind*. Harmondsworth: Allen Lane, 1992.

Eitelberger, Rudolf. "Ansprache zur Eröffnung des ersten Kunstwissenschaftlichen Kongresses." 1873. In *Kunsttheorie und Kunstgeschichte des 19. Jahrhunderts in Deutschland*, vol. 1, edited by Werner Busch and Wolfgang Beyrodt, 351–55. Stuttgart: Reclam, 1982.

Eldredge, Niles, and Stephen Jay Gould. "Punctuated Equilibria: An Alternative to Phyletic Gradualism." In *Models in Paleobiology*, edited by Thomas J. M. Schopf, 82–115. New York: Doubleday, 1972.

Elkins, James, ed. *Is Art History Global?* London: Routledge, 2007.

———. Review of *Real Spaces*, by David Summers. *Art Bulletin* 86 (2004): 373–80.

———. *Stories of Art*. New York: Routledge, 2002.

Evans, John. "On the Coinage of the Ancient Britons and Natural Selection." *Proceedings of the Royal Society* 7 (1875): 476–87.

Faye, Jan. *After Postmodernism: A Naturalistic Reconstruction of the Humanities*. London: Palgrave, 2011.

Feige, Daniel. "Kunst als Produkt der natürlichen Evolution?" *Zeitschrift für Ästhetik und allgemeine Kunstwissenschaft* 53 (2008):

21-38.

Fergusson, James. *An Historical Inquiry into the True Principles of Beauty in Art More Especially with Reference to Architecture.* London: Longman, Brown, Green and Longmans, 1849.

Fernandez, James. "Principles of Opposition and Vitality in Fang Aesthetics." *Journal of Aesthetics and Art Criticism* 25, no. 1 (1966): 53-64.

Finger, Stanley, Dahlia W. Zaidel, François Boller, and Julien Bogousslavsky, eds. *The Fine Arts, Neurology, and Neuroscience: New Discoveries and Changing Landscapes.* Oxford: Elsevier, 2013.

Fingesten, Peter. "The Theory of Evolution in the History of Art." *College Art Journal* 13, no. 4 (1954): 302-10.

Finlayson, Clive. *Neanderthals and Modern Humans: An Ecological and Evolutionary Perspective.* Cambridge: Cambridge University Press, 2004.

Firth, Raymond. "Art and Anthropology." In *Anthropology, Art, and Aesthetics,* edited by Jeremy Coote and Anthony Shelton, 15-39. Oxford: Oxford University Press, 1992.

Flannery, Tim. "Eyes at the Back of Your Head—How Richard Semon's Mnemes Gave Way to Richard Dawkins's Memes." *Times Literary Supplement,* 19 October 2001, 10-11.

Fleck, Robert. *Das Kunstsystem im 21. Jahrhundert: Museen, Künstler, Sammler, Galerien.* Vienna: Passagen Verlag, 2015.

Flinn, Mark V. "Culture and the Evolution of Social Learning." *Evolution and Human Behaviour* 18, no. 1 (1997): 23-67.

Focillon, Henri. *The Life of Forms in Art*. 1934. Translated by C. Hogan and G. Kubler. New York: Zone Books, 1989.

———. *Moyen Âge: Survivances et reveils; Études d'art et d'histoire*. New York: Bretano's, 1943.

Fodor, Jerry. *In Critical Condition: Polemical Essays on Cognitive Science and the Philosophy of Mind*. Cambridge, Mass.: MIT Press, 2000.

———. *The Mind Doesn't Work That Way: The Scope and Limits of Computational Psychology*. Cambridge, Mass.: MIT Press, 2001.

———. *The Modularity of Mind*. Cambridge, Mass.: MIT Press, 1983.

Foucault, Michel. *The Order of Things: An Archaeology of the Human Sciences*. London: Tavistock, 1986.

Fracchia, Joseph, and Richard C. Lewontin. "The Price of Metaphor." *History and Theory* 44 (2005): 14–29.

Francort, Henri, and Robert Hamayon, eds. *The Concept of Shamanism: Uses and Abuses*. Budapest: Akadémia Kiadó, 2002.

Frank, Mitchell B., and Daniel Adler, eds. *German Art History and Scientific Thought*. Farnham: Ashgate, 2012.

Frazer, James. *The Golden Bough: A Study in Magic and Religion*. 3rd ed. 12 vols. London: Macmillan, 1911–15.

Freedberg, David. *The Power of Images: Studies in the History and Theory of Response*. Chicago: University of Chicago Press, 1989.

Freedberg, David, and Vittorio Gallese. "Motion, Emotion, and Empathy in Esthetic Experience." *Trends in Cognitive Sciences* 11, no.

5（2007）：197-203.

Frixione, Marcello. "Art, the Brain, and Family Resemblances: Some Considerations on Neuroaesthetics." *Philosophical Psychology* 24, no. 5（2011）：699-715.

Gallese, Vittorio, Luciano Fadiga, Leonardo Fogassi, and Giacomo Rizzolatti. "Action Recognition in the Premotor Cortex." *Brain* 119（1996）：593-609.

Gallese, Vittorio, and David Freedberg. "Mirror and Canonical Neurons Are Crucial Elements in Esthetic Response." *Trends in Cognitive Sciences* 11, no. 10（2007）：411.

Gallese, Vittorio, and Hannah Chapelle Wojciehowski. "The Mirror Neuron Mechanism and Literary Studies: An Interview with Vittorio Gallese." *California Italian Studies* 2, no. 1（2010）. Accessed 20 March 2016. https：//escholarship. org/uc/ismrg＿cisj.

Gamble, Eliza. *The Evolution of Woman: An Inquiry into the Dogma of Her Inferiority to Man.* New York: G. P. Putnam's Sons, 1894.

Gombrich, E. H. *Aby Warburg: An Intellectual Biography.* Oxford: Phaidon Press, 1970.

———. "Aby Warburg, His Aims and Methods: An Anniversary Lecture." *Journal of the Warburg and Courtauld Institutes* 62（1999）：268-82.

———. "Aby Warburg und der Evolutionismus des 19. Jahrhunderts." In *Aby M. Warburg: Ekstatische Nymphe und Trauernder Flussgott; Porträt eines Gelehrten*, edited by Robert Gallitz and Brita Reimers, 52-73. Hamburg: Dölling und Gallitz, 1995.

————. *Art and Illusion: A Study in the Psychology of Pictorial Representation.* Oxford: Phaidon Press, 1960.

————. "Research in the Humanities: Ideals and Idols." In Gombrich, *Ideals and Idols: Essays on Values in History and in Art*, 112–22. Oxford: Phaidon Press, 1979.

————. *The Sense of Order: A Study in the Psychology of Decorative Art.* London: Phaidon Press, 1979.

————. *The Story of Art.* London: Phaidon Press, 1950.

Gosetti-Ferencei, Jennifer. "The Mimetic Dimension: Literature Between Neuroscience and Phenomenology." *British Journal of Aesthetics* 54, no. 4 (2014): 425–48.

Gould, Stephen Jay. *Bully for Brontosaurus.* New York: W. W. Norton, 1991.

Gould, Stephen Jay, and Richard C. Lewontin. "The Spandrels of San Marco and the Panglossian Paradigm: A Critique of the Adaptationist Programme." *Proceedings of the Royal Society of London* B 205 (1979): 581–98.

Gray, Russell D., Simon Greenhill, and Quentin Atkinson. "Phylogenetic Models of Language Change." In *Cultural Evolution: Society, Technology, Language, and Religion*, edited by Peter J. Richerson and Morten Christiansen, 285–302. Cambridge, Mass.: MIT Press, 2013.

Greenough, Horatio. *Form and Function: Remarks on Art, Design, and Architecture.* 1852. Edited by Harold Small. Berkeley: University of California Press, 1947.

Grosz, Elizabeth. *Becoming Undone: Darwinian Reflections on Life and Art.* Durham: Duke University Press, 2011.

———. *Chaos, Territory, Art: Deleuze and the Framing of the Earth.* New York: Columbia University Press, 2008.

Habermas, Jürgen. *Knowledge and Human Interests.* Translated by Jeremy J. Shapiro. 2nd ed. Cambridge: Polity Press, 1987.

———. *The Philosophical Discourse of Modernity.* Translated by Thomas McCarthy. Cambridge: Polity Press, 1987.

———. *The Theory of Communicative Action.* Translated by Thomas McCarthy. New York: Beacon Books, 1987.

———. "Zum Thema: Geschichte und Evolution." *Geschichte und Gesellschaft* 2, no. 3 (1976): 310–57.

Habermas, Jürgen, and Niklas Luhmann. *Theorie der Gesellschaft oder Sozialtechnologie—Was leistet die Systemforschung?* Frankfurt am Main: Suhrkamp, 1971.

Haddon, Alfred. *Evolution in Art as Illustrated by the Life-Histories of Designs.* London: Walter Scott, 1895.

Halsall, Francis. *Systems of Art: Art, History, and Systems Theory.* New York: Peter Lang, 2008.

Hamayon, Robert. "L'idée de 'contacte directe avec les esprits' et ses contraintes d'après l'exemple des sociétés sibériennes." *Afrique et histoire* 6 (2006): 15–39.

Hegel, Georg Wilhelm Friedrich. *Aesthetics: Lectures on Fine Art.* Translated by T.

M. Knox. 2 vols. Oxford: Clarendon Press, 1975.

Heinrich, Bernd. "The Biological Roots of Aesthetics and Art." *Evolutionary Psychology* 11, no. 3 (2013): 743–61.

Helmholtz, Hermann von. *Handbuch der Physiologischen Optik.* Leipzig: Voss, 1867.

Hempel, Carl. "The Function of General Laws in History." *Journal of Philosophy* 39, no. 2 (1942): 35–48.

———. "The Theoretician's Dilemma." *Minnesota Studies in the Philosophy of Science* 2 (1958): 37–98.

Hermens, Erma. "Technical Art History: The Synergy of Art, Conservation, and Science." In *Art History and Visual Studies in Europe: Transnational Discourses and National Frameworks*, edited by Matthew Rampley, Thierry Lenain, Hubert Locher, Andrea Pinotti, Charlotte Schoell-Glass, and Kitty Zijlmans, 151–66. Leiden: Brill, 2012.

Hersey, George L. *The Evolution of Allure: Sexual Selection from the Medici Venus to the Incredible Hulk.* Cambridge, Mass.: MIT Press, 1996.

Heuser, Georg. "Darwinistischesüber Kunst und Technik." *Allgemeine Bauzeitung* 55 (1890): 17–19, 25–27.

———. "Das Werden von Stylformen: Fortsetzung Darwinistischer Studien." *Allgemeine Bauzeitung* 59 (1894): 53–54, 63–69.

Heyes, Cecilia, and Bennett G. Garef, eds. *Social Learning in Animals: The Roots of Culture.* London: Academic Press, 1996.

Hildebrand, Grant. *The Origins of Architectural Pleasure.* Berkeley: University of California Press, 1999.

Hirn, Yrjö. *The Origins of Art: A Psychological and Sociological Inquiry*. New York: Macmillan, 1900.

Holbrook, David. *Evolution and the Humanities*. Aldershot: Gower, 1987.

Holub, Robert. "Luhmann's Progeny: Systems Theory and Literary Studies in the Post-Wall Era." *New German Critique* 61 (1994): 143–59.

Hulks, David. "World Art Studies: A Radical Proposition?" *World Art* 3, no. 2 (2013): 189–200.

Humphrey, Nicholas. *Consciousness Regained: Chapters in the Development of Mind*. Oxford: Oxford University Press, 1984.

Hyman, John. "Art and Neuroscience." In *Beyond Mimesis and Convention: Representation in Art and Science*, edited by Roman Frigg and Matthew Hunter, 245–61. Dordrecht: Springer, 2010.

Irwin, Darren E. "Culture in Songbirds and Its Contribution to the Evolution of New Species." In *Creating Consilience: Integrating the Sciences and the Humanities*, edited by Edward Slingerland and Mark Collard, 163–78. Oxford: Oxford University Press, 2012.

Iversen, Margaret. *Alois Riegl: Art History and Theory*. Cambridge, Mass.: MIT Press, 1993.

Jacobsen, Thomas. "Beauty and the Brain: Culture, History, and Individual Differences in Aesthetic Appreciation." *Journal of Anatomy* 216 (2010): 184–91.

Jacobsen, Thomas, Ricarda I. Schubotz, Lea Höfel, and D. Yves von Cramon. "Brain Correlates of Aesthetic Judgment of Beauty."

NeuroImage 29 (2006): 276–85.

Jaffer, Amin, and Anna Jackson, eds. *Encounters: The Meeting of Asia and Europe.* London: V&A, 2004.

Jameson, Fredric. *A Singular Modernity: Essay on the Ontology of the Present.* London: Verso, 2002.

Jardine, Lisa. "C. P. Snow's Two Cultures Revisited." *Christ's College Magazine* 235 (2010): 49–57.

Johnson, Dirk R. *Nietzsche's Anti-Darwinism.* Cambridge: Cambridge University Press, 2010.

Jordan, Peter, and Stephen Shennan. "Cultural Transmission, Language, and Basketry Traditions Amongst the California Indians." *Journal of Anthropological Archaeology* 22 (2003): 42–74.

Kahnweiler, Daniel-Henry. *The Rise of Cubism.* Translated by Henry Aronson. New York: Wittenborn, Schultz, 1949.

Kant, Immanuel. *Critique of the Power of Judgment.* Translated by Paul Guyer and Eric Matthews. Cambridge: Cambridge University Press, 2000.

Kemp, Martin. *The Science of Art: Optical Themes in Western Art from Brunelleschi to Seurat.* New Haven: Yale University Press, 1992.

Kohn, Marek, and Steven Mithen. "Handaxes: Products of Sexual Selection?" *Antiquity* 73 (1999): 518–26.

Koselleck, Reinhart. *Futures Past: On the Semantics of Historical Time.* Translated by Keith Tribe. Cambridge, Mass.: MIT Press, 1985.

Kramnick, Jonathan. "Literary Studies and Science: A Reply to My Critics." *Critical Inquiry* 38, no. 2 (2012): 431–60.

Krieger, David J. *Kommunikationssystem Kunst.* Vienna: Passagen Verlag, 1997.

————. "Kunst als Kommunikation: Systemtheoretische Beobacht-ungen." In *Was konstruiert Kunst?*, edited by Stefan Weber, 47–82. Vienna: Passagen Verlag, 1997.

Kristeva, Julia. *Desire in Language.* Translated by Léon Roudiez. New York: Columbia University Press, 1982.

Kroeber, Alfred, and Clyde Kluckhohn. *Culture: A Critical Review of Concepts and Definitions.* Cambridge, Mass.: Peabody Museum of American Archaeology and Ethnology, 1952.

Kubler, George. *The Shape of Time: Remarks on the History of Things.* New Haven: Yale University Press, 1962.

Kuhn, Thomas. *The Structure of Scientific Revolutions.* Chicago: University of Chicago Press, 1962.

Lachterman, David. *The Ethics of Geometry: Genealogy of Modernity.* London: Routledge, 1989.

Laland, Kevin, and Gillian Brown. *Sense and Nonsense.* Oxford: Oxford University Press, 2002.

Laland, Kevin, and Bennett G. Galef, eds. *The Question of Animal Culture.* Cambridge, Mass.: Harvard University Press, 2009.

Laland, Kevin, and Michael J. O'Brien. "Niche Construction Theory and Archaeology." *Journal of Archaeological Method and Theory* 17, no. 4 (2010): 323–55.

Laland, Kevin, and John Odling-Smee. "The Evolution of the Meme." In *Darwinizing Culture: The Status of Memetics as a Science,* edited by Robert Aunger, 121 – 42. Oxford: Oxford University Press, 2000.

Landa, Manuel de. *A Thousand Years of Nonlinear History*. Cambridge, Mass.: MIT Press, 2000.

Lash, Scott, and John Urry. *Economies of Signs and Space*. London: Sage, 1994.

Laudan, Larry. *Beyond Positivism and Relativism: Theory, Method, and Evidence*. Boulder: Westview Press, 1996.

Lawson, Andrew. *Painted Caves: Palaeolithic Rock Art in Western Europe*. Oxford: Oxford University Press, 2012.

Layton, Robert. "Shamanism, Totemism, and Rock Art: *Les Chamanes de la Préhistoire* in the Context of Rock Art Research." *Cambridge Archaeological Journal* 10, no. 1 (2000): 169–86.

Leder, Helmut, and Benno Belke. "Art and Cognition: Cognitive Processes in Art Appreciation." In *Evolutionary and Neurocognitive Approaches to Aesthetics, Creativity, and the Arts*, edited by Colin Martindale, Paul Locher, and Vladimir M. Petrov, 149–63. Amityville, N. Y.: Baywood, 2007.

Legrenzi, Paolo, and Carlo Umiltà. *Neuromania*. Translated by Frances Anderson. Oxford: Oxford University Press, 2011.

Leroi-Gourhan, André. "Interprétation esthétique et religieuse des figures et symboles dans la préhistoire." *Archives de sciences sociales des religions* 42 (1976): 5–15.

———. *Préhistoire de l'art occidental*. Paris: Mazenod, 1965.

Lewis-Williams, David. "Harnessing the Brain: Vision and Shamanism in Upper Paleolithic Western Europe." In *Beyond Art*: *Pleistocene Image and Symbol*, edited by Margaret Conkey, Olga Soffer, Deborah Stratmann, and Nina G. Jablonski, 321-42. San Francisco: California Academy of Sciences, 1997.

————. *The Mind in the Cave*: *Consciousness and the Origins of Art*. London: Thames and Hudson, 2002.

————. *The Rock Art of Southern Africa*. Cambridge: Cambridge University Press, 1983.

Lewis-Williams, David, and Thomas Dowson. *Images of Power*: *Understanding Bushman Rock Art*. Cape Town: Southern Book Publishing, 1990.

————. "The Signs of All Times: Entoptic Phenomena in Upper Palaeolithic Art." *Current Anthropology* 29, no. 2 (1988): 201-17.

Lewontin, Richard C. "Sociobiology as an Adaptationist Programme." *Behavioural Science* 24 (1979): 5-14.

Leydesdorff, Loet. "Luhmann, Habermas, and the Theory of Communication." *Systems Research and Behavioral Science* 17, no. 3 (2000): 273-88.

Libet, Benjamin. "Consciousness, Free Action, and the Brain." *Journal of Consciousness Studies* 8 (2001): 59-65.

————. "Unconscious Cerebral Initiative and the Role of Conscious Will in Voluntary Action." *Behavioural and Brain Sciences* 8 (1985): 529-66.

Luhmann, Niklas. *Art as a Social System*. Translated by Eva Knodt. Stanford: Stanford University Press, 2000.

———. "Evolution und Geschichte." *Geschichte und Gesellschaft* 2, no. 3 (1976): 284-309.

———. *Law as a Social System*. Translated by Klaus Ziegert. Oxford: Oxford University Press, 2008.

———. *Love as Passion: The Codification of Intimacy*. Translated by Jeremy Gaines and Doris Jones. Stanford: Stanford University Press, 1999.

———. *Observations on Modernity*. Translated by William Whobrey. Stanford: Stanford University Press, 1998.

———. *The Reality of the Mass Media*. Translated by Kathleen Cross. Cambridge: Polity Press, 2000.

———. *Risk: A Sociological Theory*. Translated by Rhodes Barrett. Berlin: Walter de Gruyter, 1993.

———. *Schriften zu Kunst und Literatur*. Frankfurt am Main: Suhrkamp, 2008.

———. *Social Systems*. Translated by Eva Knodt. Stanford: Stanford University Press, 1996.

———. *A Systems Theory of Religion*. Translated by David Brenner and Adrian Hermann. Stanford: Stanford University Press, 2013.

———. *Theories of Distinction: Redescribing the Descriptions of Modernity*. Translated by Joseph O'Neill, Elliott Schreiber, Kerstin Behnke, and William Whobrey. Stanford: Stanford University Press, 2002.

———. *Theory of Society*. Translated by Rhodes Barrett. Stanford: Stanford University Press, 2012.

———. "Towards a Redescription of ' Romantic Art.' " *Modern Language Notes* 111, no. 3 (1996): 506–22.

———. "Weltkunst." In *Unbeobachtbare Welt: Über Kunst und Literatur*, edited by Niklas Luhmann, Frederick D. Bunsen, and Dirk Baecker, 7–45. Bielefeld: Haux, 1990.

Lumsden, Charles J., and Edward O. Wilson. *Genes, Mind, and Culture: The Coevolutionary Process*. Cambridge, Mass.: Harvard University Press, 1981.

Lyam, R. Lee, and Michael J. O'Brien. "Measuring and Explaining Change in Artifact Variation with Clade-Diversity Diagrams." *Journal of Anthropological Archaeology* 19 (2000): 39–74.

Malevich, Kazimir. *The Non-Objective World: The Manifesto of Suprematism*. Translated by Howard Dearstyne. New York: Dover, 2003.

Mallgrave, Harry Francis. *The Architect's Brain: Neuroscience, Creativity, and Architecture*. Chichester: John Wiley, 2010.

———. *Architecture and Embodiment: The Implications of the New Sciences and Humanities for Design*. London: Routledge, 2013.

Maly, Ivan V., ed. *Systems Biology*. New York: Humana Press, 2009.

Marshack, Alexander. *The Roots of Civilization: The Cognitive Beginnings of Man's First Art, Symbol, and Notation*. New York: McGraw-Hill, 1972.

———. "Upper Paleolithic Symbol Systems of the Russian Plain: Cognitive and Comparative Analysis." *Current Anthropology* 20, no. 2 (1979): 271–311.

Martindale, Colin, Paul Locher, and Vladimir M. Petrov, eds. *Evolutionary and Neurocognitive Approaches to Aesthetics, Creativity, and the Arts*. Amityville, N. Y.: Baywood, 2007.

Maturana, Humberto, and Francesco Varela. *Autopoiesis and Cognition: The Realization of the Living*. Boston: D. Reidel, 1980.

————. *The Tree of Knowledge: The Biological Roots of Human Understanding*. Boston: Shambhala, 1987.

Mellars, Paul. *The Neanderthal Legacy: An Archaeological Perspective of Western Europe*. Princeton: Princeton University Press, 1996.

Menninghaus, Winfried. *Das Versprechen der Schönheit*. Frankfurt am Main: Suhrkamp, 2003.

————. *Wozu Kunst? Ästhetik nach Darwin*. Frankfurt am Main: Suhrkamp, 2011.

Mesarović, Mihajlo D. *Systems Theory and Biology*. Berlin: Springer, 1968.

Mesoudi, Alex. *Cultural Evolution: How Darwinian Theory Can Explain Human Culture and Synthesize the Social Sciences*. Chicago: University of Chicago Press, 2011.

Mesoudi, Alex, Andrew Whiten, and Kevin Laland. "Toward a Unified Science of Cultural Evolution." *Behavioral and Brain Sciences* 29 (2006): 329-83.

Midgley, Mary. *The Solitary Self: Darwin and the Selfish Gene*. London: Acumen, 2010.

Miller, Geoffrey. *The Mating Mind: How Sexual Choice Shaped the Evolution of Human Nature*. London: Vintage Books, 2001.

Mingers, John. "Can Social Systems Be Autopoietic? Assessing Luhmann's Social Theory." *Sociological Review* 50, no. 2 (2002): 278-99.

———. *Self-Producing Systems: Implications and Applications of Autopoiesis.* New York: Plenum Press, 1995.

Mithen, Steven, ed. *Creativity in Human Evolution and Prehistory.* London: Routledge, 1998.

———. *The Prehistory of the Mind: A Search for the Origins of Art, Religion, and Science.* London: Thames and Hudson, 1996.

———. *The Singing Neanderthals.* London: Weidenfeld and Nicolson, 2005.

Mondrian, Piet. *The New Art, the New Life: The Collected Writings of Piet Mondrian.* Edited and translated by Harry S. Holtzmann and Martin S. James. New York: Da Capo Press, 1993.

Moretti, Franco. "Abstract Models for Literary History 3." *New Left Review* 28 (July-August 2004): 43-63.

———. *Atlas of the European Novel: 1800- 1900.* London: Verso, 1999.

———. "Graphs, Maps, Trees: Abstract Models for Literary History—1." *New Left Review* 24 (November-December 2003): 67-93.

———. "Graphs, Maps, Trees: Abstract Models for Literary History—2." *New Left Review* 26 (March-April 2004): 79-103.

———. "The Slaughterhouse of Literature." *Modern Language Quarterly* 61, no. 1 (2000): 207-27.

———. "World Systems Analysis, Evolutionary Theory, *Weltlite-*

ratur." *Review*: *A Journal of the Fernand Braudel Center* 28, no. 3 (2005): 217-28.

Morin, Olivier. "How Portraits Turned Their Eyes upon Us: Visual Preferences and Demographic Change in Cultural Evolution." *Evolution and Human Behaviour* 34 (2013): 222-29.

Morphy, Howard, Joanna Overing, Jeremy Coote, and Peter Gow. "Aesthetics Is a Cross-Cultural Category." In *Key Debates in Anthropology*, edited by Tim Ingold, 260 - 65. London: Routledge, 1996.

Nagel, Alexander, and Christopher S. Wood. *Anachronic Renaissance.* New York: Zone Books, 2010.

O'Brien, Michael J., and R. Lee Lyman. *Style, Function, Transmission: Evolutionary Archaeological Perspectives.* Salt Lake City: University of Utah Press, 2003.

Odling-Smee, John. "Niche Construction, Evolution, and Culture." In *Companion Encyclopedia of Anthropology: Humanity, Culture, and Social Life*, edited by Tim Ingold, 162-96. London: Routledge, 1994.

O'Hear, Anthony. *Beyond Evolution: Human Nature and the Limits of Evolutionary Explanation.* Oxford: Oxford University Press, 1997.

Onians, John. *Art, Culture, and Nature: From Art History to World Art Studies.* London: Pindar Press, 2006.

———. *Atlas of World Art.* New York: Oxford University Press, 2004.

———, ed. *Compression vs. Expression: Containing and Explai-*

ning the World's Art. New Haven: Yale University Press, 2006.

―――. *Neuroarthistory: From Aristotle and Pliny to Baxandall and Zeki*. New Haven: Yale University Press, 2008.

―――. "World Art History and the Need for a New Natural History of Art." *Art Bulletin* 78, no. 2 (1996): 206–9.

―――. "World Art: Ways Forward, and a Way to Escape the 'Autonomy of Culture' Delusion." *World Art* 1, no. 1 (2011): 125–34.

Orians, Gordon H., and Judith H. Heerwagen. "Evolved Responses to Landscapes." In *The Adapted Mind: Evolutionary Psychology and the Generation of Culture*, edited by Jerome H. Barkow, Leda Cosmides, and John Tooby, 555–80. New York: Oxford University Press, 1992.

Ortolano, Guy. *The Two Cultures Controversy: Science, Literature, and Cultural Politics in Postwar Britain*. New York: Cambridge University Press, 2009.

Pagel, Mark. *Wired for Culture: The Natural History of Human Cooperation*. Harmondsworth: Penguin, 2012.

Palacio-Pérez, Eduardo. "The Origins of the Concept of 'Palaeolithic Art': Theoretical Roots of an Idea." *Journal of Archaeological Method and Theory* 20, no. 4 (2013): 682–714.

Panofsky, Erwin. "The History of Art as a Humanistic Discipline." 1940. In Panofsky, *Meaning in the Visual Arts*, 1–25. Chicago: University of Chicago Press, 1983.

Parsons, Talcott. *The Structure of Social Action: A Study in Social*

Theory with Special Reference to a Group of Recent European Writers. New York: Free Press, 1949.

Peel, J. D. Y. "Spencer and the Neo-Evolutionists." *Sociology* 3, no. 2 (1969): 173-91.

Pfeiffer, John E. *The Creative Explosion: An Inquiry into the Origins of Art and Religion.* Ithaca: Cornell University Press, 1982.

Pfisterer, Ulrich. "Origins and Principles of World Art History: 1900 (and 2000)." In *World Art Studies: Exploring Concepts and Approaches*, edited by Kitty Zijlmans and Wilfried van Damme, 69-89. Amsterdam: Valiz, 2008.

Piette, Edouard. *L'art pendant l'age du Renne.* Paris: Masson, 1907.

Pinder, Wilhelm. *Problem der Generation in der Kunstgeschichte Europas.* Berlin: Frankfurter Verlags-Anstalt, 1926.

Pinker, Steven. *How the Mind Works.* Harmondsworth: Penguin, 1997.

———. *The Language Instinct.* New York: William Morrow, 1994.

———. "Toward a Consilient Study of Literature." *Philosophy and Literature* 31, no. 1 (2007): 162-78.

Pitt Rivers, Augustus. "On the Evolution of Culture." 1875. In *The Evolution of Culture and Other Essays*, edited by J. L. Myres, 20-44. Oxford: Clarendon Press, 1906.

Pliny the Elder. *Natural History.* Translated by John Healy. Harmondsworth: Penguin, 1991.

Plumpe, Gerhard. *Epochen moderner Literatur: Ein systemtheoretischer Entwurf.* Opladen: Westdeutscher Verlag, 1995.

Popper, Karl. *Conjectures and Refutations: The Growth of Scientific Knowledge.* London: Routledge, 2002.

———. *The Logic of Scientific Discovery.* 1934. London: Routledge, 2002.

Powell, Thomas. *Prehistoric Art.* London: Thames and Hudson, 1996.

Power, Camilla. "Beauty Magic: The Origins of Art." In *The Evolution of Culture*, edited by Robin Dunbar, Chris Knight, and Camilla Power, 91–112. Edinburgh: Edinburgh University Press, 1999.

Prange, Regine. *Die Geburt der Kunstgeschichte: Philosophische Ästhetik und empirische Wissenschaft.* Cologne: Deubner, 2004.

Prendergast, Christopher. "Evolution and Literary Theory." *New Left Review* 34 (July–August 2005): 40–62.

Ramachandran, Vilayanur. *The Emerging Mind: The BBC Reith Lectures 2003.* London: Profile Books, 2004.

Ramachandran, Vilayanur, and William Hirstein. "The Science of Art: A Neurological Theory of Aesthetic Experience." *Journal of Consciousness Studies* 6 (1999): 15–51.

Rampley, Matthew. "Iconology of the Interval: Aby Warburg's Legacy." *Word and Image* 17, no. 4 (2001): 303–24.

Rancière, Jacques. "Is There a Deleuzian Aesthetics?" Translated by Radmila Djordjevic. *Qui parle* 14, no. 2 (2004): 1–14.

Reichenbach, Hans. "On Probability and Induction." *Philosophy of Science* 5, no. 1 (1938): 21-45.

Reinach, Salomon. "L'art et la magie: A propos des peintures et des gravures de l'age du Renne." *L'anthropologie* 14 (1903): 257-66.

Richardson, John. *Nietzsche's New Darwinism*. Oxford: Oxford University Press, 2004.

Richerson, Peter J., and Robert Boyd. *Not by Genes Alone: How Culture Transformed Human Evolution*. Chicago: University of Chicago Press, 2008.

Richerson, Peter J., and Morten Christiansen, eds. *Cultural Evolution: Society, Technology, Language, and Religion*. Cambridge, Mass.: MIT Press, 2013.

Riedl, Rupert. *Die Ordnungen des Lebendigen: Systembedingungen der Evolution*. Berlin: Parey, 1998.

———. *Riedls Kulturgeschichte der Evolutionstheorie*. Berlin: Springer, 2003.

Riegl, Alois. *The Group Portraiture of Holland*. 1905. Translated by Evelyn Kain and David Britt. Los Angeles: Getty Research Institute, 1999.

———. *Problems of Style: Foundations for a History of Ornament*. 1893. Edited by David Castriota. Translated by Evelyn Kain. Princeton: Princeton University Press, 1992.

———. *Spätrömische Kunstindustrie nach den Funden in Österreich-Ungarn im Zusammenhange mit der Gesamtentwicklung der bildenden Künste bei den Mittelmeervölkern*. Vienna: K. K. Hof-und Staatsdruckerei, 1901.

Roberts, David. "Paradox Preserved: From Ontology to Autology: Reflections on Niklas Luhmann's *The Art of Society.*" *Thesis Eleven* 51 (1997): 53–74.

Rose, Hilary. "Colonising the Social Sciences?" In *Alas, Poor Darwin: Arguments Against Evolutionary Psychology*, edited by Hilary Rose and Steven Rose, 106–28. London: Vintage Books, 2001.

Roughgarden, Joan. *Evolution's Rainbow: Diversity, Gender, and Sexuality in Nature and People.* Berkeley: University of California Press, 2003.

Runciman, W. G. *The Theory of Cultural and Social Selection.* Cambridge: Cambridge University Press, 2009.

———. *A Treatise of Social Theory.* 3 vols. Cambridge: Cambridge University Press, 1983–97.

Rustin, Michael. "A New Social Evolutionalism?" *New Left Review* 234 (March–April 1999): 106–26.

Ryle, Gilbert. *Collected Papers.* 2 vols. London: Hutchinson, 1971.

Sahlins, Marshall. *Culture and Practical Reason.* Chicago: University of Chicago Press, 1976.

———. *The Use and Abuse of Biology: An Anthropological Critique of Sociobiology.* Ann Arbor: University of Michigan Press, 1977.

Sandars, Nancy K. *Prehistoric Art in Europe.* Harmondsworth: Penguin, 1968.

Sbriscia-Foretti, Beatrice, Cristina Berchio, David Freedberg, Vittorio Gallese, and Maria Alessandra Umiltà. "ERP Modulation During Observation of Abstract Paintings by Franz Kline." *Plos One* 8, no. 10 (2013): 1–12.

Schacter, Daniel. *Forgotten Ideas, Neglected Pioneers: Richard Semon and the Story of Memory.* Hove: Psychology Press, 2001.

———. *Stranger Behind the Engram: Theories of Memory and the Psychology of Science.* Hillsdale, N. J.: Lawrence Erlbaum, 1982.

Schapiro, Meyer. "The Nature of Abstract Art." 1937. In Schapiro, *Modern Art: Nineteenth and Twentieth Centuries, Selected Papers*, 185–212. New York: George Braziller, 1978.

Schiller, Friedrich. *Lectures on the Aesthetic Education of Man.* Translated by Elizabeth Wilkinson and L. A. Willoughby. Oxford: Clarendon Press, 1967.

Schillinger, Joseph. *The Mathematical Basis of the Arts.* New York: Philosophical Library, 1948.

Schmidt, Siegfried J. *Histories and Discourses: Rewriting Constructivism.* Exeter: Imprint Academic, 2007.

———. *Die Selbstorganisation des Sozialsystems Literatur im 18. Jahrhundert.* Frankfurt am Main: Suhrkamp, 1989.

Scott, Geoffrey. *The Architecture of Humanism: A Study in the History of Taste.* Boston: Houghton Mifflin, 1914.

Searle, John R. *Intentionality: An Essay in the Philosophy of Mind.* Cambridge: Cambridge University Press, 1983.

Semon, Richard. *The Mneme.* 1904. Translated by Louis Simon. London: George Allen and Unwin, 1921.

Semper, Gottfried. *The Four Elements of Architecture and Other*

Writings. Translated and edited by Harry Francis Mallgrave and Wolf-
gang Herrmann. Cambridge: Cambridge University Press, 1989.

————. *Kleine Schriften*. Edited by Manfred Semper and Hans
Semper. Berlin: B. Speman, 1884.

————. *Style in the Technical and Tectonic Arts, or Practical Aes-
thetics*. Translated by Harry Francis Mallgrave and Michael Robinson.
Los Angeles: Getty Research Institute, 2004.

————. *Über die formelle Gesetzmässigkeit des Schmuckes und des-
sen Bedeutung als Kunstsymbol*. 1856. Berlin: Alexander Verlag, 1987.

Shennan, Stephen. *Genes, Memes, and Human History: Darwini-
an Archaeology and Cultural Evolution*. London: Thames and Hudson,
2002.

Shennan, Stephen, and Mark Collard. "Investigating Processes of
Cultural Evolution on the North Coast of New Guinea with Multivariate
and Cladistic Analyses." In *The Evolution of Cultural Diversity: A Phylo-
genetic Approach*, edited by Ruth Mace, Clare J. Holden, and Stephen
Shennan, 133−64. London: UCL Press, 2005.

Shimamura, Arthur. *Experiencing Art: In the Brain of the Behold-
er*. Oxford: Oxford University Press, 2013.

Shimamura, Arthur, and Stephen E. Palmer, eds. *Aesthetic Sci-
ence: Connecting Minds, Brains, and Experience*. New York: Oxford U-
niversity Press, 2013.

Skov, Martin, Oshin Vartanian, Colin Martindale, and Arnold
Berleant, eds. *Neuroaesthetics*. Amityville, N. Y.: Baywood, 2009.

Skrebowski, Luke. "All Systems Go: Recovering Jack Burnham's

'Systems Aesthetics.' " *Tate Papers* 5 (2006). Accessed 1 April 2015. http: //www. tate. org. uk/research/publications /tate – papers/05/all–systems–go–recov ering–jack–burnhams–systems–aes thetics.

Slingerland, Edward. "Mind-Body Dualism and the Two Cultures." In *Creating Consilience: Integrating the Sciences and the Humanities*, edited by Edward Slingerland and Mark Collard, 74–87. Oxford: Oxford University Press, 2012.

———. *What Science Offers the Humanities: Integrating Body and Culture; Beyond Dualism*. Cambridge: Cambridge University Press, 2008.

Slingerland, Edward, and Mark Collard, eds. *Creating Consilience: Integrating the Sciences and the Humanities*. Oxford: Oxford University Press, 2012.

Snaevarr, Stefan. "Talk to the Animals: A Short Comment on Wolfgang Welsch's 'Animal Aesthetics.' " *Contemporary Aesthetics* 2 (2004). Accessed 13 January 2014. http: //www. contempaesthetics. org/index. html.

Snow, C. P. *The Two Cultures*. Edited by Stefan Collini. Cambridge: Cambridge University Press, 1998.

Solomon, Anne. "Ethnography and Method in Southern African Rock-Art Research." In *The Archaeology of Rock Art*, edited by Christopher Chippindale and Paul Taçon, 268–84. Cambridge: Cambridge University Press, 1998.

———. "The Myth of Ritual Origins? Ethnography, Mythology,

and Interpretation of San Rock Art." *South African Archaeological Bulletin* 52 (1997): 3-13.

Solum, Stefanie. *Women, Patronage, and Salvation in Renaissance Florence: Lucrezia Tornabuoni and the Chapel of the Medici Palace.* Farnham: Ashgate, 2015.

Spencer, Herbert. *Essays: Scientific, Political, and Speculative.* 3 vols. London: Williams and Norgate, 1891.

———. "The Origin and Function of Music." *Fraser's Magazine* 56 (1857): 396-408. Second edition reprinted in *Essays: Scientific, Political, and Speculative*, 2: 400-451.

———. *Principles of Biology.* 2 vols. London: Williams and Norgate, 1864-67.

Sperber, Dan. *Explaining Culture: A Naturalistic Approach.* Oxford: Blackwell, 1996.

———. *Metarepresentations: A Multidisciplinary Perspective.* Oxford: Oxford University Press, 2000.

Spolsky, Ellen. "Brain Modularity and Creativity." In *Introduction to Cognitive Cultural Studies*, edited by Lisa Zunshine, 84-102. Baltimore: Johns Hopkins University Press, 2010.

Spolsky, Ellen, and Alan Richardson, eds. *The Work of Fiction: Cognition, Culture, and Complexity.* Farnham: Ashgate, 2004.

Spooner, Brian. "Weavers and Dealers: The Authenticity of an Oriental Carpet." In *The Social Life of Things: Commodities in Cultural Perspective*, edited by Arjun Appadurai, 195-235. Cambridge: Cambridge University Press, 1986.

Springer, Anton. "Das Nachleben der Antike im Mittelalter." 1862. In Springer, *Bilder aus der neueren Kunstgeschichte*, 1–40. Bonn: Adolph Marcus, 1886.

Stafford, Barbara Maria. *Echo Objects: The Cognitive Work of Images*. Chicago: University of Chicago Press, 2007.

———. *Good Looking: Essays on the Virtues of Images*. Cambridge, Mass.: MIT Press, 1996.

———. *Visual Analogy: Consciousness as the Art of Connecting*. Cambridge, Mass.: MIT Press, 1999.

Starr, G. Gabrielle. *Feeling Beauty: The Neuroscience of Aesthetic Experience*. Cambridge, Mass.: MIT Press, 2013.

Steadman, Philip. *The Evolution of Designs: Biological Analogy in Architecture and the Applied Arts*. Cambridge: Cambridge University Press, 1979.

Steven, Jan. *The Memetics of Music: A Neo-Darwinian View of Musical Structure and Culture*. Farnham: Ashgate, 2007.

Stoichita, Victor. *The Self-Aware Image: An Insight into Early Modern Metapainting*. Cambridge: Cambridge University Press, 1997.

Sully, James. "Animal Music." *Cornhill Magazine* 40 (1879): 605–21.

Summers, David. *Real Spaces: World Art History and the Rise of Western Modernism*. London: Phaidon Press, 2003.

Symonds, John Addington. *Essays, Speculative and Suggestive*. London: Chapman and Hall, 1893.

Symons, Donald. *The Evolution of Human Sexuality*. Oxford: Oxford University Press, 1979.

Taine, Hippolyte. *Philosophie de l'art: Leçons professées à l'Ecole des beaux-arts*. Paris: Germer Baillière, 1865.

Tallis, Raymond. *Aping Mankind: Neuromania, Darwinitis, and the Misrepresentation of Humanity*. London: Acumen, 2011.

———. *The Knowing Animal: A Philosophical Inquiry into Knowledge and Truth*. Edinburgh: Edinburgh University Press, 2005.

Tehrani, Jamshid, and Mark Collard. "Investigating Cultural Evolution Through Biological Phylogenetic Analyses of Turkmen Textiles." *Journal of Anthropological Archaeology* 21 (2002): 443–63.

———. "On the Relationship Between Interindividual Cultural Transmission and Population-Level Cultural Diversity: A Case Study of Weaving in Iranian Tribal Populations." *Evolution and Human Behaviour* 30 (2009): 286–300.

Tehrani, Jamshid, Mark Collard, and Stephen Shennan. "The Co-Phylogeny of Populations and Cultures: Reconstructing the Evolution of Iranian Tribal Craft Traditions Using Trees and Jungles." *Philosophical Transactions of the Royal Society: Biological Sciences* 365 (2010): 3865–74.

Thausing, Moritz. "The Status of the History of Art as an Academic Discipline." 1873. Translated and edited by Karl Johns. *Journal of Art Historiography* 1 (2009). Accessed 30 September 2014. https://arthistoriography.files.wordpress.com/2011/02/media_139135_en.pdf.

Thompson, Robert Farris. "Yoruba Artistic Criticism." In *The

Traditional Artist in African Societies, edited by Warren d'Azevedo, 19–61. Bloomington: Indiana University Press, 1973.

Tomasello, Michael. *The Cultural Origins of Human Cognition.* Cambridge, Mass.: Harvard University Press, 2001.

Trevor-Roper, Patrick. *The World Through Blunted Sight: Inquiry into the Influence of Defective Vision on Art and Character.* London: Thames and Hudson, 1970.

Turner, Frederick. "An Ecopoetics of Beauty and Meaning." In *Biopoetics: Evolutionary Explorations in the Arts*, edited by Brett Cooke and Frederick Turner, 119–38. Lexington, Ky.: ICUS, 1999.

Tylor, Edward. *Primitive Culture: Researches into the Development of Mythology, Philosophy, Religion, Art, and Custom.* 2 vols. London: John Murray, 1871.

Ungar, Steven. "Phantom Lascaux: Origin of the Work of Art." *Yale French Studies* 78 (1990): 246–62.

Vermeule, Blakey. *Why Do We Care About Literary Characters?* Baltimore: Johns Hopkins University Press, 2010.

Viollet-le-Duc, Eugène-Emmanuel. *Dictionnaire raisonné de l'architecture française du XIème au XVIème siècle.* Vol. 8. Paris: Morel, 1875.

———. *Lectures on Architecture.* Translated by Benjamin Bucknall. 4 vols. Boston: James Osgood, 1877–81.

Vischer, Robert. "On the Optical Sense of Form: A Contribution to Aesthetics." In Vischer et al., *Empathy, Form, and Space*, 89–123.

Vischer, Robert, Conrad Fiedler, Heinrich Wölfflin, Adolf Goller, Adolf Hildebrand, and August Schmarsow. *Empathy*, *Form*, *and Space*: *Problems in German Aesthetics*, *1873–1893*. Translated by Harry Francis Mallgrave and Eleftherios Ikonomou. Los Angeles: Getty Center for the History of Art and the Humanities, 1993.

Wallace, Alfred Russel. *Darwinism*. London: Macmillan, 1889.

Wallerstein, Immanuel. *The Modern World System*. 3 vols. New York: Academic Press, 1974.

Warburg, Aby. *The Renewal of Pagan Antiquity*. Translated by David Britt. Edited by Kurt Forster. Los Angeles: Getty Research Institute, 1999.

Watson, Ben. "The Body and the Brain: Neuroscience and the Representation of Anthropomorphs in Palaeoart." *Rock Art Research* 29, no. 1 (2012): 3–18.

———. "Oodles of Doodles? Doodling Behaviour and Its Implications for Understanding Palaeoarts." *Rock Art Research* 25, no. 1 (2008): 35–60.

———. "Rock Art and the Neurovisual Bases of Subjective Visual Phenomena." *Time and Mind*: *The Journal of Archaeology*, *Consciousness*, *and Culture* 5, no. 2 (2012): 211–16.

Weber, Max. "Objectivity in Social Science and Social Policy." 1904. In Weber, *The Methodology of the Social Sciences*, translated and edited by Edward A. Shils and Henry A. Finch, 50–112. New Brunswick: Transaction, 2011.

Weigel, Sigrid. "The Evolution of Culture or the Cultural History of the Evolutionary Concept: Epistemological Problems at the Interface Between the Two Cultures." In *Darwin and Theories of Aesthetics and Cultural History*, edited by Barbara Larson and Sabine Flach, 83-108. Farnham: Ashgate, 2013.

Welchman, John C., ed. *Institutional Critique and After*. Zurich: Ringier, 2006.

Welsch, Wolfgang. "Animal Aesthetics." *Contemporary Aesthetics* 2 (2004). Accessed 13 January 2014. http://www.contempaesthetics.org/index.html.

Werber, Niels. *Literatur als System: Zur Ausdifferenzierung literarischer Kommunikation*. Opladen: Westdeutscher Verlag, 1992.

Wiener, Norbert. *The Human Use of Human Beings: Cybernetics and Society*. London: Eyre and Spottiswoode, 1954.

Wilson, Edward O. *Consilience: The Unity of Knowledge*. London: Abacus, 1999.

———. *Sociobiology: The New Synthesis*. Cambridge, Mass.: Harvard University Press, 1975.

Winkelman, Michael. "Shamanism and Cognitive Evolution." *Cambridge Archaeological Journal* 12, no. 1 (2002): 71-86.

Winthrop-Young, Geoffrey. "On a Species of Origin: Luhmann's Darwin." *Configurations* 11, no. 3 (2003): 305-49.

Wolf, Reva. "The Shape of Time: Of Stars and Rainbows." *Art Journal* 68, no. 4 (2009): 62-70.

Wölfflin, Heinrich. *Classic Art: An Introduction to the Italian Renaissance*. 1898. Translated by Peter Murray and Linda Murray. London: Phaidon Press, 1952.

―――. *Principles of Art History: The Problem of the Development of Style in Later Art.* Translated by M. Hottinger. New York: Dover, 1953.

―――. "Prolegomena to a Psychology of Architecture." In Vischer et al., *Empathy, Form, and Space*, 149–90.

―――. *Renaissance and Baroque.* 1888. Translated by Kathryn Simon. London: Fontana, 1964.

Wollheim, Richard. *Painting as an Art.* London: Thames and Hudson, 1990.

Woodfield, Richard. Review of *Art and Intimacy*, by Ellen Dissanayake. *British Journal of Aesthetics* 41, no. 3 (2001): 343–45.

Worringer, Wilhelm. *Abstraction and Empathy.* 1908. Translated by Michael Bullock. New York: International University Press, 1953.

Wuketits, Franz. *Evolutionary Epistemology and Its Implications for Humankind.* New York: SUNY Press, 1990.

―――. *Grundriss der Evolutionstheorie.* Darmstadt: Wissenschaftliche Buchgesellschaft, 1982.

Wypijewski, JoAnn, ed. *Painting by Numbers: Komar and Melamid's Scientific Guide to Art.* Berkeley: University of California Press, 1998.

Wyss, Beat. *Vom Bild zum Kunstsystem.* Cologne: DuMont, 2006.

Yates, Frances. *The Valois Tapestries.* 2nd ed. London: Routledge and Kegan Paul, 1975.

Zaidel, Dahlia. *Neuropsychology of Art: Neurological, Cognitive, and Evolutionary Perspectives*. London: Psychology Press, 2005.

Zeki, Semir. *Inner Vision: An Exploration of Art and the Brain*. Oxford: Oxford University Press, 1999.

Zelevansky, Lynn, ed. *Picasso and Braque: A Symposium*. New York: Museum of Modern Art, 1992.

Zijlmans, Kitty. "Kunstgeschichte der modernen Kunst: Periodisierung oder Codierung?" In *Kommunikation und Differenz: Systemtheoretische Ansätze in der Literatur-und Kunstwissenschaft*, edited by Henk de Berg and Matthias Prangel, 53-68. Opladen: Springer, 1993.

Zijlmans, Kitty, and Wilfried van Damme, eds. *World Art Studies: Exploring Concepts and Approaches*. Amsterdam: Valiz, 2008.

Zunshine, Lisa, ed. *Introduction to Cognitive Cultural Studies*. Baltimore: Johns Hopkins University Press, 2010.

———. *Why We Read Fiction: Theory of Mind and the Novel*. Columbus: Ohio State University Press, 2006.

索　引

（以下页码均为页边码）

译 后 记

在拓展神经美学研究的过程中，《达尔文的诱惑：艺术、进化与神经科学》进入我的视野。不过，这是一次反向拓展与推进。神经美学是一门年轻的学科，它体现了神经科学与美学、艺术等多学科之间的融合式发展，研究者的批判性反思，有助于推进学术理论的规范与进步。马修·兰普利教授的《达尔文的诱惑》对自然科学（主要是进化论、神经科学、生物学和系统论）运用于艺术史研究进行了系统的梳理。他观点鲜明地指出了各种进化论艺术史、神经艺术史、系统论艺术观中存在的问题。归结起来，主要有以下两个方面：

首先，实证化赘余源自科学和艺术两大领域的概念体系之间的难以通约性。概念体系之间的互洽问题没有得到足够的重视，人文社会学者大多尚未关注或默而置之，而自然科学学者却常常用自身的概念体系宰制人文学科的传统与现实，从而形成本体一元论的实证方法观。这导致了科学解释环绕于艺术意义阐释的外层，难以实现相互融通，从而形成了一种类比式的外部解释圈层。

其次，在多元文化阐释路径并存的当代学术语境中，科学研究对于普遍规律的追求，难以取代以规范研究为对象的人文社会科学进路。两种路径互鉴共存，并拓展了多元阐释方法，特别是在科学技术方法盛行的当代，为艺术史的具体研究提供建议又保留充分的自足空间，不仅弥足珍贵，而且势在必行。

在回顾美学、艺术史的学科历史和现实发展时，兰普利教授发现，其中一直富含自然科学基因，有时表现为显性，有时为隐性。他意识到了科学在艺术、美学研究，以至一般人文社会科学研究中的重要作用。从艺术、美学发展的历史事实与当代趋向来看，人文学者既无法回避或抗拒其介入，也不能听任其辖制。多元文化立场成为艺术研究的历史和现实发展的自然选择。从艺术史传统出发，吸纳和借鉴进化论、生物学、心理学、神经科学等学科的成果，对于改良学科内部的理论建设，仍有重要意义。这种吸纳与借鉴也体现在瓦尔堡、贡布里希等艺术史家的核心概念中。兰普利教授的著作比较全面地梳理了艺术史中的进化论和生物学谱系，特别对这一谱系的当代状况（神经科学、系统进化论）进行了具体细致地批判性考察。进化论艺术史的广阔图景值得我们进一步观其全貌，探其理路。

近三十年来，神经美学突飞猛进，已经凝练出一些可以载入美学史的标识性概念和论断。然而，立足于哲学美学、艺术传统，对最新成果保持冷静客观的审视与吸纳，无疑对于神经美学和传统美学与艺术都是非常必要的。从这个意义上来说，兰普利教授著作的反思价值已经彰显出来。

从 2019 年 5 月至今，这本书的翻译工作跨越与衔接了我的浙江大学博后工作与入职吉林大学两个阶段。在翻译出版过程中，得到了许多老师和同学的关注与支持。感谢人民出版社武丛伟编辑自始至终的辛勤工作与耐心协调，使本书得以顺利付梓。感谢王杰教授的支持和鼓励。感谢原书作者兰普利教授对于部分细节的解释与注释。著作的部分章节获得发表和转载,感谢各位编辑老师的评审阅读与悉心编校,他们分别是《艺术探索》的李永强主编和关绮薇编辑、《国外社会科学前沿》的吴瑞敏副主编、《美与时代》的宋国栋副主编。感谢浙江大学的孙翀博士和卢幸妮博士,他们参加了校对润色工作,提出许多宝贵意见。感谢家人承担大量家务,让我有足够的时间工作。感谢所有为这本译著出版提供鼓励和帮助的师友同仁们。

这本译著翻译出版过程中,译者得到了浙江大学、吉林大学的多项经费支持,获得了中国博士后基金、浙江省博士后基金的资助,浙江省社科联、吉林省哲学社会科学项目和国家社科基金后期资助,感谢所有资助单位。

一项工作的结束意味着下一项任务的开始。这场类似于半程马拉松式的翻译工作刚刚"完赛",下一赛段的风景已经展现出来。在神经美学与哲学美学、艺术学研究的互融互鉴过程中,美学与艺术研究的新风貌吸引着我们去再探究竟。

最后,诚挚地期盼相关领域的,特别是艺术史和美学领域的研究者持续关注,共同探索。由于本书涉及多个学科的背景知识,翻译过程中难免存在不当之处,恳请各位方家不吝指正。

孟凡君

2022 年 11 月

责任编辑:武丛伟

封面设计:石笑梦

The Seductions of Darwin：Art，Evolution，Neuroscience

© 2017，Matthew Rampley

ISBN:978-0-271-07742-0

版权登记号:01-2019-4340

图书在版编目(CIP)数据

达尔文的诱惑:艺术、进化与神经科学/(英)马修·兰普利 著;

　孟凡君 译. —北京:人民出版社,2023.5

(当代美学与批评理论丛书)

ISBN 978－7－01－024624－6

Ⅰ.①达…　Ⅱ.①马…②孟…　Ⅲ.①美学-研究　Ⅳ.①B83

中国国家版本馆 CIP 数据核字(2023)第 037367 号

达尔文的诱惑:艺术、进化与神经科学

DA'ERWEN DE YOUHUO YISHU JINHUA YU SHENJINGKEXUE

[英]马修·兰普利 著　孟凡君 译

人 民 出 版 社 出版发行

(100706　北京市东城区隆福寺街 99 号)

中煤(北京)印务有限公司印刷　新华书店经销

2023 年 5 月第 1 版　2023 年 5 月北京第 1 次印刷

开本:710 毫米×1000 毫米 1/16　印张:20.5

字数:238 千字

ISBN 978－7－01－024624－6　定价:86.00 元

邮购地址 100706　北京市东城区隆福寺街 99 号

人民东方图书销售中心　电话 (010)65250042　65289539